Schriftenreihe zur Justizforschung   Band 5

Herausgeber:
Andreas Lienhard
Daniel Kettiger

Justiz zwischen Management und Rechtsstaat

Schriftenreihe zur Justizforschung

herausgegeben von

Andreas Lienhard
Prof. Dr., Ordinarius für Staats- und Verwaltungsrecht an der Universität Bern

Daniel Kettiger
Mag. rer. publ., Rechtsanwalt

Yves Emery
Prof. Dr., Institut de hautes études en administration publique (IDHEAP), Universität Lausanne

Philip Langbroek
Prof. Dr., Montaigne Centre, Utrecht University

Georg Lienbacher
Univ.-Prof. Dr., Wirtschaftsuniversität Wien, Verfassungsrichter

Beirat

Giovanni Biaggini, Prof. Dr., Universität Zürich

Jacques Bühler, Dr., Schweizerisches Bundesgericht, Mitglied CEPEJ

Marco Fabri, Dr., Research Institute on Judicial Systems, National Research Council (IRSIG-CNR)

Regina Kiener, Prof. Dr., Universität Zürich

Arnold Marti, Prof. Dr., Obergericht des Kantons Schaffhausen

Hans-Jakob Mosimann, Dr., Zürcher Hochschule für angewandte Wissenschaften (ZHAW) und Sozialversicherungsgericht des Kantons Zürich

Patrick Müller, Dr., Kantonsgericht Luzern

Daniela Piana, Prof. Dr., Università di Bologna

Johannes Riedel, Oberlandesgericht Köln, Richter a.D.

Georg Stawa, LStA Mag., Bundesministerium für Justiz, Vorsitzender CEPEJ

Mandy van der Velde, Prof. Dr., Utrecht University

Frans van Dijk, Dr., Netherlands Council for the Judiciary

Schriftenreihe zur Justizforschung   Band 5

Justiz zwischen Management und Rechtsstaat

Ergebnisse aus dem Forschungsprojekt «Grundlagen guten Justizmanagements in der Schweiz»

Herausgeber:
Prof. Dr. iur. Andreas Lienhard und Mag. rer. publ. Daniel Kettiger

Autorinnen und Autoren:
Stephan Aerschmann; Giovanni Biaggini; Peter Bieri; Lorenzo G. De Santis; Lorenzo Egloff; Angela Eicher; Yves Emery; Mirjam Frey Haesler; Daniel Kettiger; Regina Kiener; Nadine Küng; Philip Langbroek; Andreas Lienhard; Michele Luminati; Andreas Müller; Catherine Reiter; Stefan Rieder; Anna Rüefli; Kuno Schedler; Benjamin Schindler; Christof Schwenkel; Sandra Taal; Mandy van der Velde; Mirjam Westenberg; Daniela Winkler

Stämpfli Verlag    Nomos   Jan Sramek Verlag

Die Publikation wurde im Rahmen des Forschungsprojekts «Grundlagen guten Justizmanagements in der Schweiz» (www.justizforschung.ch) erstellt.

Mit freundlicher Unterstützung des Schweizerischen Nationalfonds zur Förderung der wissenschaftlichen Forschung und der Ursula Wirz-Stiftung.

SCHWEIZERISCHER NATIONALFONDS
ZUR FÖRDERUNG DER WISSENSCHAFTLICHEN FORSCHUNG

Bibliografische Information der Deutschen Nationalbibliothek
Die Deutsche Nationalbibliothek verzeichnet diese Publikation in der Deutschen Nationalbibliografie; detaillierte bibliografische Daten sind im Internet über http://dnb.d-nb.de abrufbar.

© Nomos Verlagsgesellschaft, Baden-Baden
    ISBN 978-3-8487-3164-0
© Jan Sramek Verlag KG, Wien
    ISBN 978-3-7097-0104-1

© Stämpfli Verlag AG Bern · 2016
Dieses Werk ist in unserem Buchshop unter
www.staempfliverlag.com erhältlich.

ISBN Print   978-3-7272-7671-2
ISBN Judocu   978-3-0354-1286-4
ISBN E-Book 978-3-7272-5932-6

FSC
www.fsc.org
MIX
Papier aus ver-
antwortungsvollen
Quellen
FSC® C016087

Vorwort

Die Gerichtsbarkeit ist vielfältigen neuen Herausforderungen ausgesetzt. Steigende Geschäftszahlen und komplexere Gerichtsfälle bei knapper werdenden Finanzen sind an erster Stelle zu nennen. Die Arbeit der Gerichte wird überdies verstärkt hinterfragt – nicht nur von den Prozessparteien, sondern auch von den Aufsichts- und Oberaufsichtsbehörden sowie von den Medien. Ferner stehen Gerichte vermehrt im Wettbewerb mit alternativen Streitbeilegungsmechanismen. Die Gerichtsbarkeit muss sich dementsprechend gut organisieren, um die Rechtsprechung auch inskünftig nachhaltig zu gewährleisten.

Die Gerichtsverwaltung – also das Management der Justiz – war in der Schweiz indessen bisher kaum erforscht. Im Rahmen eines grösseren Forschungsprojekts sollten deshalb verschiedenen Aspekte des Justizmanagements aus der Sicht unterschiedlicher Disziplinen ergründet werden. Der Schweizerische Nationalfonds zur Förderung der wissenschaftlichen Forschung (SNF) bestätigte den Forschungsbedarf und stellte die Grundmittel für zwölf Dissertationsprojekte und zwei weitere Studien bereit. Als Sinergia-Projekt „Grundlagen guten Justizmanagements in der Schweiz" wurde die Grundlagenforschung an den sechs Universitäten Bern, Lausanne, Luzern, St. Gallen, Utrecht (Niederlande) und Zürich betrieben und nach vier Jahren erfolgreich abgeschlossen.

Ermöglicht hat dies das Engagement vieler Beteiligter, denen an dieser Stelle gedankt sei: Vorab dem wissenschaftlichen Nachwuchs, der sich auf eine gemeinsame Forschungsfrage eingelassen und die Forschung unter umsichtiger Betreuung der Teilprojektleitenden zielgerichtet vorangetrieben hat. Dank gebührt im Weiteren der Gerichtsbarkeit selbst: In zahlreichen Forschungsarbeiten konnten in Umfragen und Gesprächen empirische Grundlagen gewonnen werden, was ohne die Mitwirkung von Angehörigen der Justiz nicht möglich gewesen wäre. Von grossem Wert war überdies der rege und auch praxisbezogene Austausch mit dem wissenschaftlichen Beirat unter dem Vorsitz von Prof. Dr. Arnold Marti. Für die professionelle Unterstützung der Leitung dieses Forschungsprojekts zu danken ist Daniela Winkler, welche auch bei der internationalen Vernetzung des Projekts insbesondere im Rahmen der European Group of Public Administration (EGPA) mitwirkte. Support fand sie bei Fabiane Reber und Rico Torri, welche auch bei der Finalisierung dieser Publikation verdienstvolle Arbeit leisteten. Der Stämpfli-Verlag zeigte spontan Interesse an der Veröffentlichung der Forschungsergebnisse – gedankt sei dafür Stephan Grieb und Christa Escher.

Bern, im Februar 2016   Die Herausgeber und Gesamtprojektleiter

Inhaltsübersicht

Inhaltsverzeichnis

1 Einleitung

Andreas Lienhard, Daniel Kettiger

1.1 Ausgangslage: Die Justiz im Kontext von Managementmodellen

1.1.1 Entwicklungspfade des Justizmanagements

In den 1960er und 1970er Jahren befasste sich die wirt- [1] schaftswissenschaftliche Forschung intensiv mit Management, d.h. mit der Frage der Steuerung und Führung von Unternehmen. Angestrebt wurden *theoretische Managementkonzepte*, welche sowohl der komplexen Binnenstruktur von *Unternehmen* wie auch der Einbettung in ein vielschichtiges Umfeld Rechnung tragen konnten. Diese Forschung führte neben Erkenntnissen zu Einzelfragen auch zu eigentlichen Managementmodellen. Das – zumindest im europäischen Raum – bekannteste Managementmodell, das aus diesen Arbeiten hervorging, ist das «*St. Galler Managementmodell*», welches erstmals 1972 veröffentlicht wurde.[1] Da sich solche integrale Managementmodelle durchsetzten, die auf einer wissenschaftlichen Grundlage basieren, wurde das Modell durch die Universität St. Gallen weitergepflegt und bildet heute unter dem Titel «Neues St. Galler Managementmodell»[2] eine der wesentlichen Grundlagen der Betriebswirtschaftslehre. Weitere bekannte Management-Modelle sind etwa das 7-S-Modell (McKinsey 7-S-Framework)[3] und das 5-P-Modell (Purpose, Principles, Processes, People and Performance)[4].

Im Rahmen der Diskussion um New Public Management (NPM) [2] bzw. Wirkungsorientierte Verwaltungsführung (WoV) wurden in der zweiten Hälfte der 1980er Jahre in der Schweiz spezifische *Manage-*

---

[1] Vgl. ULRICH/KRIEG (1972).
[2] St. Galler Managementmodell 3. Generation, vgl. RÜEGG-STÜRM (2002); inzwischen abgelöst durch das St. Galler Managementmodell 4. Generation, vgl. RÜEGG-STÜRM/GRAND (2015).
[3] Vgl. PETERS/WATERMANN (2006).
[4] Vgl. PRYOR/WHITE/TOOMBS (1998).

1

mentmodelle für die öffentliche Verwaltung entwickelt.[5] Die Entwicklung dieser Managementmodelle erfolgte aus der Erkenntnis heraus, dass eine integrale Steuerung und Führung zwar auch für die moderne Verwaltung eine Notwendigkeit darstellen, dass aber die für private Unternehmen entwickelten Modelle den besonderen Rahmenbedingungen und Aufgaben des Staatswesens nicht gerecht werden und deshalb nicht unbesehen in den öffentlichen Sektor übernommen werden können. Der Bedarf eines differenzierten eigenen Managementmodells ergab sich aufgrund deren besonderen gesellschaftlichen Stellung und Aufgaben auch für Verbände (Non-Governmental Organisations, NGO, bzw. Non-Profit Organisations, NPO).[6]

3   Ungefähr gleichzeitig mit der Diskussion zu Managementmodellen für die öffentliche Verwaltung entstand auch eine Diskussion über mehr *Management in der Justiz*. In Deutschland ging sie unter anderem von einem Buch des ehemaligen Bundesverfassungsrichters Prof. Dr. Wolfgang Hoffmann-Riem[7] aus und wurde wissenschaftlich breit und teilweise heftig geführt. Ein Managementmodell ist dabei allerdings – auch in den Ansätzen – nicht entstanden. Inwieweit die konkreten Projekte in diesem Bereich in einigen Bundesländern in ihrer Umsetzung erfolgreich waren, ist ungewiss. In der Schweiz wurde die Diskussion zum Justizmanagement primär im Rahmen der NPM- bzw. WoV-Projekte der Kantone geführt, oft aber beschränkt auf die Frage des Einbezugs der Justiz in das entsprechende neue WoV-Steuerungsmodell und damit auf die Frage *des Managements der Justiz*.[8] An diesen Arbeiten waren u.a. auch die Herausgeber der vorliegenden Publikation beteiligt (Kantone BE und AG). Im Ergebnis sind heute die Gerichte in einigen Kantonen (z.B. BE, LU, SO) in die WoV-Steuerung eingebunden. In genereller Weise wurde die Thematik des Justizmanagements nur vereinzelt aufgegriffen, so etwa an einer Fachtagung der Schweizerischen Gesellschaft für Verwaltungs-

---

[5]   Vgl. THOM/RITZ (2008), S. 41 ff.; SCHEDLER/PROELLER (2011), S. 19 ff., insbesondere S. 22.

[6]   Diesbezüglich entstand eine Menge an Literatur: vgl. z.B. SCHWARZ (1984); TIEBEL (2006); LICHTSTEINER/GMÜR/GIROUD/SCHAUER (2015).

[7]   HOFFMAN-RIEM (2001).

[8]   Ausführlich zum Begriff des Justizmanagements und zu dieser Unterscheidung Ziffer 1.1.2.

wissenschaften (SGVW) in Olten im Jahr 2003.[9] In jüngerer Zeit wurde das Thema wieder aufgegriffen und Elemente guten Justizmanagements skizziert.[10]

International findet man insbesondere im anglo-amerikanischen 4
Raum eine längere Tradition wissenschaftlichen Befassens mit Justizmanagement. So gibt es in Australien seit einiger Zeit das Australasian Institute of Judicial Administration (AIJA)[11], welches sich in umfassender Weise mit Fragen des Justizmanagements befasst. Auch in den USA ist die Forschung und Ausbildung in Sachen Justizmanagement seit längerem institutionalisiert, insbesondere im National Center for State Courts (NCSC)[12] und dem dazugehörigen Institute for Court Management (ICM)[13]. Im europäischen Raum befasst sich eine Arbeitsgruppe im Rahmen der Tätigkeiten des Europarats – die European Commission for the Efficiency of Justice (CEPEJ) – mit Fragen des Justizmanagements[14]. Dass Justizmanagement auch im europäischen Raum zunehmend zu einem aktuellen Thema wird, zeigt indessen die Gründung einer neuen, auf Justizmanagement fokussierenden Fachzeitschrift, des International Journal for Court Administration (IJCA) im Jahr 2008.[15]

Bis heute gibt es allerdings trotz dieser verschiedenen Aktivitäten 5
kein integrales Managementmodell für die Justiz.

Eine Untersuchung vom Mai 2012 zeigt den *Stand des Manage-* 6
ments an Schweizer Gerichten auf.[16] Insgesamt kann aus der Umfrage bei den oberen kantonalen und den eidgenössischen Gerichten geschlossen werden, dass *verschiedene Elemente des Justizmanagements*

---

[9] Vgl. KETTIGER (2003).
[10] Vgl. LIENHARD (2009a); ders., Indikatoren, Controlling, Zertifizierung und andere Innovationen des Justizmanagements, Vortrag gehalten am 30. Januar 2009 vor der Schweizerischen Richterakademie (unveröffentlicht).
[11] www.aija.org.au (Stand: 30.11.2015).
[12] www.ncsc.org/ (Stand: 30.11.2015).
[13] www.ncsc.org/Education-and-Careers/ICM-Certification-Programs/Court-Management-Program.aspx (Stand: 30.11.2015).
[14] Siehe www.coe.int/T/dghl/cooperation/cepej/default_en.asp (Stand: 30.11.2015); vgl. insbesondere CEPEJ (2008a).
[15] Vgl. zur Aktualität der Thematik auch LANGBROEK/MAHONEY(2008), S. 1 f.
[16] Vgl. LIENHARD/KETTIGER/WINKLER (2013).

bereits in die Führung und Organisation der schweizerischen Gerichtsbarkeit *eingeflossen* sind. Der *Umsetzungsgrad* ist indessen ausgesprochen *heterogen*. Diese Heterogenität betrifft nicht nur die *Auswahl* der einzelnen Elemente des Justizmanagements, sondern auch deren *inhaltliche Ausgestaltung* (z.B. Zielvorgaben).[17]

7   Um die Funktionsweise des schweizerischen Justizsystems näher zu erforschen und Grundlagen für eine Optimierung zu generieren, startete im Mai 2012 das Forschungsprojekt «Grundlagen guten Justizmanagements in der Schweiz»[18], an welchem Universitäten in der Schweiz und im Ausland beteiligt sind[19] und welches vom Schweizerischen Nationalfonds zur Förderung der wissenschaftlichen Forschung (SNF) unterstützt wird. Die vorliegende Publikation fasst die Ergebnisse dieses Forschungsprojekts zusammen. Die detaillierten Ergebnisse finden sich in den einzelnen Dissertationen und weiteren Publikationen aus dem Projekt.[20]

1.1.2   Von der Justizverwaltung zum Justizmanagement[21]

8   Der Begriff der *Justizverwaltung* wird in der deutschsprachigen Fachliteratur seit Jahrzehnten weitgehend einheitlich in folgendem Sinn umschrieben: «Justizverwaltung ist diejenige staatlichbehördliche Tätigkeit, die weder Rechtsetzung noch Rechtspflege darstellt und zum Zwecke ausgeübt wird, die sachlichen und persönlichen Voraussetzungen zu schaffen, damit die Rechtsprechung, als Rechtspflege durch den zuständigen Richter verstanden, in den einzelnen Gerichtsbarkeiten ausgeübt werden kann.»[22] Etwas offener (unter Auslassung der Ausschliessung von Rechtsetzung und Rechtspflege) kann die Justizverwaltung auch wie folgt definiert werden: «Es ist jene verwaltende Tätigkeit, welche die sachlichen und persön-

---

[17] Vgl. LIENHARD et al. (2013), S. 38.
[18] Vgl. www.justizforschung.ch (Stand: 30.11.2016).
[19] Siehe Ziffer 1.3.
[20] Siehe Anhänge 1 und 2.
[21] Dieser Abschnitt hält sich eng an LIENHARD/KETTIGER (2013), Rz. 13 ff.
[22] EICHENBERGER (1986), S. 32, mit weiteren Hinweisen.

lichen Voraussetzungen für die Wahrnehmung der Rechtsprechung schafft und erhält.»[23] Diese offenere Formulierung trägt unter anderem dem Umstand Rechnung, dass auch das Vorbereitungsverfahren zur Rechtsetzung Verwaltungstätigkeit sein kann. Diese Definition entspricht auch jener, die in der neueren deutschen Fachliteratur verwendet wird (dort mit engem Bezug auf die Gerichte auch als «Gerichtsverwaltung» bezeichnet).[24] Diese Begriffsumschreibung orientiert sich an der *Funktion*.[25] Justizverwaltung in diesem materiellen bzw. funktionellen[26] Sinn ist demnach Verwaltung im Dienste der Justiz. Das Verwaltungshandeln für die Justiz kann grundsätzlich jedem Staatsorgan obliegen.[27] Die *Unabhängigkeit der Gerichte* in ihrer institutionellen Ausprägung geht von der *Selbstverwaltung* der Gerichte aus, d.h. davon, dass die Gerichte die Aufgaben des Justizmanagements zu einem grossen Teil selber mit eigenen Mitteln und losgelöst von der Zentralverwaltung wahrnehmen.[28] Hinsichtlich der *Sachmittel* gehören zur Justizverwaltung beispielsweise die Bereitstellung und der Unterhalt der erforderlichen Gebäude bzw. Räumlichkeiten und des Mobiliars sowie Bereitstellung, Unterhalt und Betrieb der Telekommunikation und der Informatik; hinsichtlich der *personellen Ressourcen* geht es um die Personalverwaltung, die Dienstaufsicht über das Personal, die Organisation des Dienstbetriebs und die Fort- und Weiterbildung; letztlich gehört auch die *Interaktion mit anderen Stellen der öffentlichen Verwaltung* (z.B. Vernehmlassungen) und *mit der Bevölkerung* (z.B. Medien- und Öffentlichkeitsarbeit) zur Justizverwaltung.[29]

---

[23] KIENER (2001), S. 292 (unter Verwendung des Begriffs der «Gerichtsverwaltung»); in diesem Sinne auch LIENHARD (2009a), Rz. 25 und LIENHARD/KETTIGER (2009), S. 415.

[24] Vgl. WITTRECK (2006), S. 16, mit Hinweisen: «... soll in der vorliegenden Arbeit unter 'Gerichtsverwaltung' die Gesamtheit der Aufgaben begriffen werden, die bei der Bereitstellung der persönlichen und sachlichen Mittel für die Tätigkeit der Gerichte in Rechtsprechung und Justizverwaltung zu erfüllen sind.»; vgl. auch EICHENBERGER (1986), S. 34.

[25] Vgl. KISS (1993), S. 85; KISS/KOLLER (2008), Art. 188, Rz. 28.

[26] Zur Unterscheidung zwischen der Verwaltung im funktionellen und organisationellen Sinn siehe TSCHENTSCHER/LIENHARD (2011), Rz. 343.

[27] Vgl. KIENER (2001), S. 292; WIPFLI (2007), S. 122.

[28] Vgl. statt vieler LIENHARD/KETTIGER (2013), Rz. 16 ff.

[29] Vgl. KIENER (2001), S. 292; WITTRECK (2006), S. 16 f.

9 Die Justiz ist – wie sämtliche staatlichen Organe – einem zunehmenden Reformdruck ausgesetzt: Einerseits nehmen die Geschäftslast, Komplexität der Materie sowie die Anforderungen an die Verfahren tendenziell zu und andererseits stehen dafür kaum zusätzliche Ressourcen zur Verfügung[30]. Zudem lässt sich in der Schweiz eine Tendenz zu immer grösser werdenden Gerichtsorganisationen feststellen.[31] Dies zwingt die Justiz zur Effizienzsteigerung[32], welche letztlich nur mittels eines gut funktionierenden Justizmanagements[33] erreicht werden kann. Das blosse «Verwalten» der Gerichte genügt nicht mehr. Der frühere Präsident des Obergerichts des Kantons Zürich, Rainer Klopfer (2005), hat die Bedeutung des Justizmanagements folgendermassen ausgedrückt: «Ein Gericht als grosser Dienstleistungsbetrieb und wichtigstes Aufsichtsorgan braucht eine professionelle, effiziente Administration. Das geht nicht ohne Führung, und das verletzt die richterliche Unabhängigkeit in keiner Art und Weise, im Gegenteil. Es führt dazu, dass die Richter unter besseren Bedingungen ihrer Kernaufgabe, eben dem Richten, nachgehen können»[34].

10 Aus *dieser Führungsoptik* heraus verstanden entspricht der Begriff des Justizmanagements i.e.S. dem oben beschriebenen Begriff der Justizverwaltung und umfasst das Management *in* der Justiz. Betrachtet man die Justiz als dritte Gewalt und damit als Teil des politisch-administrativen Apparats, stellt sich zusätzlich die Frage der Steuerung der Justiz im Rahmen der Staatssteuerung. Aus dieser *Steuerungsoptik* heraus betrachtet umfasst Justizmanagement i.w.S. auch das Management *der* Justiz. In dieser Publikation wird der Begriff des Justizmanagements grundsätzlich in diesem weiten Sinn verstanden.

---

[30] Vgl. LIENHARD (2005), S. 461 f.; KETTIGER (2003), S. 9 ff.

[31] Dies ist meistens die Folge von Reorganisationsprozessen. Die Grösse der Gerichte in der Schweiz ist im Vergleich zum Ausland aber trotzdem noch unterdurchschnittlich. So weist ein niederländisches Regionalgericht beispielsweise rund 100 Richterinnen und Richter auf.

[32] Vgl. LIENHARD (2005), S. 461 f.; MAIER (1999), S. 2; HOFFMANN-RIEM (2001), S. 211 ff., spricht von Wahrheit, Gerechtigkeit, Unabhängigkeit und Effizienz als dem «magischen Viereck der Dritten Gewalt».

[33] Ausführlich zum Justizmanagement LIENHARD (2009a), Rz. 25 ff.; LIENHARD/ KETTIGER (2009), S. 415 f.

[34] KLOPFER (2005).

1.1.3 Justizmanagement im Verfassungskontext[35]

Die Anforderungen an das Justizmanagement lassen sich für 11
die Bundesebene (d.h. für die Gerichte des Bundes) im Wesentlichen
aus den nachfolgend aufgezeigten drei Verfassungsbestimmungen
herleiten. Für die Anforderungen an das Justizmanagement der kantonalen Gerichte bestehen ähnliche Vorgaben in den Kantonsverfassun-
gen und im kantonalen Gerichtsorganisationsrecht.

An erster Stelle zu nennen ist das Selbstverwaltungsrecht der Ge- 12
richte, wie es für das Bundesgericht in Art. 188 Abs. 3 der Bundesverfassung (BV) umschrieben ist. Dieses Selbstverwaltungsrecht als wesentlicher Bestandteil der institutionellen Unabhängigkeit der Gerichtsbarkeit ist Berechtigung und Verpflichtung für ein funktionie-
rendes Justizmanagement zugleich.[36] Wesentliche Vorgabe für das
Justizmanagement ist ferner das verfassungsrechtliche Gebot, die öffentlichen Mittel sparsam zu verwenden. Dieses für die Bundesebene
in Art. 126 Abs. 1 BV festgelegte Effizienzgebot[37] gilt nicht etwa nur
für die Verwaltung, sondern ebenso auch für die Gerichte.[38] Weil Gerichte nie so viele Ressourcen erhalten, wie es ihren Qualitätsvorstel-
lungen entsprechen würde, ergibt sich ein fortwährender Effizienz-
druck. Eine massgebliche – letztlich eigentlich die massgeblichste –
Leitlinie liegt im verfassungsmässigen Gebot gemäss Art. 170 BV, die
öffentlichen Aufgaben wirksam zu erfüllen. Das Justizmanagement
soll dementsprechend ermöglichen, dass Gerichte ihre Aufgaben auch
tatsächlich erfüllen können: die Gewährleistung des Rechtsschutzes,
die Einheitlichkeit der Rechtsanwendung, die Rechtsfortbildung – und
dies unter Berücksichtigung der Verfahrensgarantien (Art. 29 ff. BV)
wie etwa des Beschleunigungsgebots.[39] Anders ausgedrückt: Gutes
Justizmanagement ist eine notwendige Voraussetzung für die Recht-
sprechungsgewährleistung.

---

[35] Dieser Abschnitt hält sich eng an LIENHARD (2009a), Rz. 27-30.
[36] Statt vieler TSCHANNEN (2011), § 40, Rz. 19
[37] Vgl. LIENHARD (2005), S. 140 ff.
[38] Vgl. LIENHARD (2005), S. 462.
[39] Siehe auch LIENHARD (2005), S. 468 f.

1.2 Grundsätzliche Ausrichtung des Forschungsprojekts

1.2.1 Zielsetzung

13   Über das vorliegende Forschungsprojekt hinausgehendes Ziel ist die Erarbeitung eines generellen, *integralen, «good practice» und «good governance» verkörpernden Managementmodells für die Justiz.* Es soll letztlich ein Managementmodell geschaffen werden können, das – wie das St. Galler Managementmodell – die integrale Steuerung und Führung von bzw. in Gerichten zum Gegenstand hat und dabei gleichermassen der besonderen Stellung der Justiz als dritte Gewalt im Staat, dem vielschichtigen Umfeld der Justiztätigkeit und der komplexen Binnenstruktur von Justizbehörden Rechnung trägt. Dazu gehört auch, dass die Justiz als dritte Staatsgewalt in den politisch-administrativen Apparat eingebettet ist und dass ein solches Managementmodell für die Justiz den Kontext der staatlichen Steuerung berücksichtigen muss.

14   Im Hinblick auf die längerfristige Ausrichtung auf ein Managementmodell handelt es sich vorliegend um ein *Projekt der Grundlagenforschung.* Zuvor fehlten über weite Bereiche empirische und theoretische Erkenntnisse über die Funktionsweise der Justiz und ihre Interaktion mit der Gesellschaft bzw. mit besonderen gesellschaftlichen Zielgruppen. So bestehen beispielsweise erst seit 2009 erste Anhaltspunkte darüber, in welcher Weise die obersten Verwaltungs- und Sozialversicherungsgerichte in der Schweiz Fälle verschiedener Fallkategorien bearbeiten.[40] Im Bereich der Straf- und Zivilgerichtsbarkeit bestehen erste solche Informationen – beschränkt auf einen Kanton – erst seit Mitte 2015.[41] Auch zum «Richterbild», d.h. zum Selbstverständnis von Richterinnen und Richtern in der Schweiz fehlen empirische Grundlagen.[42] Die empirische Forschung zur ehrenamtlichen

---

[40]   Vgl. LIENHARD/KETTIGER (2009), S. 413 ff.

[41]   LIENHARD/KETTIGER/USTER/WINKLER (2015).

[42]   Annäherungen an das «Richterbild» – meist fragmentarisch oder aus einer sektoriellen oder disziplinären Betrachtung – finden sich in EHREN-

Richtertätigkeit steckt in der Schweiz ebenfalls in den Anfängen, während für andere Staaten entsprechende Grundlagen bestehen.[43] Es ging im Weiteren darum, zu ermitteln, ob die Gerichte in der Schweiz kultur- und wirtschaftsgeografischen Differenzierungen unterworfen sind – und gegebenenfalls welchen. Die Grundausrichtung des Projekts zielte somit auf die *Grundlagenforschung*.

Absicht war dabei, die sich stellenden Fragen *interdisziplinär* anzugehen. Das Projekt betrifft Fragen aus den Bereichen Rechtswissenschaft, Betriebswirtschaft, Verwaltungswissenschaft, (Rechts-)Soziologie, Psychologie (insbesondere Arbeitspsychologie und Psychologie der Entscheidfindung) sowie auch Fragen der Politik- und Medienwissenschaft. 15

1.2.2 Forschungsfragen und Methodik

Die das Gesamtprojekt umspannende *Forschungsfrage* lautet: Wie ist die Justizorganisation optimal auszugestalten, um die Rechtsprechung nachhaltig zu gewährleisten? – In verschiedenen Teilprojekten sowie einem Querschnittsprojekt[44] werden die Fragestellungen entsprechend spezifiziert.[45] 16

Die im Forschungsprojekt verwendete *Methodik* folgt den Eigenheiten der verschiedenen beteiligten Disziplinen. Sie basiert dementsprechend unter anderem auf Literatur- und Dokumentenanalysen, vergleichenden Analysen, Rechtsvergleichen, Auslegung sowie auch auf empirischen Studien (Umfragen, Interviews) im In- und Ausland. 17

ZELLER/LUDEWIG-KEDMI (2006) sowie LUDEWIG-KEDMI/WIESLEHNER/ANGEHRN (2007); HEER (2008).
[43] Vgl. z.B. MACHURA (2006); MACHURA (2003).
[44] Siehe dazu Ziffer 1.3.
[45] Siehe im Einzelnen Ziffern 2 bis 7.

1.2.3 Grundannahmen beim Forschungsbeginn

18   Das Projekt ging beim Beginn von den folgenden grundlegenden *Thesen* aus, die es im Rahmen des Projekts – explizit oder implizit – zu verifizieren bzw. falsifizieren galt:

– Die gesellschaftlichen Anforderungen an die Justiz unterscheiden sich in der Schweiz im geografischen Kontext (Stadt-Land, Sprachregionen, etc.) erheblich.

– Die Gesamtorganisation, die Binnenorganisation und die Kultur der Justizbehörden in der Schweiz ist historisch gewachsen und unterscheidet sich im geografischen Kontext (Stadt-Land, Sprachregionen, etc.) erheblich.

– Es besteht – auch innerhalb der gleichen Justizbehörden – kein einheitliches Richterbild.

– Die Bewältigung von laufend steigenden Anforderungen, denen die Justiz ausgesetzt ist, erfordert mittelfristig zwingend ein Justizmanagement.[46]

– Das Management von Gerichten und anderen Justizbehörden muss den besonderen gesellschaftlichen Funktionen und staatsrechtlichen Rahmenbedingungen der Justiz (dritte Gewalt) sowie der besonderen Arbeitsweise und beruflichen Prägung ihrer Angehörigen Rechnung tragen, wenn es akzeptiert und erfolgreich sein will.[47]

– Obwohl die Arbeit der Justiz durch Verfahrensrecht geprägt und im Ablauf bestimmt ist, besteht in der Optimierung der Prozesse im betriebswirtschaftlichen Sinn ein Potenzial zur Optimierung der Effizienz und der Qualität der Justizarbeit.

– Durch Optimierung des Ressourceneinsatzes lassen sich der Output und die Qualität der Justiz steigern.

---

[46] Vgl. LIENHARD (2009a), Rz. 1 ff.

[47] So besteht eine gewisse Parallelität zwischen dem Richterstatus und den Eigenheiten einer «klassischen» Universitätsprofessur, welche sich u.a. darin äussert, dass es im Management von Gerichten und Universitäten immer um die Führung von Peers geht.

1.3 Zu Aufbau und Organisation des Forschungsprojekts

Das Forschungsprojekt arbeitete in fünf interdisziplinären, auf bestimmte Fragestellungen ausgerichteten *Teilprojekten* (siehe Abbildung 1). Der Aufbau des Forschungsprojekts folgte – entsprechend dem St. Galler Managementmodell – einer Unterteilung in die Untersuchung der Binnenorganisation der Justiz einerseits und ihres Umfelds andererseits. Die Untersuchung bezüglich der Binnenorganisation folgt den allen erwähnten Managementmodellen[48] inhärenten (teilweise explizit unterschiedenen) Elementen Ressourcen, Prozesse, Organisation (Struktur) und Kultur. Die Bearbeitung der sich stellenden allgemeinen staats- und verwaltungsrechtlichen Fragen wurde in einem übergreifenden *Querschnittsprojekt* gebündelt. Die interne Kohärenz wurde durch eine *Gesamtprojektleitung* sowie regelmässig stattfindende administrative und inhaltliche Koordinationssitzungen und Workshops gewährleistet.   19

Am Projekt waren *sechs Universitäten beteiligt*: Universität Bern, Universität Luzern, Universität St. Gallen, Universität Zürich, Universität Lausanne, Universität Utrecht (Niederlande).[49] Ferner bestand ein enger Kontakt und laufender Wissenstransfer zur *Richterakademie*.   20

Die *internationale Vernetzung* erfolgte über die beim Projektbeginn neu gegründete Permanent Study Group XVIII «Justice and Court Administration» der European Group for Public Administration (EGPA)[50], welche während der Projektdauer vier Tagungen im Rahmen der Jahreskonferenzen der EGPA durchführte und zahlreiche Publikationen auslöste.[51]   21

---

[48] Siehe oben Ziffer 1.1.
[49] Siehe Liste mit Beteiligten Institutionen und Forschenden im Anhang 3.
[50] www.iias-iisa.org/egpa/groups/permanent-study-groups/psg-xviii-justice-and-court-administration/ (Stand: 30.11.2015).
[51] Siehe die betreffenden Publikationen der Projektbeteiligten im Verzeichnis der Publikationen aus dem Projekt im Anhang 2.

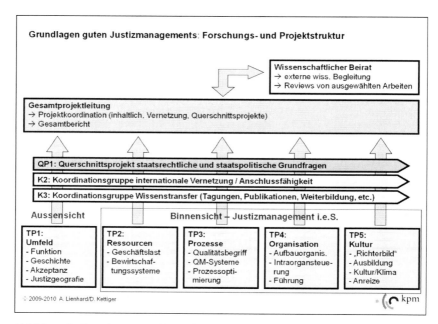

Abbildung 1: Forschungs- und Projektstruktur

22   Der Gesamtprojektleitung wurde ein *wissenschaftlicher Beirat* zur Seite gestellt, welcher aus anerkannten Fachpersonen aus dem In- und Ausland zusammengesetzt war.[52] Er hatte einerseits die Aufgabe, die Gesamtprojektleitung zu beraten. Andererseits nahm er im Sinne von Reviews auch zu den Ergebnissen der Forschung Stellung. Zahlreiche Mitglieder des wissenschaftlichen Beirats beteiligten sich auch aktiv an projektinternen Workshops und Koordinationssitzungen sämtlicher beteiligten Forschenden.

---

[52]   Siehe Verzeichnis der Beteiligten im Anhang 3.

12

2 Staatsrechtliche und staatspolitische Grundfragen (Querschnittsprojekt)

2.1 Einleitung

Giovanni Biaggini, Regina Kiener

Betriebswirtschaftliche Modelle des Justizmanagements betreffen die Justiz als dritte Gewalt im Staat und bewegen sich damit in einem Kernbereich der staatlichen Tätigkeit. Das Management von Gerichten untersteht deshalb zahlreichen rechtlichen Vorgaben und Bindungen. Justizmanagement muss den besonderen gesellschaftlichen Funktionen der Justiz (Schutz der Rechte des Einzelnen, Wahrung des Rechtsfriedens, Verwirklichung der vom [Verfassungs-] Gesetzgeber getroffenen Grundentscheidungen) ebenso Rechnung tragen wie der mit der Rechtsprechungsfunktion einhergehenden besonderen Arbeitsweise und der sich daraus ergebenden beruflichen Prägung ihrer Angehörigen. Im demokratischen Rechtsstaat ist das Justizmanagement deshalb in ein *enges normatives Gefüge eingebunden:* Der staatsrechtliche und staatspolitische Rahmen ist durch die Bundesverfassung (bzw. in bundesstaatlich organisierten Gemeinwesen wie der Schweiz durch die Verfassungen der Gliedstaaten) gezogen. Mindeststandards ergeben sich aus dem Völkerrecht, namentlich aus dem Anspruch der Verfahrensparteien auf Beurteilung durch ein auf Gesetz beruhendes, unabhängiges Gericht (Art. 6 Ziff. 1 EMRK, Art. 14 Ziff. 1 UNO-Pakt II). Ausdifferenziert werden diese Vorgaben durch die Prozessgesetze, welche teilweise auch die Grundzüge der Gerichtsorganisation regeln. Auf der kantonalen Ebene finden sich entsprechende Vorschriften in den Verfahrensgesetzen zur Verwaltungsrechtspflege und in den Gesetzen über die Justizorganisation. Schliesslich haben die oberen Gerichte von Bund und Kantonen im Rahmen delegierter Rechtsetzung zumindest punktuell Regeln zu Fragen der Justizorganisation erlassen, die für das Justizmanagement bindend sind.

Die verfassungs- und völkerrechtlichen Grundfragen der für das Justizmanagement zentralen Themen der Justizorganisation sind für die Schweizer Justizordnung bislang erst ansatzweise untersucht wor-

23

24

den. Für Grundsatzfragen im Bereich der Justizfunktionen und der Methode der Rechtsprechung kann auf die internationale Forschung zurückgegriffen werden, ebenso für die Analyse des völkerrechtlichen Rahmenwerks zur Garantie der richterlichen Unabhängigkeit. Dies gilt allerdings nur beschränkt für die Erarbeitung der im Bereich Justizmanagement zentralen Grundlagen der Schweizer Justizorganisation. Die erforderlichen Forschungserkenntnisse stehen in einem direkten Zusammenhang mit den spezifisch schweizerischen Ausprägungen des Demokratieprinzips, welches für die Justizorganisation zahlreiche Besonderheiten zur Folge hat, die im internationalen Vergleich teilweise einzigartig sind. Sie sind bislang auch in der Schweizer Forschung, noch nicht in umfassender Weise und nur vereinzelt mit Bezug zum Justizmanagement wissenschaftlich bearbeitet worden. Beispiele sind die gewichtige Stellung der politischen Parteien bei der Auswahl und Wahl der Richterinnen und Richter; die geringen formalen Anforderungen an die Wählbarkeit in ein Richteramt; die Wahl der Richterinnen und Richter auf beschränkte Amtszeit mit dem Erfordernis der Wiederwahl; die bedeutsame Rolle der Parlamente in Bund und Kantonen bei der Wahl und Amtsenthebung von Richterinnen und Richtern sowie bei der Oberaufsicht oder die besondere Stellung, welche die Gerichtsschreibenden im Justizsystem der Schweiz innehaben. Daneben bringt das Justizmanagement aber auch neue Probleme mit sich, die bislang kaum je Thema wissenschaftlicher Abhandlungen waren. Dies gilt in besonderem Mass für die Problematik des Datenschutzes für Daten des Justizmanagements. Geht es um die Amtsführung der einzelnen Richterinnen und Richter oder Gerichtsschreibenden, sind diese Daten von erheblicher Persönlichkeitsrelevanz, und ihre Bearbeitung – zum Beispiel zu Zwecken des Controlling – darf nur unter Wahrung rechtsstaatlicher Sicherungen erfolgen.

25   Die im Querschnittsprojekt «Staatsrechtliche und staatspolitische Grundfragen» erarbeiteten Grundlagen sollen dazu beitragen, diese Lücken zu schliessen. *Ziel* ist es, den rechtlichen Rahmen von Massnahmen des Justizmanagements anhand ausgewählter Fragestellungen zu bestimmen und darauf aufbauend eine «best practice» des Justizmanagements im Bereich der Justiz zu definieren. Im Rahmen des Forschungsprojekts werden *vier Studien* zu verfassungs- und völkerrechtlichen Grundfragen der Justizorganisation erarbeitet, die einen engen Bezug zum Justizmanagement aufweisen. Erheblicher For-

schungsbedarf besteht in folgenden Bereichen: Gerichtsinterne Organisationsstrukturen (2.2.1); Auswahl und Qualifikation von Richterinnen und Richtern (2.2.2); Bearbeitung von personenbezogenen Daten über Richterinnen und Richter (2.2.3) sowie Aufsicht über die Justiz (2.2.4).

In *methodischer Hinsicht* ist Gegenstand der *Studien* die Analyse jener Bestimmungen des Verfassungsrechts und des Völkerrechts, die die Rahmenordnung für Massnahmen des Justizmanagements bilden, unter Einschluss der dazu ergangenen Gerichtsurteile und Entscheidungen (Bundesgericht, EGMR, UN-Menschenrechtsausschuss) und der relevanten Literatur. Das Normmaterial und die einschlägige Praxis werden im Hinblick auf die den einzelnen Arbeiten zugrundeliegenden Forschungsfragen analysiert und reflektiert. Je nach Forschungsfrage sind die Projekte auch rechtsvergleichend ausgerichtet. Beispielsweise sollen Organisationsmodelle wie die namentlich in den Staaten Süd-, Zentral- und Osteuropas eingesetzten Justizräte (Judicial Councils) auf ihre Zulässigkeit bzw. Eignung für eine «good practice» hin untersucht werden.

Die *Synthese* untersucht, ob und inwieweit die Einführung bzw. verstärkte Nutzung von Justiz-Managementmodellen zu einer Beeinträchtigung von verfassungsrechtlichen und völkerrechtlichen Vorgaben führt bzw. zu deren besseren Verwirklichung beitragen kann. Dabei werden die Erkenntnisse der *Studien* aus der Optik der in das Justizmanagement involvierten Akteurinnen und Akteure (Gesetzgeber; Parlament; Regierung/Verwaltung; Justiz) analysiert. Die entsprechenden Resultate lassen zum einen Aussagen über Modernisierungsmöglichkeiten innerhalb des bestehenden normativen Rahmens zu (Ergebnisse *de lege lata*). Zum anderen werden *(de lege ferenda)* Vorschläge für Modernisierungsstrategien gemacht, die sich aufgrund von Garantien prozeduraler Fairness – namentlich der richterlichen Unabhängigkeit – für den Gesetzgeber und andere ins Justizmanagement involvierte Akteurinnen und Akteure aufgrund deren verfassungsrechtlich begründeter Pflicht zur umfassenden Verwirklichung der Grundrechte (Art. 35 BV) ergeben. Sodann werden aber auch Grenzen definiert, welche Verfassung und Völkerrecht einem Ausbau von Management-Strategien in der Justiz ziehen.

26

27

2.2 Forschungsarbeiten

2.2.1 Best Practices gerichtsinterner Organisation aus verfassungs- und völkerrechtlicher Sicht

Catherine Reiter

2.2.1.1 Forschungsziel: Best Practices der Rechtsetzung zur gerichtsinternen Organisation

28   Forschungsziel der hier beschriebenen Arbeit war die Erarbeitung eines möglichst vollständigen Kriterienkatalogs für die Identifikation der «Best Practices» der Rechtsetzung zur gerichtsinternen Organisation aus Sicht des Verfassungs- und Völkerrechts. Die Kriterien sollten gleichermassen für alle im Bereich der Zivil-, Straf- und Verwaltungsrechtspflege tätigen Gerichte der ordentlichen staatlichen Gerichtsstruktur relevant sein. Abgedeckt werden sollten dabei die Aufbauorganisation eines Gerichts und die strukturell besonders relevanten Abläufe. Zu diesen Abläufen gehören Prozesse, welche die Zusammensetzung der Organe und Funktionsträgerinnen und Funktionsträger eines Gerichts determinieren, aber auch die inneren Abläufe kollegialer Organe, der Informationsfluss zwischen Organen und Funktionsträgerinnen und Funktionsträgern, Konfliktlösungs- sowie Koordinationsmechanismen, Funktionsabgrenzungen usw.[53]

2.2.1.2 Methodik

29   Die Arbeit erforderte in methodischer Hinsicht vor allem die Auslegung der relevanten verfassungs- und völkerrechtlichen Normen (auch des für die Weiterentwicklung des Ist-Zustands besonders bedeutenden *soft law*), die der anerkannten Vorgehensweise folgte. Basierend auf dem Ergebnis dieser Auslegung wurden die mannigfaltigen *practices* in Bund und Kantonen verglichen, welche die Organisation eines Gerichts determinieren. Dazu gehörten insbesondere Geset-

---

[53] GROSS (1999), S. 18.

ze zur Gerichtsorganisation, die mehrere Gerichte erfassen[54], Gesetze zur Organisation einzelner Gerichte[55], von Gerichten erlassene Geschäftsordnungen[56], aber auch Übung mit dem Potential zu Gewohnheitsrecht[57].

2.2.1.3 Ergebnis: Kriterienkatalog

Im Ergebnis konnte ein umfassender Kriterienkatalog mit formellen und materiellen Kriterien erstellt werden. 30

Eine grosse Anzahl der so erarbeiteten Kriterien dient einem 31 Hauptzweck, nämlich der bestmöglichen Gewährleistung der richterlichen Unabhängigkeit. Zu diesen Kriterien gehören unter anderem die Beschränkung der Rechtsprechungstätigkeit der Gesamtgerichtspräsidentin bzw. des Gesamtgerichtspräsidenten auf jene Verfahren, die sie bzw. er als Einzelrichterin bzw. Einzelrichter erledigen kann, die Beschränkung der Ämterkumulation usw. Andere Kriterien dienen vor allem der Gewährleistung einer angemessenen (Gerichts-) Organisation sowie der optimalen Verwirklichung des Kollegialitätsprinzips. Stellvertretungsregelungen für signifikante Funktionsträgerinnen und Funktionsträger, die Normierung der grundsätzlichen Gleichwertigkeit der Stimmen in kollegialen Organen der Gerichtsverwaltung (abgesehen von Kompetenzen für dringliche Entscheide und Stichentscheide) und andere Regelungen dienen vor allem diesen Zwecken. Nochmals andere Kriterien bezwecken primär die bestmögliche Verwirklichung weiterer verfassungs- und völkerrechtlicher Vorgaben und Zielwerte, wie z.B. der zeitlichen Effizienz, der Garantie des gesetzlichen Richters usw. Hierzu gehören z.B. Vorgaben in Bezug auf die Spruchkörperbildung und Geschäftsallokation, der begrenzte Einsatz rechtsprechender Richterinnen und Richter in der Gerichtsverwaltung, die rela-

---

[54] Bsp.: Gesetz des Kantons Basel-Landschaft über die Organisation der Gerichte vom 22. Februar 2001 (GOG; SGS 170).

[55] Bsp.: Bundesgesetz über das Bundesgericht vom 17. Juni 2005 (BGG; SR 173.110).

[56] Bsp.: Geschäftsordnung für das Kantonsgericht des Kantons Luzern vom 26. März 2013 (GOKG; Nr. 263).

[57] Ein Beispiel für eine solche Übung ist die Geschäftsallokation innerhalb der arbeitsgerichtlichen Abteilung des Bezirksgerichts Zürich.

tive zahlenmässige Beschränkung von Teilämtern im Verhältnis zu Vollämtern und viele andere mehr.

32   Das nachfolgende *Beispiel* soll verdeutlichen, wie diese Kriterien erarbeitet wurden.

Kriterium:

Zahlenrahmen für das Verhältnis von Richter- zu Gerichtsschreiberstellen (formelles Gesetz: fordert Zahlenrahmen; Verordnung: legt Zahlenrahmen fest)

33   Zu diesem Kriterium führten die folgenden Erwägungen: Die starke Stellung der Gerichtsschreibenden kann aus verfassungs- und völkerrechtlicher Perspektive zu Problemen führen. Denn sowohl die richterliche Unabhängigkeit als auch die Garantie des gesetzlichen Richters und das Demokratieprinzip fordern, dass nur die für die Rechtsprechung im konkreten Fall zuständigen Richterinnen und Richter effektiv rechtsprechend, also entscheidend tätig sind.[58] Dies bedingt, dass die Verantwortung für den Entscheid nicht an die Gerichtsschreibenden delegiert wird.[59] Dies wiederum erfordert, dass die Richterinnen und Richter alle Akten zum Geschäft studieren und sich auf Basis einer gewissenhaften Auseinandersetzung mit der Materie selbständig eine Meinung bilden.[60] Das ist nur möglich, wenn die erforderliche Zeit zur Verfügung steht. Steigt der Zeitdruck, so steigt auch die Wahrscheinlichkeit, dass die Richterinnen und Richter die Akten nur ungenügend studieren und sich somit kaum mehr selbständig eine Meinung bilden können. Dieser Zeitdruck hängt u.a. vom Zahlenverhältnis zwischen Gerichtsschreiber- und Richterstellen ab. Je mehr Gerichtsschreibende Richterinnen und Richtern zur Seite gestellt werden, desto schwieriger wird es für Letztere, sich gewissenhaft mit der Materie im einzelnen Fall auseinanderzusetzen. Die Festlegung eines zahlenmässigen Verhältnisrahmens für die Richter- und Gerichtsschreiberstellen dürfte daher ein taugliches Mittel zur Steuerung der richterlichen Sorgfalt sein und damit einen Beitrag zur richterlichen Unabhängigkeit, zur Garantie des gesetzlichen Richters und

---

[58]   KIENER (2001), S. 222; NAY (2006), S. 568.
[59]   NAY (2006), S. 568.
[60]   FELLER (2010), S. 302; UEBERSAX (2007), S. 92; WIRTHLIN (2006), Rz. 3.

im Fall der Untergrenze zur zeitlichen Effizienz der Rechtsprechung leisten. Dabei genügt es, wenn das Gesetz Eckpunkte setzt. Verordnungen der Gerichte können und sollen den Zahlenrahmen konkretisieren, damit den Besonderheiten und Unterschieden der Gerichte oder gar einzelner Abteilungen Rechnung getragen werden kann.

2.2.2 Auswahl und Qualifikation von Richterinnen und Richtern

Nadine Küng

2.2.2.1 Einleitung

In der Schweiz werden Richterinnen und Richter in der Regel in ihr Amt gewählt, wobei die Amtszeit beschränkt und eine Wiederwahl möglich ist. Die Funktion des Wahlorgans kommt dem Volk oder dem Parlament zu und ist daher politisch geprägt. Die Wahl der erstinstanzlichen Richterinnen und Richter erfolgt mehrheitlich durch das Volk, die der zweitinstanzlichen Richterinnen und Richter mehrheitlich durch das Parlament. Ebenfalls durch das Parlament gewählt werden die Richterinnen und Richter der verschiedenen Instanzen auf Bundesebene.[61] Gesetzlich statuierte Wahlvoraussetzungen sind rar. So genügt es beispielsweise für die Wahl ins Bundesgericht, stimmberechtigte Bürgerin bzw. stimmberechtigter Bürger zu sein.[62] Dieses historisch verankerte System der schweizerischen Richterbestellung soll den Richterinnen und Richtern dieselbe demokratische Legitimität verleihen, wie sie den Exponentinnen und Exponenten der anderen beiden Staatsgewalten zuteil wird. Diese Art der Bestellung von Richterinnen und Richtern sowie insbesondere der beim geltenden System starke parteipolitische Einfluss auf die Kandidatenauswahl, aber auch der Umstand, dass es hierzulande an einer eigentlichen Richterausbildung als Wahlvoraussetzung für die Richtertätigkeit fehlt, lässt die

34

---

[61] Für einen kurzen Überblick siehe: MAHON/SCHALLER (2013a), S. 4 m.w.H.
[62] Vgl. Art. 143 BV.

19

Schweiz im internationalen Vergleich als Sonderfall erscheinen.[63] Die Frage der – stark politisch geprägten – Richterauswahl hat in der Lehre, aber auch bei den Betroffenen selber, den Richterinnen und Richtern, in letzter Zeit vermehrt zu Diskussionen geführt, dies vor allem im Zusammenhang mit den Anforderungen an die richterliche Unabhängigkeit.[64] Immer wieder wird der Ruf nach einer Entpolitisierung laut.[65] Aber auch die Frage nach dem bis heute vielerorts praktizierten Laienrichtertum wird immer wieder thematisiert, fehlt doch in den meisten Kantonen zumindest für die erstinstanzlichen Gerichte, wie auch auf Bundesebene, die Wahlvoraussetzung einer juristischen Ausbildung. Im Zusammenhang mit der Schaffung der schweizerischen Zivil- und Strafprozessordnung, welche zu einer vermehrten Zuständigkeit der Einzelrichterin bzw. des Einzelrichters führte, gewann die Diskussion um das Laienrichtertum nochmals an Relevanz.[66] Interessant in diesem Zusammenhang ist der neuerliche Entscheid des Kantonsrats des Kantons Zürich über die parlamentarische Initiative, womit die Laienrichter im Kanton Zürich abgeschafft werden sollen.[67] Ob es letztlich dazu kommen wird, liegt jedoch in den Händen der Stimmbürgerinnen und Stimmbürger. Die SVP des Kantons Zürich hat in diesem Zusammenhang angekündigt, das Behördenreferendum ergreifen zu wollen.[68]

2.2.2.2 Fragestellung

35   Ausgehend von der heutigen Situation der Richterbestellung in der Schweiz und der in diesem Zusammenhang geführten Diskussionen, wird im Rahmen der Forschungsarbeit zum Thema «Auswahl und Qualifikation von Richterinnen und Richtern» die Frage untersucht, welche fachlichen und persönlichen Anforderungen an die Qua-

---

[63] MAHON/SCHALLER (2013a), S. 6 ff.
[64] Vgl. STEINMANN (2015), S. 1 f.; AMOOS (2013).
[65] Vgl. MATTER (1978); LIVSCHITZ (2002).
[66] Vgl. HÜRLIMANN (2013).
[67] Protokoll des Zürcher Kantonsrates, S. 559 ff.; vgl. HÜRLIMANN (2015b); vgl. HÜRLIMANN (2015a).
[68] Vgl. PETRÒ (2015).

lifikation von Richterinnen und Richtern Verfassung und Gesetz *de lege lata* stellen und wie die entsprechenden Auswahlverfahren normiert sind. Untersuchungsgegenstand bilden unter anderem die an der Auswahl beteiligten Akteurinnen und Akteure, die rechtlichen und faktischen Voraussetzungen an die Ausbildung von Richterinnen und Richtern in Bund und Kanton sowie Verfahrensfragen im Zusammenhang mit der Selektion, so beispielsweise die öffentliche Ausschreibung neu zu besetzender Stellen, und nicht zuletzt die in der Schweiz weiterhin bestehende Möglichkeit, das Richteramt nebenamtlich auszuüben.

2.2.2.3 Forschungsziel

Ziel der Forschungsarbeit ist eine Übersicht über die Qualifikationserfordernisse für Richterinnen und Richter in der Schweiz an den Zivil- und Strafgerichten erster und zweiter Instanz aller 26 Kantone und auf Bundesebene basierend auf einer Normanalyse sowie ein Überblick über die entsprechenden Auswahlverfahren. [36]

2.2.2.4 Methodik

Primär besteht die Methodik in der Normanalyse. In einem ersten Schritt werden die verfassungsrechtlichen und gesetzlichen Grundlagen zur Auswahl und Qualifikation von Richterinnen und Richtern analysiert. Dies erfolgte auf den drei Ebenen Völkerrecht, Bundesrecht sowie kantonales Recht. Sodann ging es um eine Auseinandersetzung mit der thematisch zugehörigen Literatur, Judikatur sowie allfälligen Materialien. Schliesslich wurden zum besseren Verständnis, insbesondere der Abläufe bei den Auswahlverfahren in den Kantonen, informelle Gespräche geführt. [37]

2.2.2.5 Ergebnisse

38   Die Normanalyse der verfassungsrechtlichen und gesetzlichen Qualifikationserfordernisse für Richterinnen und Richter der Zivil- und Strafgerichtsbarkeit in den Kantonen sowie auf Bundesebene hat gezeigt, dass auf Bundesebene sowie in einem Drittel der Kantone[69] auf die Festsetzung von Qualifikationserfordernissen verzichtet wird. Somit ist in diesen Fällen einzig statuiertes Kriterium für die Wählbarkeit, die Stimmberechtigung. Dies bedeutet jedoch nicht, dass faktisch fachliche Qualifikationen nicht massgebend sind für die Wahl ins Richteramt. Für die Berufsrichterinnen und Berufsrichter werden in mehr als der Hälfte der Kantone[70] fachliche Qualifikationserfordernisse statuiert. So wird etwa eine abgeschlossene juristische Ausbildung, das Doktorat, das Anwalts- oder Notariatspatent sowie einschlägige Berufserfahrung vorausgesetzt. Einzelne Kantone erstellen für neu zu besetzende Richterstellen Anforderungsprofile, in denen klar umschrieben wird, welche Qualifikationen Kandidatinnen und Kandidaten mitbringen sollten.[71] In mehrsprachigen Kantonen werden zudem Kenntnisse der Amtssprachen verlangt.[72] Des Weiteren wird in vier Kantonen ein guter Leumund gesetzlich statuiert.[73] Der Kanton Thurgau hat sodann für neugewählte Berufsrichterinnen und Berufsrichter in § 6 Abs. 2 der VO des Obergerichts über die Zivil- und Strafrechtspflege bestimmt, dass diese innert drei Jahren seit Amtsan-

---

[69]   Vgl. Kantone Appenzell-Innerrhoden, Glarus, Graubünden, Neuenburg, Nidwalden, Schaffhausen, Thurgau, Uri und Zürich.

[70]   Vgl. Aargau Art. 13 GOG; Appenzell-Ausserrhoden Art. 12 und 23 JG; Bern Art. 29 GSOG; Basel-Landschaft Art. 33 GOG; Basel-Stadt Art. 7 und 59 GOG, Freiburg Art. 10 JG; Genf Art. 5 LOJ; Jura Art. 7 LOJ; Luzern Art. 9 JG; Obwalden Art. 1 VO über Wählbarkeitsvoraussetzungen für Gerichtspräsidien; St. Gallen Art. 26 GerG; Solothurn Art. 88 GO; Schwyz Art. 34 JG; Tessin Art. 17 Legge sull'organizzazione giudiziaria; Waadt Art. 16 LOJ; Wallis Art. 27 RPflG; Zug Art. 67 GOG.

[71]   Vgl. Bern Anhang zum Reglement Juko; Luzern Art. 91 Geschäftsordnung des Kantonsrats; Schwyz Art. 34 Abs. 1 JG.

[72]   Vgl. Bern Art. 29 Abs. 2 GSOG; Graubünden Art. 22 Abs. 1 GOG; Wallis Art. 62 Abs. 2 KV-VS.

[73]   Vgl. Freiburg Art. 9 JG; Genf Art. 5 LOJ; Obwalden Art. 1 VO über Wählbarkeitsvoraussetzungen für Gerichtspräsidien; Waadt Art. 16 LOJ.

tritt einen geeigneten Einführungskurs zu besuchen haben, wobei es sich um das CAS Judikative der Schweizerischen Richterakademie handelt.

Die Frage, ob ein Auswahlverfahren im Vorfeld der Wahlen von   39
Richterinnen und Richtern normiert ist, hängt massgeblich davon ab, wem die Kompetenz für die Ernennung der richterlichen Behörden durch die Verfassung zugeteilt wird. Es lassen sich diesbezüglich die folgenden sechs Modelle erkennen:[74]

- Alle Richterinnen und Richter werden durch das Parlament ernannt[75]

- Alle Richterinnen und Richter werden durch das Volk gewählt[76]

- Wahl der zweitinstanzlichen Richterinnen und Richter durch das Parlament und Wahl der erstinstanzlichen Richterinnen und Richter durch die zweitinstanzlichen Richterinnen und Richter[77]

- Volkswahl der erstinstanzlichen Richterinnen und Richter und Wahl der zweitinstanzlichen Richterinnen und Richter durch das Parlament[78]

---

[74] LIENHARD et al. (2013), S. 24 f.

[75] Art. 168 Abs. 1 BV für Richterinnen und Richter des Bundesgerichts; Bern Art. 21 Abs. 1 GSOG, Freiburg Art. 103 Abs. 1 Bst. c und e KV-FR, Jura Art. 84 KV-JU, Luzern Art. 44 Abs. 1 Bst. e KV-LU, Neuenburg Art. 60 KV-NE, Nidwalden Art. 59a Abs. 1 Ziff. 2 und 3 KV-NW, Schaffhausen Art. 73 Abs. 1 KV-SH, Tessin Art. 36 KV-TI.

[76] Genf Art. 52 Abs. 1 Bst. c KV-GE, Glarus Art. 68 Abs. 1 Bst. b KV-GL, Obwalden Art. 57 Abs. 1 Bst. d und e KV-OW, Uri Art. 21 Bst. d und Art. 22 KV-UR, Zug Art. 31 Abs. 1 Ziff. 4 KV-ZG.

[77] Waadt Art. 8 Abs. 2 LOJ und Art. 131 Abs. 1 KV-VD, Wallis Art. 10 Abs. 4 RPflG und Art. 39 Abs. 2 KV-VS.

[78] Aargau Art. 61 Abs. 1 Bst. e und Art. 82 Abs. 1 Bst. h KV-AG, Basel-Landschaft Art. 25 Abs. 1 Bst. c und Art. 67 Abs. 1 Bst. e KV-BL, Graubünden Art. 11 Ziff. 4 und Art. 36 Ziff. 3 KV-GR, St. Gallen Art. 36 Abs. 1 Bst. d und Art. 64 Abs. 1 Bst. e KV-SG, Solothurn Art. 27 Abs. 1 Bst. c Ziff. 1 und 3 sowie Art. 75 Abs. 1 Bst. c KV-SO, Thurgau Art. 20 Abs. 1 Ziff. 4 und Art. 38 Abs. 2 KV-TG, Zürich Art. 75 Abs. 1 und 2 KV-ZH.

- Wahl der erstinstanzlichen Richterinnen und Richter sowie Präsidium Obergericht durch das Parlament und Volkswahl der übrigen zweitinstanzlichen Richterinnen und Richter[79]

- Differenzierte Aufteilung der Wahlkompetenz zwischen Volk und Parlament sowohl betreffend Richterinnen und Richter erster wie zweiter Instanz[80]

40   Dabei fehlt es insbesondere dort an einem Auswahlverfahren, wo die Richterinnen und Richter durch Volkswahl ernannt werden.[81] Ist das Parlament die Ernennungsbehörde für neu zu besetzende Richterämter, so erfolgt die Wahlvorbereitung regelmässig durch die Justizkommission, welche die Stellen öffentlich ausschreibt, die Kandidaturen auf fachliche und persönliche Eignung prüft, Gespräche durchführt und schliesslich eine Wahlempfehlung zuhanden des Parlaments abgibt. Der Detaillierungsgrad der Regelungen betreffend das Auswahlverfahren ist dabei sehr unterschiedlich. Die Mehrheit der westschweizer Kantone sowie das Tessin und Schaffhausen delegieren die Kompetenz für das Auswahlverfahren an eigentliche Expertenkommissionen, die im Falle von Freiburg als Justizrat ausgestaltet ist.[82]

---

[79]   Appenzell-Ausserrhoden Art. 60 Abs. 2 und Art. 73 Abs. 1 Bst. a[bis] und b KV-AR.

[80]   Appenzell-Innerrhoden Art. 20 Abs. 2 Ziff. 2 und Art. 33 Abs. 1 und 3 KV-AI, Basel-Stadt, Schwyz Art. 27 Bst. f und g und Art. 54 Abs. 1 Bst. c. KV-SZ.

[81]   Ausnahmen sind: Genf Art. 127 KV-GE bestimmt, dass der conseil supérieur de la magistrature vor jeder Wahl in richterliche Behörden die Kandidaturen evaluiert; Obwalden Art. 53c Abs. 4 Abstimmungsgesetz, der die Prüfung der Erfüllung der Wählbarkeitsvoraussetzungen statuiert.

[82]   Freiburg Art. 125 ff. KV-FR, Genf Art. 127 KV-GE, Schaffhausen Art. 3 JG, Tessin Art. 3 Abs. 1 Legge sull'organizzazione giudiziaria, Waadt Art. 131 Abs. 2 KV-VD.

2.2.3 Bearbeitung von personenbezogenen Daten über Richterinnen und Richter

Peter Bieri

2.2.3.1 Fragestellung und Zielsetzung

Das Ziel der hier beschriebenen Arbeit ist, aus einer indivi-   41
dualrechtlichen Optik und unter Berücksichtigung der verfassungsrechtlichen Vorgaben Empfehlungen für die Bearbeitung von Daten
über Richterinnen und Richter zu erarbeiten. Im Zentrum steht die
Frage, wer für welche Zwecke welche richterbezogenen Daten und in
welcher Art und Weise bearbeiten darf. Zudem soll die Arbeit einen
Überblick über die aktuelle Nutzung individueller Daten über Richterinnen und Richter an den schweizerischen Gerichten vermitteln.
Schliesslich sollen die Ansichten der Richterinnen und Richter hinsichtlich der Erhebung und Verwendung richterbezogener Statistiken
beschrieben werden.

2.2.3.2 Methodik: Rechtsdogmatik und Rechtstatsachen-forschung

Die Untersuchung ist als *rechtsdogmatische Arbeit* konzi-   42
piert, die aus einer Analyse der relevanten Rechtsnormen, des Soft
Law, von Urteilen, Materialen und Literatur besteht. Daneben enthält
die Forschungsarbeit einen *empirischen Teil*, womit sie auch der
Rechtstatsachenforschung[83] zugeordnet werden kann. Es wurden eine
Befragung der Gerichte des Bundes sowie der oberen kantonalen Gerichte und eine Online-Befragung von Richterinnen und Richtern
durchgeführt.

2.2.3.3 Ergebnisse

Es besteht ein *vielfältiger und legitimer Bedarf an richterbe-*   43
zogenen Informationen. Dafür sprechen folgende Gründe:

---

[83]   Zum Begriff der Rechtstatsachenforschung REHBINDER (2009), S. 4, 24.

25

- Wirtschaftlichkeit der Justizverwaltung (Planung und Überprüfung des Ressourcenbedarfs und -einsatzes für die Gerichte)[84]

- Legitimierung des eigenverantwortlichen Handelns der Gerichte bei Verwaltungstätigkeiten (politische Kontrolle)[85]

- Qualitätssicherung und -steigerung der richterlichen Tätigkeit[86]

- Ermöglichung einer internen Qualitätsdiskussion etwa mit Blick auf eine einheitliche Praxis innerhalb eines Gerichts[87]

- Wahrnehmung hoheitlicher Aufgaben[88]

- Stärkung des Vertrauens in die Arbeit der Richterinnen und Richter[89]

- Stärkung der Akzeptanz von Führungsentscheiden[90]

- Geltung des Öffentlichkeitsprinzips in der Justizverwaltung[91]

44   Richterinnen und Richter sind in Ausübung ihrer hoheitlichen Aufgaben grundrechtlich geschützt, sofern sie eine Massnahme zugleich in ihrer persönlichen Stellung berührt.[92] Die Bearbeitung von Daten über Richterinnen und Richter kann daher einen *Eingriff in deren verfassungsrechtlich garantierte Persönlichkeit* bewirken. Folgt man der herrschenden Lehre, so ist jegliche Bearbeitung von richterindividuellen Daten, die ohne Einverständnis erfolgt, als Eingriff in das Recht auf informationelle Selbstbestimmung gemäss Art. 13 Abs. 2 BV zu werten.[93] Datenbekanntgaben über Richterinnen und Richter können deren soziales Ansehen im Sinne von Art. 13 Abs. 1 BV beeinträchtigen, wenn damit eine Schmälerung der beruflichen Ehre einhergeht.[94]

---

[84]   Etwa AESCHLIMANN (2008), S. 404, 411 ff.
[85]   HOFFMANN-RIEM (2000), S. 24; vgl. auch Art. 188 Abs. 3 BV.
[86]   Etwa BANDLI (2007), S. 205; POLTIER (2011), S. 1031.
[87]   Etwa MOSIMANN (2015a), S. 107; siehe auch BERLIT (2002), S. 161, 168.
[88]   Siehe KIENER (1997), S. 401; vgl. auch Art. 168 und 169 BV.
[89]   Allgemein zum vertrauensfördernden Gehalt des Transparenzprinzips WEBER (2010), Rz. 244 f.
[90]   Etwa MÜLLER (2014), Rz. 7, 17.
[91]   Vgl. Art. 28 Abs. 1 BGG; siehe auch BGE 133 II 209 E. 2 S. 212 ff.
[92]   MÜLLER (2003), S. 46, 123.
[93]   KIENER/KÄLIN (2014), S. 177 f.; SCHWEIZER/RECHSTEINER (2015), Rz. 2.6.
[94]   Siehe BAUMANN (2011), S. 106.

Die Achtung des Privatlebens (Art. 13 Abs. 1 BV) ist dann berührt, wenn private Informationen der Richterinnen und Richter bearbeitet werden (z.B. wenn Interessenbindungen offenzulegen sind).[95] Nicht geschützt wird hingegen die Vertraulichkeit der Art und Weise, wie eine Richterin bzw. ein Richter die hoheitlichen Aufgaben erledigt. Denn es besteht kein Individualrecht auf selbstbestimmtes Erledigen der (hoheitlichen) richterlichen Aufgaben.[96] Eine statistische Kontrolle der Arbeitsweise ist damit weder als Eingriff in die Privatsphäre noch in die persönliche Freiheit i.e.S. (Art. 10 Abs. 2 BV) zu werten. Liegen grundrechtsrelevante Datenbearbeitungen vor, müssen diese die *Eingriffsvoraussetzungen* gemäss Art. 36 BV erfüllen.

Zwar gewährt die *richterliche Unabhängigkeit* den Richterinnen und Richtern keinen individualrechtlichen Schutz. Dennoch kann der Grundsatz der richterlichen Unabhängigkeit Beschränkungen von Datenbearbeitungen über Richterinnen und Richter erfordern. Statistische Kontrollen müssen so ausgestaltet werden, dass sie nicht in sachfremder Weise die richterlichen Tätigkeiten beeinflussen. Insbesondere muss den Richterinnen und Richtern im Rahmen der verfassungs- und prozessrechtlichen Vorschriften ein Mindestmass an Freiheit in der Verfahrensführung und -priorisierung verbleiben.[97]   45

Es ergeben sich folgende *konkreten Forderungen*:   46

Datenbearbeitungen bedürfen einer *rechtssatzmässigen Grundlage*.[98] Eine Einwilligung kann eine gesetzliche Grundlage entbehrlich machen.[99] Um die konkreten Anforderungen an die Normstufe und Normdichte bestimmen zu können, kommt dem Empfängerkreis der Informationen besondere Bedeutung zu. Weitere zu beachtende Kriterien sind der Inhalt und die Form der Daten sowie der Zweck und die (persönlichen) Konsequenzen der Datenbearbeitung.   47

---

[95] Allgemein zur Achtung des Privatlebens etwa KIENER/KÄLIN (2014), S. 168 f.
[96] GRAF KIELMANSEGG (2012), S. 362.
[97] Vgl. zum Ganzen KIENER (2001).
[98] Vgl. etwa WALDMANN/BICKEL (2011), Rz. 41 ff.
[99] Vgl. für den Bund Art. 17 Abs. 2 Bst. c i.V.m. Art. 4 Abs. 5 DSG.

48   Eine zentrale Frage im Zusammenhang mit Leistungsbeurteilungen von Richterinnen und Richtern ist die Verwendung von richterbezogenen *Kennzahlen*.[100] Die Eignung solcher Indikatoren ist verschiedentlich in Frage gestellt worden, weil diese falsch interpretiert werden und Fehlanreize setzen können.[101] Es sind folgende Anforderungen an den Umgang mit Indikatoren zu stellen: Zentral ist, dass Kennzahlen nur Anzeichen sind und auch nur (aber immerhin) als solche geeignet sind. Auffällige Zahlenwerte dürfen nie automatisch bestimmte Konsequenzen auslösen, sondern in einem ersten Schritt nur zu einem Gespräch mit der Gerichtsleitung führen. Stets muss gewährleistet werden, dass sich die betroffenen Richterinnen bzw. Richter erklären dürfen. Daten zu Richterinnen und Richtern dürfen nur ausnahmsweise extern bekannt gegeben werden. Kennzahlen sind dabei grundsätzlich nur für die Bekanntgabe gegenüber Expertinnen und Experten geeignet; gegenüber Laien dürfen Indikatoren einzig in kommentierter Form kommuniziert werden. Um die Aussagekraft zu erhöhen, sind differenziertere Erhebungsformen denkbar (z.B. Kombination von Rechtsmittelerfolgsquoten mit einer Fehleranalyse).[102] Werden Kennzahlen zu Vergleichszwecken verwendet, müssen die statistische Erhebung und das Aufgabengebiet der Richterinnen und Richter vergleichbar sein.[103]

49   Falls möglich, sind Statistiken zu *anonymisieren*.[104] Im Bereich der Administrativaufsicht und für Geschäftslaststudien reichen in aller Regel anonymisierte Angaben aus. Bei der *Berichterstattung* ist eine kaskadenhafte Ausgestaltung zu wählen, so wie sie im Controllingkonzept des Bundesgerichts vorgesehen ist.[105] Richterindividuelle Daten sind grundsätzlich nur gerichtsintern zu bearbeiten. Das Öffentlichkeitsprinzip reicht beispielsweise nicht aus, um die Veröffentli-

---

[100] Siehe LIENHARD (2005), S. 466 ff.; MAIER (1999), S. 102, S. 190 ff., S. 225 ff.
[101] Zur Kritik etwa RASELLI (2011), Rz. 20.
[102] Vgl. FINANZDIREKTION KANTON BERN (2001), S. 30 ff.; RÖHL (2002), S. 67 ff.
[103] MAIER (1999), S. 234.
[104] Vgl. BRUNNER (2010), S. 616 ff.
[105] Dazu LIENHARD (2007), Rz. 10 ff.

chung von bzw. die Einsichtnahme in richterliche Leistungsdaten zu rechtfertigen.[106]

2.2.4 Aufsicht über die Justiz

Mirjam Frey Haesler

2.2.4.1 Fragestellung und Zielsetzung

Die Arbeit beinhaltet eine staats- und verwaltungsrechtliche 50 Untersuchung der Aufsicht über die Justiz. Dabei werden drei unterschiedliche Ebenen behandelt: eine *gewaltenübergreifende* Ebene, eine *justizinterne* und eine *gerichtsinterne* Ebene.

Nach der Erarbeitung der *begrifflichen Grundlagen* und der Be- 51 handlung der *staatsrechtlichen Normen*, welche die Justizaufsicht begründen aber auch eingrenzen, behandelt die Arbeit die eigentliche *Ausgestaltung der Aufsicht*.

Die Arbeit soll mögliche Problematiken, Spannungsverhältnisse 52 und Unvereinbarkeiten mit den staatsrechtlichen Grundlagen bei der Ausübung der Aufsicht über die Justiz darlegen. Schliesslich ist es das Ziel der Forschungsarbeit, mögliche Lösungsansätze aufzuzeigen.

2.2.4.2 Methodik: Rechtsdogmatik

Die Untersuchung der Aufsicht über die Justiz erfolgte an- 53 hand der einschlägigen bundesrechtlichen Normen und punktuell von ausgewählten kantonalrechtlichen und internationalen Normen, welche sich mit der Aufsicht und der Organisation der Justizbehörden befassen. Die Analyse der Normen wurde anhand der juristischen Auslegungsmethodik unter Einbezug der rechtswissenschaftlichen Literatur und der Rechtsprechung vorgenommen.

---

[106] Siehe BGE 137 I 1 E. 2.5 S. 5 ff.; LIENHARD/KETTIGER (2011a), Rz. 21.

54   Auf der Normanalyse aufbauend erfolgte schliesslich eine kritische Auseinandersetzung mit der aktuellen Rechtslage.

55   Ein Praxisbezug wurde dadurch geschaffen, dass mit ausgewählten Expertinnen und Experten Validierungsgespräche durchgeführt wurden.

2.2.4.3 Ergebnisse

56   Nach einer Übersicht über die Begrifflichkeiten und den allgemeinen Grundlagen zur Aufsicht über die Justiz können spezifische Ergebnisse zu den drei Bereichen der Aufsichtsausgestaltung aufgezeigt werden:

a) Zum Aufsichtsgegenstand

57   Lehre und Praxis gehen davon aus, dass die *Rechtsprechung* von der Aufsicht weitgehend ausgeschlossen ist und sie auch gesetzlich (teilweise explizit) von der Aufsicht ausgenommen wird. Diese Auffassung wird hier geteilt. Es wird jedoch als erforderlich erachtet, die Rechtsprechung gesamthaft als möglichen Aufsichtsgegenstand zu betrachten, insbesondere um aufzuzeigen, wie weit die Aufsicht im Bereich der Rechtsprechung überhaupt gehen kann.

b) Zu den Aufsichtsbehörden

58   In der Regel liegt die Aufsicht über die Justiz bei den Parlamenten. In fünf Kantonen – Jura, Genf, Freiburg, Neuenburg und Tessin – wird die Aufsicht durch *Justizräte*[107] ausgeübt. Die Schaffung von Justizräten wird als nicht zwingend notwendig erachtet. Vielmehr sieht die Arbeit auch in der Zuweisung der Aufgaben der Justizräte an unterschiedliche Kommissionen innerhalb des Parlaments eine Mög-

---

[107]   Kanton Jura vgl. MORITZ (2009), S. 1 ff.; Kanton Genf vgl. PEILA (2009), S. 1 ff.; Kanton Freiburg vgl. COLLIARD (2009), S. 1 ff.; Kanton Neuenburg vgl. ZAPELLI (2009), Rz. 35 sowie Rapport de gestion 2014 de la commission administrative et du Conseil de la magistrature de la République et du canton de Neuchâtel; Kanton Tessin vgl. TUONI (2009), S. 1 ff.

lichkeit, die richterliche Unabhängigkeit besser zu schützen.[108] Dadurch, dass ein unabhängiger Justizrat die Wahlen und Wiederwahlen vorbereitet, kann aber immerhin vermieden werden, dass diese politisch motiviert sind und dass die Richterinnen und Richter allzu grossem politischen Druck ausgesetzt werden.[109]

c) Zu den Aufsichtsinstrumenten

Ein wesentliches Aufsichtsinstrument ist die *Prüfung des Geschäftsberichts* der Gerichte. Der Inhalt des Geschäftsberichts ist in keinem Erlass definiert. Für die einzelne Richterin oder den einzelnen Richter würde die Offenlegung der einzelnen Geschäftszahlen unnötigen Druck ausüben, und die Richterinnen und Richter wären der Gefahr ausgesetzt, eher effizient als objektiv und sachlich korrekt zu urteilen. Die Arbeit sieht daher einen Lösungsansatz darin, dass das Gesetz oder das Reglement zumindest ansatzweise, im Sinne eines zwingenden Mindestinhalts, jene Punkte aufnehmen würde, welche im Geschäftsbericht erläutert werden müssen. 59

Die Bundesversammlung legt den *Voranschlag* fest und nimmt die *Staatsrechnung* ab. Der Bundesversammlung werden jedoch keine gesetzlichen Fristen auferlegt. Sie könnte die Gerichte damit grundsätzlich blockieren und die rechtzeitige Zurverfügungstellung der notwendigen Mittel verunmöglichen. Problematisch wäre ebenfalls, wenn sich die Aufsichtstätigkeiten auf die Mittelzuteilung auswirken würde. Denkbar wäre demnach, die gesetzliche Regelung anzupassen und die Gerichte vor inhaltlicher Einflussnahme im Rahmen der Mittelzuweisung zu schützen. 60

Die Arbeit sieht im heutigen *Wiederwahlverfahren* ein erhebliches Risiko für die richterliche Unabhängigkeit.[110] Richterinnen und Richter sind nach Ablauf der Amtszeit auf die Nomination ihrer politischen Partei angewiesen.[111] Dies führt zu einem Druck, während der Amts- 61

---

[108] LIENHARD (2005), S. 474; a.M. ZAPELLI (2009), Rz. 37; LIENHARD/KETTIGER (2008), Rz. 56 f.
[109] GASS (2007), S. 608.
[110] KIENER (2008), S. 359 f.; ZIMMERLI (2009), Rz. 16 f.
[111] LIENHARD (2015), S. 22 ff.

zeit nicht wesentlich von der Parteilinie abzuweichen.[112] Es besteht die Gefahr einer Nichtwiederwahl, wenn eine Richterin oder ein Richter in der vergangenen Amtsperiode mit Entscheiden gegen die politische Mehrheit aufgefallen ist. Entsprechend wäre es prüfenswert, Mechanismen in die Wiederwahlverfahren einzubauen, die eine Nichtwiederwahl gestützt auf die unabhängige Ausübung des Amts als Richterin oder als Richter vermeiden. Denkbar wären höhere Nichtwiederwahlquoren oder eine Beschränkung der Nichtwiederwahl auf Fälle, die einer Amtsenthebung gleichkommen, gekoppelt mit entsprechenden Verfahrensvorschriften.[113]

62   Die Forschungsarbeit kommt zum Schluss, dass die *Mechanismen des Justizmanagements*, resp. Instrumente des Qualitätsmanagements, welche der Aufsichtsausübung dienen, sowie die *Zertifizierung* von Gerichten dazu beitragen können, das Vertrauen der Bevölkerung in die Justiz und das gute Funktionieren der Gerichte zu stärken.[114] Effektivität und Effizienz der Aufsicht könnten dadurch besser gewährleistet werden.[115]

2.3   Würdigung

Giovanni Biaggini, Regina Kiener, Peter Bieri, Mirjam Frey Haesler, Nadine Küng und Catherine Reiter

2.3.1   Folgerungen für das Justizmanagement

63   Für das Justizmanagement lässt sich aus der Forschungsarbeit zu den *Best Practices* gerichtsinterner Organisation aus verfassungs- und völkerrechtlicher Sicht schliessen, dass die Rechtsetzung zur gerichtsinternen Organisation die verfassungs- und völkerrechtli-

---

[112] Differenziert RASELLI (2011), Rz. 5 ff., Rz. 11.
[113] Ähnlich RASELLI (2011), Rz. 17; LIENHARD (2015), S. 24.
[114] LIENHARD (2009a), Rz. 80-82, 85; WIPFLI (2006), S. 34; MÜLLER (2014), Rz. 6 ff.; LIENHARD (2010), S. 403 f.
[115] LIENHARD (2015), S. 40 ff.; LIENHARD (2003), S. 37 ff.; KETTIGER/LIENHARD (2011a), Rz. 18.

chen Anforderungen und Zielwerte vor allem auf kantonaler Ebene vermehrt berücksichtigen könnte. Für künftige Justizreformen empfiehlt es sich daher allenfalls, vermehrt vertieftes Know-how des Verfassungs- und Völkerrechts beizuziehen, soweit dies erforderlich ist.

Die Forschungsarbeit zur Bearbeitung von *personenbezogenen Daten* zeigt auf, dass rechtlich begründete Bedürfnisse an der Bearbeitung von Daten über Richterinnen und Richter bestehen. Aus einer individuellen richterlichen Perspektive können die Datenbearbeitungen jedoch einen Eingriff in die verfassungsrechtlich geschützte Persönlichkeit bewirken. Datenbearbeitungen können zudem die richterliche Unabhängigkeit in sachfremder Weise beeinflussen. Aus diesem Spannungsfeld ergeben sich insbesondere folgende Forderungen: Datenbearbeitungen müssen gegenüber den Richterinnen und Richtern transparent erfolgen und bedürfen einer gesetzlichen Grundlage oder einer Einwilligung. Für gerichtsinterne Bearbeitungen wird regelmässig eine Normierung in einem Gerichtsreglement genügen. Es sind Anhörungsrechte der Richterinnen und Richter vorzusehen. Richterbezogene Daten dürfen nur ausnahmsweise ausserhalb des Gerichts bekannt gegeben werden. Die Gründe dafür sind gesetzlich vorzusehen. Statistiken über Richterinnen und Richter dürfen nur in kommentierter Weise extern bekannt gegeben werden.

Bezüglich der *Aufsicht über die Justiz* können folgende Schlussfolgerungen gezogen werden:

- Aufsicht hat *stufengerecht* zu erfolgen. Auf jeder Ebene (gewaltenübergreifend, justizintern, gerichtsintern) soll die Aufsicht entsprechend ausgestaltet sein und über die notwendigen unterschiedlichen Aufsichtsinstrumente verfügen.

- *Mechanismen des Justizmanagements* wie auch die *Zertifizierung* von Gerichten dienen der Aufsichtsausübung und können dazu beitragen, das Vertrauen der Bevölkerung in die Justiz zu stärken.

- Die Einführung von *Justizräten* zur Unterstützung der Aufsicht, resp. zur Aufsichtsausübung wird als nicht notwendig erachtet. Die richterliche Unabhängigkeit kann auch anderweitig geschützt werden.

64

65

2.3.2 Weiterer Forschungsbedarf

66   Weiteren Forschungsbedarf bezüglich *Best Practices* gerichtsinterner Organisation findet man sowohl im Bereich der Ablauf- als auch der Aufbauorganisation. Dazu gehören z.B. Untersuchungen zu Gewohnheitsrecht im Bereich der gerichtsinternen Organisation, zur Effizienz der verschiedenen Kategorien von nebenamtlichen Richterinnen und Richter sowie zur Frage, ab welcher Zahl Gerichtsschreibende pro Richterin bzw. Richter es Letzteren nicht mehr möglich ist, die Akten und die Urteilsentwürfe so zu studieren und zu überprüfen, wie es die richterliche Unabhängigkeit und die Urteilsqualität erfordern.

67   Bezüglich der Forschungsarbeit zur Bearbeitung von *personenbezogenen Daten* lässt sich schliessen, dass die Entwicklung hin zu einer stärkeren Professionalisierung des Richteramts weitergehen wird. Folgende Problemfelder werden Praxis und Forschung damit weiterhin beschäftigen: Richterausbildung, Leistungsbeurteilungen und Qualität in der Justiz. Interessant wird sein, die Diskussion rund um das Spannungsfeld persönliche Verantwortung, richterbezogene Qualitätssicherung und -kontrolle und richterliche Unabhängigkeit weiterzuverfolgen.[116] Zudem besteht ein Forschungsbedarf im Bereich des Rechtsschutzes im Falle von disziplinarischen Massnahmen bis hin zu Amtsenthebungen gegenüber Richterinnen und Richtern und im Falle von Nichtwiederwahlen.[117]

68   Im Themenbereich der *Aufsicht über die Justiz* besteht Forschungsbedarf einerseits auf der Ebene der *kantonalen Justizorganisation*. Eine umfassende Analyse der kantonalen Ausgestaltung der Aufsicht über die Justiz fehlt zum heutigen Zeitpunkt.

69   Forschungsbedarf besteht ausserdem, wenn es darum geht, das Schweizerische Aufsichtssystem mit jenen der umliegenden Nachbarländer zu vergleichen. Eine *rechtsvergleichende Studie* wurde bislang nicht vorgenommen und könnte dazu beitragen, weitere Anregungen für eine sinnvolle Ausgestaltung der Justizaufsicht zu erlangen.

---

[116] Vgl. dazu KIENER (2014), Rz. 21 f.
[117] Vgl. dazu KIENER (2012), S. 429.

3   Umfeld (Teilprojekt 1)

Stephan Aerschmann, Christof Schwenkel, Stefan Rieder, Michele Luminati

3.1   Einleitung

Ein erstes Teilprojekt nahm eine Aussenperspektive ein. Es 70 beschäftigte sich aus historischem und politikwissenschaftlichem Blickwinkel mit dem gesellschaftlichen Umfeld der Justiz. Im Zentrum der Analysen standen dabei Parameter, die für die Aussensicht der Justiz wichtig waren und sind.

Der *historische Teil* untersuchte hauptsächlich die von den obers- 71 ten kantonalen Gerichten seit dem 19. Jahrhundert regelmässig erstellten Rechenschaftsberichte. In diesen Berichten präsentierte sich die Justiz den politischen Akteurinnen und Akteuren und der interessierten breiteren Öffentlichkeit. Mittels der Analyse dieser justiziellen Selbstdarstellungen konnten zentrale Kriterien und Kategorien, nach welchen die Justiz bewertet und wahrgenommen wurde, eruiert werden – und zwar sowohl von den im Justizfeld direkt als auch indirekt involvierten Akteurinnen und Akteuren. Die Untersuchung konzentrierte sich dabei auf einzelne Kantone, welche nach spezifischen Überlegungen ausgesucht wurden.

Im *politikwissenschaftlichen Teil* rückte die heutige Wahrnehmung 72 der Justiz durch die Bevölkerung in den Vordergrund. Einerseits wurde ermittelt, inwieweit die Bevölkerung den kantonalen Gerichten vertraut, wie sie deren Unabhängigkeit sowie die Gleichbehandlung durch die Gerichte beurteilt und inwiefern es diesbezüglich zwischen den einzelnen Kantonen Unterschiede gibt. Andererseits wurde analysiert, welche Faktoren die Einschätzung der Bevölkerung beeinflussen. Insbesondere wurde der Frage nachgegangen, inwiefern sich Vertrauen auf institutionelle Faktoren zurückführen lässt oder von anderen Faktoren ausgeht. Die empirische Basis dieser Untersuchung bildete eine erstmalig durchgeführte quantitative Bevölkerungsbefragung zu den kantonalen Gerichten bei 3'400 Personen.

3.2 Forschungsarbeiten

3.2.1 Von der Macht der Zahlen. Wissensproduktion in der kantonalen Justiz (19.-21. Jahrhundert)[118]

> «L'importance de la statistique judiciaire en particulier ne saurait être contestée par personne.»[119]

3.2.1.1 Fragestellung, Methode und Quellen

73   Seit dem 19. Jahrhundert informieren die obersten richterlichen Instanzen meist jährlich oder zweijährlich die kantonalen Parlamente über die Entwicklung der Rechtspflege.[120] Auch wenn der primäre Zweck dieser Rechenschaftsberichte – wie der Name bereits sagt – darin bestand, Rechenschaft gegenüber dem Parlament abzulegen, leisteten diese tatsächlich viel mehr. Sie sind als jener Ort zu betrachten, an dem sich die Wissensproduktion über das Gerichtswesen vollzog. Mit Hilfe des hier produzierten Wissens verwaltete, gestaltete und steuerte man die Justiz. Die gewonnenen Erkenntnisse dienten als Grundlage für verschiedene Interventionen und Forderungen, wurden für die Interpretation organisationalen Geschehens herangezogen oder fungierten auch als Kontrollinstrument, um nur einige Funktionen zu nennen. Gleichzeitig gewähren diese Berichte auch einen Einblick in Vorstellungen, was die direkt oder indirekt involvierten Akteurinnen und Akteure im Justizfeld unter einer guten Justiz verstanden oder lassen verschiedene Konfliktlinien und Deutungskämpfe erkennen. Bereits diese kurze Auflistung macht deutlich: Die Rechenschaftsberichte sind als bedeutsame historische Quelle anzusehen, was die Erforschung der Geschichte der kantonalen Justiz anbelangt. Deshalb stützte sich die Studie in erster Linie auf diesen Fundus; mit vereinzel-

---

[118] Der vorliegende Text basiert auf Studien von Stephan Aerschmann im Rahmen des Projektes «Grundlagen guten Justizmanagements», welche demnächst publiziert werden.

[119] Rapport du Tribunal cantonal de Fribourg pendant les années 1853 et 1854, S. 1.

[120] Wobei in jüngster Zeit einige Kantone diese Berichte in ihrer ursprünglichen Form abschafften und in die Staatsrechnung integrierten.

ten Ergänzungen aus anderem Quellenmaterial, wie Zeitungs- und Zeitschriftenartikel, Gesetzestexte, parlamentarische Verhandlungsprotokolle oder Regierungsbotschaften.

Ausgewertet wurden die Quellen mittels eines diskursanalytischen Ansatzes Foucault'scher Prägung. Dabei stand die Betonung der strukturalen Perspektive im Vordergrund, was bedeutet, hypothetisch wurde unterstellt, dass die in den Quellen dokumentierten, singulär verstreuten Äusserungen einer Regel oder Struktur unterliegen und daher einen Diskurs bilden. Diese Forschungshypothese drängte sich nach einer ersten oberflächlichen Analyse des Quellenmaterials geradezu auf, da sie einen vorhanden Diskurs erahnen liess.[121] Diesen Strukturierungszusammenhang galt es sowohl empirisch zu belegen und zu beschreiben als auch Wechselbezüge zwischen den mit diesem Diskurs verknüpften Praktiken aufzuzeigen.[122] Zum diskursanalytischen Ansatz kam eine damit eng verbundene medienanalytische Dimension hinzu. Zentraler Gedanke dabei war, dass Logik und Konzeption der Rechenschaftsberichte die Wissensproduktion über die Justiz entscheidend mitformten. Diese Berichte stellten in ihrer spezifischen Eigenart Bedingungen des Aussagens dar, welche bereits im Voraus die Wissensproduktion massgeblich beeinflussten. Sie fungierten also gleichsam als Filter, der Wissen selektierte, hervorhob, unterdrückte, veränderte und mithalf, es mit anderen Wissensbeständen zu verbinden.[123]

Konkret wurden die folgenden forschungsleitenden Fragen gestellt: Welche Art von Wissen produzierten die Rechenschaftsberichte? Was machten sie sichtbar und was nicht respektive welche Sichtweisen wurden gefördert, welche unterdrückt? Wie wurde im Anschluss dieses Wissen eingesetzt und inwiefern beeinflusste dies wiederum die Justiz? Lassen sich Unterschiede zwischen den einzelnen Kantonen und Veränderungen im Verlaufe der Zeit erkennen? Die Berichte wurden aber auch auf die folgenden Fragen hin untersucht: Welches Bild der Gerichte wird vermittelt? Was wird unter einer guten Justiz

74

75

---

[121] Wichtige Literaturhinweise und Erklärungen zur Diskursanalyse sowie eine konkrete Operationalisierung dieses Ansatzes findet man bei AERSCHMANN (2014), S. 29-38.
[122] Vgl. BÜHRMANN/SCHNEIDER (2008).
[123] Vgl. SARASIN (2011), S. 167 f.; ders. (2003), S. 37.

verstanden? Welche Probleme werden verhandelt? Welche Konfliktfelder oder Deutungskämpfe zeichnen sich ab und lassen sich Änderungen erkennen? Diese Fragestellungen wurden zunächst anhand der Rechenschaftsberichte des Obergerichts des Kantons Luzern detailliert untersucht. In einer zweiten Phase wurden die Kantone Aargau, Freiburg, Solothurn, Thurgau, Uri, Wallis, Zug und Zürich hinzugenommen und versucht, die Analysen mittels Stichproben zu verallgemeinern und empirisch zusätzlich zu sättigen.

76   Obwohl die Justizorganisation in der Schweiz immer schon sehr heterogen war, steht dem die einheitliche Konzeption der von den obersten kantonalen Gerichten verfassten Rechenschaftsberichte entgegen: Die Ergebnisse wurden allesamt mithilfe von statistischen und textlichen Elementen dargestellt. Diese Form der Kommunikation veränderte sich seit dem 19. Jahrhundert nicht. Die Umgestaltungen bestanden lediglich in der ausdrücklichen Trennung respektive Zusammenfügung dieser beiden Komponenten. Dabei findet man im statistischen Teil jeweils viele Tabellen und Zahlen vor, die etwa Auskunft geben über Art, Menge, Behandlung und Erledigung der Geschäfte der verschiedenen Gerichtsinstanzen und Justizbehörden. Augenfällig ist, dass im Laufe der Zeit die Datenerhebungen zunehmend erweitert und ausdifferenziert wurden. Allein der Umfang der erhobenen Daten und deren Darstellungsart weisen darauf hin, welches Gewicht der Statistik und der Tabelle, welche in jüngster Zeit ausserdem vereinzelt durch grafische Darstellungen wie Säulen-, Kreis- oder Kurvendiagramme ergänzt wurden, zugemessen wurde. Im berichtenden Teil wurde in textlicher Form über die Auswirkungen von überarbeiteten oder neu eingeführten rechtlichen Bestimmungen, über Personaländerungen, über Probleme beziehungsweise den Zustand der für die kantonale Justiz verantwortlichen Beamten und Behörden informiert oder es wurden Änderungsvorschläge formuliert. In erster Linie aber wurde – und das ist das Entscheidende – das in den Tabellen aufbereitete Zahlenmaterial ausgewertet und erklärt.

77   Bereits anhand dieser «immanenten Beschreibung»[124] der Rechenschaftsberichte wird deutlich: Deren Logik und Konzeption verweisen auf den Siegeszug der Statistik in den staatlichen Bürokratien, welcher

---

[124] FOUCAULT (1981), S. 15.

in Europa um die Wende vom 18. zum 19. Jahrhundert einsetzte.[125] Dieser Trend zur Quantifizierung erfasste weite Teile der staatlichen Verwaltungen und Öffentlichkeit und führte in vielen Staaten in der Mitte des 19. Jahrhunderts dazu, statistische Ämter einzurichten.[126] Er hält bis heute an, machte auch vor der schweizerischen Justiz nicht Halt und prägte diese nachhaltig.

3.2.1.2 Fallbeispiel: Der Kanton Luzern

Im Folgenden werden einige Ergebnisse aus den Analysen skizziert. Im Fokus der Darstellung steht dabei der Kanton Luzern, da dieser im Detail untersucht wurde. Aufgrund der diskursiven Einheitlichkeit der von den oberen Gerichten angefertigten Rechenschaftsberichte stehen viele der hier dargestellten Befunde stellvertretend für die Auswirkungen dieser Wissensproduktion in anderen Kantonen. 78

Die Auflistung statistischer Vergleiche über mehrere Jahre mit dem Ziel, verschiedene Entwicklungen numerisch nachzuzeichnen, ist sowohl in den frühen als auch in den neusten Rechenschaftsberichten regelmässig zu beobachten.[127] Derartige Datenreihen dienten weit mehr als nur der Darstellung gewisser Tendenzen. Sie ermöglichten erst unterschiedliche Sachverhalte miteinander zu verknüpfen und zu vergleichen, die bis anhin nichts gemein hatten. Die Transformation von Informationen in Zahlen machte diese Wissensbestände anschlussfähig für andere, auch ausserhalb der Justiz liegende Vorkommnisse, die ebenfalls in Zahlen ausgedrückt wurden, wie etwa die wirtschaftliche Prosperität, die Bevölkerungszahl, die Anzahl Ehescheidungen oder Verkehrsunfälle, um nur einige in den Berichten erwähnte Phänomene aufzuzählen. Dies war möglich, weil Zahlen von individuellen Besonderheiten abstrahieren. Sie liessen sich einfacher als sprachliche Ausdrücke zueinander in Beziehung setzen und erlaubten, heterogene Sachverhalte in einen Vergleichszusammenhang zu bringen und so ein Relationsgefüge zu erzeugen.[128] Mit anderen Wor- 79

---

[125] Vgl. DESORIÈRES (2005); PORTER (1986).
[126] Vgl. OSTERHAMMEL (2010), S. 57-62; spezifisch zur Schweiz JOST (1995).
[127] Vgl. etwa RB 1853, S. 95; RB 1894/95, S. 40; RB 1932/34, S. 53; RB 1978/79, S. 5.
[128] Vgl. HEINTZ (2012), S. 7 f., 12; dies. (2007), S. 79.

ten: Gefördert wurde die Ermittlung von Korrelationen und Kausalzusammenhängen, die ohne diese Darstellungsart – das heisst ohne Zahlen und Statistiken – gar nicht möglich respektive nicht sichtbar gewesen wären.[129] Damit wurde gleichzeitig auch der Glaube an eine gewisse gesetzmässige Entwicklung und die Vorstellung einer bestimmten Kalkulier- und Vorhersehbarkeit gesellschaftlicher Phänomene gefördert. Die Statistik vermittelt die Überzeugung, dass gesellschaftliche Entwicklungen in welchem ausgeprägten Ausmass auch immer, eine berechenbare Stabilität besitzen und insofern auch steuer- und kontrollierbar sind.[130]

a) Paradigma 1 (19. und 20. Jahrhundert)

80   Augenfällig ist, dass vom 19. Jahrhundert an bis in die ersten Jahrzehnte des 20. Jahrhunderts die Oberrichter die statistisch erhobenen Daten als angemessene und legitime Darstellungsform der juristischen Wirklichkeit akzeptierten. Sie verstanden die Statistik als getreues Abbild, eine Art Zweitfassung der juristischen Realität. Indem jedoch das Gerichtswesen quantifiziert wurde, wurde es letztlich in die ökonomische Grammatik übersetzt. Denn sowohl die Sprache der Statistik als auch diejenige der Ökonomie drückt sich in Zahlen aus.[131] Insofern förderte diese Übersetzung eine ökonomische Sichtweise respektive das statistische Denken war mit einem ökonomischen Denken verkoppelt. Deshalb bekräftigte die Statistik das bei den Oberrichtern und Politikern seit der zweiten Hälfte des 19. Jahrhunderts zu beobachtende Effizienzdenken. Dazu gehörte insbesondere auch eine kurze Verfahrensdauer, die bereits früh als entscheidendes Merkmal einer guten Justiz erachtet wurde. Dies zeigt sich etwa in den Zivilrechtsverfahren von 1851 und 1896, mit welchen der Gesetzgeber sich unter anderem erhoffte, die Prozesse zu beschleunigen oder in der Justizreform von 1913, die neben der Beschleunigung dazu beitragen sollte, die Prozessführung auch noch günstiger zu machen.[132] Bei den Oberrichtern

---

[129]   Vgl. etwa RB 1920/21, S. 46; RB 1930/31, S. 51; RB 1962/63, S. 4.
[130]   Vgl. LENGWILER (2011), S. 158 f.
[131]   Vgl. SCHMIDT (2007), S. 229.
[132]   Vgl. besonders die Paragraphen 81, 82, 84 und 97 des Zivilrechtsverfahren 1851 (Gesetze über das Civilrechtsverfahren, vom 22.10.1850. G. Bd. 1, S. 327 f., 331.); Zivilrechtsverfahren 1896 (Gesetz über das Civilrechtsverfahren, vom 5.3.1895. G. Bd. 7, S. 332-433); Gesetz über die Gerichtsorgani-

manifestiert sich diese Vorstellung darin, dass sie eine beförderliche Justiz ausdrücklich unterstützten.[133] Sie formulierten aber auch konkrete effizienzsteigernde Vorschläge oder Einsparungsmöglichkeiten im Gerichtsbetrieb, gaben an die unteren Gerichtsinstanzen explizite Anweisungen, gewisse Gesetzesvorschriften im Sinne der Effizienz auszulegen oder versuchten, mit statistisch erhobenen Daten den Einhalt kurzer Verfahrensdauer und niedriger Gerichtskosten bei den ihnen unterstellten Gerichten zu kontrollieren und intervenierten nötigenfalls.[134]

Mit letzterem Punkt ist ein zentraler Aspekt angesprochen: Durch die Quantifizierung machte man das Gerichtswesen möglichen Interventionsstrategien zugänglich – und zwar insbesondere für die im Justizfeld aber auch im politischen Feld tätigen Akteure. Dabei lässt sich ein hohes Vertrauen in die Statistik als Legitimationsgrundlage erkennen. So erachteten die Oberrichter im 19. Jahrhundert die Gerichtsorganisation[135] als fehlerhaft. Dies belegten sie wiederholt mit statistischen Werten, indem sie auf die mangelnde Anzahl gebildeter Beamter und professioneller Richter verwiesen, mit verschiedenen Zahlenwerten die unverhältnismässige Beschäftigung der einzelnen Gerichtskreise und deren zu lange Prozessdauer darlegten oder die fehlende Einheitlichkeit der Rechtsprechung dokumentierten.[136] Überhaupt wurden Eingriffe in das Justizwesen häufig mit Zahlen gerechtfertigt. Sie galten als zulässige Referenz für die Interpretation organi-

81

---

sation und Zivilprozessordnung, vom 18.1.1913. G. Bd. 9, S. 315-438; RB 1852, S. 71; RB 1894/95, S. 41; RB 1912/13, S. 49-53.

[133] Vgl. etwa RB 1849, S. 25; RB 1860, S. 49.

[134] Vgl. etwa RB 1856, S. 40 f.; RB 1857, S. 41 f.; RB 1860, S. 49; RB 1861, S. 49; RB 1867, S. 63; RB 1870/71, S. 71; RB 1878/79, S. 68 f.; RB 1884/85, S. 3; RB 1886/87, S. 54; RB 1896/97, S. 39-41; RB 1912/13, S. 52 f.; RB 1914/15, S. 3 f.; RB 1930/31, S. 52 f.; RB 1936/37, S. 32.

[135] Obwohl sich die Luzerner Gerichtsorganisation seit den 1840er Jahren bis zur Justizreform im Jahre 1913 kaum änderte, war sie nicht unbestritten. Die Einführung von grösseren Gerichtskreisen und damit einhergehend die Reduzierung der erstinstanzlichen Gerichte war eine Forderung, welche sowohl in den Foren der forensischen Zunft als auch in politischen Diskussionen immer wieder laut wurde. Vgl. EGLI (1912), S. 127 ff., 144 ff., 175 ff.

[136] Vgl. etwa RB 1849, S.19-25; RB 1850, S. 29 f.; RB 1853, S. 134; RB 1855, S. 253; RB 1857, S. 42; RB 1859, S. 51; RB 1868/69, S. 68.; RB 1888/89, S. 46, 50; RB 1890/91, S. 43; RB 1892/93, S. 41 f.; RB 1894/95, S. 39 f.

sationalen Geschehens, wurden bei der Erarbeitung, Umsetzung und Kontrolle verschiedenster Massnahmen herangezogen, mit deren Hilfe man insbesondere die Prozesse zu beschleunigen versuchte. Dadurch durchdrangen die Zahlen den Prozess der Gestaltung und Steuerung der Justiz zusehends.[137] Letztlich führte dies zur Verdrängung nicht quantifizierbarer Sachverhalte. Was nicht gemessen wurde respektive was nicht gemessen werden konnte, verlor an Aufmerksamkeit. Dies mag mitunter ein Grund gewesen sein, wieso man zunehmend versuchte, die Performanz der einzelnen Gerichtskreise quantitativ zu erfassen. Diese Daten benutzen die Oberrichter dazu, gut funktionierende Gerichtskreise in den Rechenschaftsberichten hervorzuheben und schlecht arbeitende anzuprangern.[138] Mit dieser Art des Zahlengebrauchs ging letztlich ein Disziplinierungseffekt einher.

b) Paradigma 2 (20. und 21. Jahrhundert)

82   Im Verlaufe des 20. Jahrhunderts erfolgte ein eigentlicher Paradigmenwechsel bezüglich des Aussagewertes der Statistiken. Die erhobenen Zahlen wurden zusehends als selektiv, stark konstruiert und dementsprechend strittig erachtet. Bemängelt wurde, dass den Statistiken die rechtlichen Komponenten fehlten, was zu einer nicht adäquaten und unsachgemässen Darstellung und Bewertung führe. Die Oberrichterinnen und Oberrichter verwiesen auf die Sonderstellung der Justiz, betonten die rechtliche Rationalität[139] und Komplexität oder die komplizierten Lebensvorgänge und damit zusammenhängend die zusätzlichen Konfliktmöglichkeiten, welche sich allesamt nicht beziehungsweise nur stark begrenzt quantitativ erfassen liessen.[140] Dieser Wandel lässt sich als Ausdruck der Ausdifferenzierung des Rechtssystems deuten, der sich im Kanton Luzern im 20. Jahrhundert unter an-

---

[137] Vgl. etwa RB 1926/1927, S. 46; RB 1930/1931, S. 52; RB 1932/1933, S. 54 f.; RB 1936/37, S. 30.

[138] Vgl. etwa RB 1859, S. 51; RB 1860, S. 49; RB 1861, S. 49 f.; RB 1863, S. 54; RB 1870/71, S. 72; RB 1884/85, S. 58-60; RB 1886/1887, S. 50; RB 1888/1889, S. 46; RB 1890/1891, S. 43; RB 1892/1893, S. 41 f.; RB 1894/1895, S. 39 f.; RB 1914/1915, S. 46; RB 1928/29, S. 49.

[139] Zum aktuellen Rationalitätendiskurs siehe Ziffer 6.2.1 und 7.2.1.

[140] Vgl. etwa RB 1924/25, S. 46; RB 1950/51, S. 5 f.; RB 1958/59, S. 5; RB 1966/67, S. 6; RB 1968/69, S. 6; RB 1972/73, S. 7; RB 1978/79, S. 6; RB 1980/81, S. 6.

derem im Ausbau der ausserordentlichen Gerichtsbarkeit oder der Spezialisierung und Professionalisierung des Richterpersonals manifestiert.[141]

Trotz dieser Relativierung setzten die Oberrichterinnen und Oberrichter weiterhin die statistisch erhobenen Daten als Grundlage für Änderungsvorschläge bezüglich der Organisation der verschiedenen Gerichte ein. Sie bedienten sich der Statistik als Kontrollinstrument, insbesondere um die Wirksamkeit organisatorischer Massnahmen zu messen, gebrauchten statistische Erhebungen, um disziplinarisch einzugreifen, oder versuchten, die rechtsprecherische Leistung numerisch zu erfassen.[142] Dies lässt sich als Indiz für die Wirkmächtigkeit des Zahlendiskurses werten, dem sich die Oberrichterinnen und Oberrichter nicht entziehen konnten. Offensichtlich brachten sowohl die anderen Akteurinnen und Akteure im Justizfeld als auch die Politik und die Öffentlichkeit diesen Zahlen ein hohes Vertrauen entgegen.[143] Schliesslich wurde mit der Einführung des Modells «Leistungsorientierte Gerichte» (LOG) im Kanton Luzern im Jahre 2006 die Nachfrage nach Zahlen und Daten zusätzlich gefördert.[144] Dies deshalb, da es sich dabei letztlich um ein Steuerungsmodell handelt, das sich an quantitativen Zielgrössen orientiert und insofern die Macht der Zahlen bekräftigt.

Zusammenfassend lässt sich festhalten: Der in Europa um die Wende vom 18. zum 19. Jahrhundert einsetzende Siegeszug der Statistik in den staatlichen Bürokratien erfasste auch die schweizerische Justiz und prägte diese nachhaltig. Die Vorstellung, dass sich die Justiz mittels statistischem Wissen besser – das heisst effektiver und rationaler – führen lässt, breitete sich hierzulande seit dem 19. Jahrhun-

---

[141] Vgl. GALLIKER (2013), S. 158, 176 f.; HUBER (1991), S. 45-62 und Anhang; UNTERNÄHRER (1988), S. 20 f.

[142] Vgl. etwa RB 1974/75, S. 6; RB 1976/77, S. 5, 7; RB 1982/83, S. 6; RB 1984/85, S. 6; RB 1990/91, S. 5, 29; RB 1992/93, S. 5, 26 f.

[143] Für Erklärungen, die das hohe Vertrauen in Zahlen historisch und soziologisch plausibel ergründen vgl. HEINTZ (2010), S. 171-174; dies. (2008), S. 117 f.; dies. (2007), S. 65, 81 f.; PORTER (1995), S. 145-147, 186-189, 217-231; LENGWILER (2011), S. 158 f.; ders. (2006), S. 70.

[144] Vgl. STADELMANN (2005); Verhandlungen des Grossen Rates des Kantons Luzern (2005), S. 311-366.

dert allmählich aus. Insofern werden Zahlen seit geraumer Zeit als ein wichtiges Führungsinstrument erachtet. Die Bedeutung der Zahlen ist also kein neues Phänomen. Im Verlaufe des 20. Jahrhunderts erfolgte jedoch ein Paradigmenwechsel. Die Statistik wurde zunehmend umstritten. Sie wurde nicht mehr als uneingeschränkt richtiges, getreues Abbild der juristischen Wirklichkeit angesehen und der Aussagewert der Zahlen immer mehr relativiert. Trotzdem ist die Statistik aus der Justiz nicht mehr wegzudenken und erlebte in jüngster Zeit ein eigentliches Revival. Grund dafür sind Reformen der Justiz, die einem Steuerungsmodell folgen, welches sich an der Funktionsweise von Unternehmen orientiert und unter dem Begriff des New Public Management auch in die Justiz eindrang. Solche Reformen richten sich allesamt massgeblich an quantitativen Zielgrössen aus und fördern deshalb die Nachfrage nach Zahlen und Daten.

3.2.2 Einfluss kantonaler Justizsysteme auf das Vertrauen der Bevölkerung in die Gerichte

3.2.2.1 Ausgangslage

85   Aus politikwissenschaftlicher Perspektive wird der Justiz in der Schweiz begrenzte Aufmerksamkeit geschenkt.[145] Dies ist nicht zuletzt der Komplexität zuzuschreiben, welche sich aus der kantonalen Justizorganisation mit 26 unterschiedlichen Justizsystemen ergibt.[146] Die grosse Vielfalt auf der Ebene der Kantone stellt jedoch nicht nur eine Herausforderung für die politikwissenschaftliche Forschung dar, sondern birgt auch ein grosses Potenzial. Dabei lässt sich die folgende Aussage, die Gibson (2006) für die US-amerikanische Justiz formuliert hat, auch auf die Schweiz und ihre 26 Kantone übertragen: «one of the most exciting opportunities can be found in the

---

[145] Siehe ROTHMAYR ALLISON/VARONE (2014), S. 220; KÄLIN/ROTHMAYR (2006), S. 178.

[146] KÄLIN/ROTHMAYR (2006), S. 178. So fällt die Organisation der kantonalen Justizbehörden (welche für den allergrössten Teil der Rechtsprechung in der Schweiz verantwortlich sind) weitestgehend in die Zuständigkeit der Kantone; siehe VATTER (2014), S. 503 f.

reinvigorated research on state law and courts. The states do indeed provide a laboratory for research of this sort, in particular through their enormous institutional variability (both in structure and function)»[147].

Das hier dargestellte Projekt hat die Chancen des «Forschungslabors» genutzt und beschäftigt sich mit den kantonalen Unterschieden auf institutioneller Ebene. Dabei wird der Frage nachgegangen, inwiefern eine unterschiedliche Ausgestaltung der kantonalen Justizsysteme die Wahrnehmung der Gerichte durch die Bevölkerung beeinflusst.[148] Caldeira und Gibson (1992) legen dar, dass «to persist and function effectively, political institutions must continuously try to amass and husband the goodwill of the public»[149]. So hat die Justiz als dritte Gewalt, anders als die Exekutive und die Legislative (die zur Durchsetzung ihrer Politik repressive oder finanzielle Instrumente zur Verfügung haben), «no influence over either the sword or the purse»[150]. Aus diesem Grund kann das Vertrauen der Bevölkerung in die Justiz eine wichtige Bedingung dafür darstellen, dass die Bevölkerung Entscheidungen von Justizbehörden akzeptiert.[151] Weiter kann angenommen werden, dass zwischen dem Vertrauen in die Gerichte und einer generellen «compliance» mit dem Gesetz ein Zusammenhang besteht.[152]

3.2.2.2 Forschungsziele

Die Zielsetzung der Forschungsarbeit ist es, mit einem *quantitativen Ansatz* das Vertrauen der Bevölkerung in die kantonalen Gerichte zu beschreiben und unter Zuhilfenahme verschiedener theoreti-

---

[147] GIBSON (2006), S. 531.

[148] Das vorliegende Kapitel fasst die zentralen Resultate der politikwissenschaftlichen Dissertation von Christof Schwenkel zusammen, welche im Rahmen des Projekts «Grundlagen guten Justizmanagements» an der Universität Luzern erstellt wird. Die Veröffentlichung der Dissertation mit dem Titel «Der Einfluss kantonaler Justizsysteme auf das Vertrauen der Bevölkerung in die Gerichte» ist für Anfang 2016 vorgesehen.

[149] CALDEIRA/GIBSON (1992), S. 635.

[150] CALDEIRA (1986), S. 1209 ff.

[151] Siehe SCHAAL (2004), S. 106.

[152] DALTON (2007), S. 165 ff.; siehe MARIEN/HOOGHE (2011), S. 267 ff.; siehe TYLER (2006); siehe HOOGHE/ZMERLI (2011), S. 2.

scher Ansätze zu erklären, von welchen Faktoren ein Einfluss auf das Vertrauen in die Gerichte ausgeht. Dabei sollte zunächst folgende Forschungsfrage deskriptiv beantwortet werden:

– In welchem Masse vertraut die Bevölkerung der Schweiz der kantonalen Justiz?

88 Im Zentrum der analytischen Arbeit stehen die folgenden beiden Forschungsfragen:

– Welche Bedeutung haben institutionelle Faktoren für die Erklärung des Vertrauens in die Gerichte?

– Welche Bedeutung haben andere Faktoren für die Erklärung des Vertrauens in die Gerichte?

3.2.2.3 Ergebnisse der Bevölkerungsbefragung

89 Erstmalig konnten mit einer breit angelegten Bevölkerungsbefragung bei insgesamt 3'400 Personen Informationen zum Vertrauen in die kantonalen Gerichte erhoben werden. Neben einer direkten Frage zum Vertrauen in die kantonalen Gerichte wurden Angaben zur Beurteilung der Unabhängigkeit der kantonalen Gerichte von der Politik und der Gleichbehandlung durch kantonale Gerichte erhoben. Ein theoretisches Modell bietet die Grundlage für die Überprüfung von über 20 Forschungshypothesen mittels multivariater Verfahren.

90 Die Bevölkerungsbefragung[153] vermag aufzuzeigen, dass die kantonalen Gerichte mit einem Mittelwert von 7.0 (auf einer Skala von 0– 10) insgesamt ein hohes Vertrauen seitens der Bevölkerung geniessen. Bei der Einschätzung des Vertrauens und stärker noch bei der Einschätzung der Gleichbehandlung durch die Gerichte und der Beurteilung der Unabhängigkeit der Gerichte, lassen sich je nach Kanton klare Unterschiede in den durchschnittlichen Beurteilungen erkennen.

---

[153] Die Befragung wurde im Frühjahr 2013 über ein Access-Panel des LINK-Instituts durchgeführt. Die Grundgesamtheit bildete die sprachassimilierte Bevölkerung im Alter von 18 bis 74 Jahren, die mindestens einmal pro Woche zu privaten Zwecken das Internet nutzt. Für eine ausführliche deskriptive Darstellung der Resultate siehe SCHWENKEL/RIEDER (2014).

3.2.2.4 Ergebnisse vor dem Hintergrund institutionalistischer und kulturalistischer Ansätze

Im Fokus der vorliegenden Analyse zur Erklärung der Un- 91
terschiede bezüglich des Vertrauens in die Gerichte stehen *institutionalistische Ansätze*. Diese postulieren, dass Einstellungen von Individuen auf Erfahrungen mit gesellschaftlichen und politischen Institutionen beziehungsweise mit deren Leistungen zurückgeführt werden können.[154] Es wird dabei zwischen Erklärungsfaktoren zum *institutionellen Design* und zur *institutionellen Performanz* unterschieden. Während erstere implizieren, dass das Vertrauen in die Gerichte direkt von institutionellen Arrangements determiniert wird[155] (beispielsweise über die Wahl von Richterinnen und Richtern, durch die Beteiligung von Laien an der Rechtsprechung, durch die durchschnittliche räumliche Entfernung von Gerichten, durch ein unterschiedliches Mass an persönlichen Erfahrungen mit Gerichten), legen letztere einen Zusammenhang zwischen der Leistungsfähigkeit der kantonalen Justiz und dem Vertrauen in die Gerichte nahe.[156] Informationen in Bezug auf eine unterschiedliche Performanz der kantonalen Gerichte werden über Gutheissungsquoten kantonaler Urteile vor dem Bundesgericht, über Weiterzüge kantonaler Urteile, über die Berichterstattung zu Missständen bei der kantonalen Justiz sowie über die qualitative Beurteilung von Gerichtskontakten erhoben.

---

[154] GABRIEL (2008), S. 210.

[155] NORRIS (1999), S. 234; siehe KELLEHER/WOLAK (2007), S. 719; siehe BENESH (2006), S. 699; siehe MAGALHÃES (2012) S. 205 ff.; siehe auch folgende Aussage von ANDERSON/BLAIS/BOWLER/DONOVAN/LISTHAUG (2007), S. 21: «given that institutional structures and political contexts vary across democratic systems, it is reasonable to conjecture that what and how people think about politics is affected by political institutions and varies across contexts as well».

[156] Für Vertreterinnen und Vertreter von Theorien zur institutionellen Performanz gilt, dass «political trust and distrust are rational responses by individuals to the performance of institutions», MISHLER/ROSE (2001), S. 31; siehe HOOGHE/ZMERLI (2011), S. 3 f. Im Hinblick auf die Gerichte führen zudem GIBSON und CALDEIRA aus, dass «few social scientists today believe that support for political institutions is impervious to influence from institutional performance or exogenous shocks and events», GIBSON/CALDEIRA (2009), S. 5.

92   Neben den institutionalistischen Erklärungsfaktoren berücksichtigt die Analyse zu den kantonalen Gerichten *kulturalistische Ansätze,* welche Vertrauen primär als Ergebnis von kulturellen Prägungen betrachten.[157] Vor diesem Hintergrund werden beispielsweise Kantonsgrösse, Sprache, Staatsbürgerschaft, Bildungsgrad, Geschlecht, das Vertrauen in Mitmenschen (generalisiertes soziales Vertrauen) und die politische Orientierung als mögliche Einflussfaktoren untersucht.

93   Die folgende Sechs-Felder-Tafel illustriert die unterschiedlichen theoretischen Grundlagen und ordnet jedem Feld (A-F) beispielhaft Erklärungsfaktoren zu, welche im Rahmen des Projekts geprüft worden sind. Es werden dabei sowohl Faktoren auf der Makro-Ebene (auf Stufe der Kantone) und der Mikro-Ebene (auf Stufe der Individuen) berücksichtigt.

	Institutionalistische Ansätze		Kulturalistische Ansätze
	Design	Performanz	
Makro-Ebene	**A** z.B. Wahl von Richterinnen und Richtern; Beteiligung von Laien an der Rechtsprechung	**C** z.B. Gutheissungsquoten des Bundesgerichtes zu Beschwerden gegenüber Urteilen kantonaler Vorinstanzen	**E** z.B. Kantonsgrösse; Konfession; Sprachregion
Mikro-Ebene	**B** z.B. Informationsstand über Gerichte; Teilnahme an einer Richterwahl, Kontakt mit einem Gericht	**D** z.B. individuelle Beurteilung persönlicher Erfahrungen mit Gerichten im Kanton	**F** z.B. Bildungsgrad; Staatsbürgerschaft; Geschlecht, Alter; generalisiertes soziales Vertrauen

Abbildung 2: Erklärungsfaktoren

---

[157] «Cultural theories hypothesize that trust in political institutions is exogenous. Trust in political institutions is hypothesized to originate outside the political sphere in long-standing and deeply seeded beliefs about people that are rooted in cultural norms and communicated through early-life socialization», MISHLER/ROSE (2001), S. 31; siehe KOTZIAN (2011), S. 27 ff.; vgl. ALMOND/ VERBA (1989) [1965].

Zur Überprüfung der Forschungshypothesen wurden Mehrebenen-   94
analysen berechnet. Diese ermöglichen es, die Erklärungsfaktoren auf
Makro- und Mikro-Ebene simultan zu berücksichtigen.[158] Die zentralen Erkenntnisse, die aus diesen statistischen Analysen gewonnen
worden sind, lassen sich folgendermassen zusammenfassen:

- Insgesamt kommen Faktoren auf der *Mikro-Ebene* die zentrale
  Rolle im Hinblick auf das Vertrauen in die kantonalen Gerichte
  zu. Individuelle Erfahrungen und Einstellungen sind besser geeignet, um Unterschiede hinsichtlich Vertrauens in die Gerichte
  zu erklären als die Faktoren, die sich aufgrund der Zugehörigkeit zu einem Kanton ergeben. Dennoch lassen sich auch für
  Einflussgrössen auf der Makro-Ebene gewisse Effekte erkennen.

- Nur von einem Faktor auf der *Makro-Ebene* zum *institutionellen Design (A)* der kantonalen Justizbehörden geht ein Einfluss
  auf die abhängige Variable aus: vom Wahlverfahren. Wo eine
  Wahl von Richterinnen und Richtern durch das Volk vorgesehen ist, wird die Unabhängigkeit der kantonalen Gerichte von
  der Politik tendenziell höher eingeschätzt, als wenn diese Wahl
  durch das Parlament erfolgt. Hingegen scheinen die kantonalen
  Unterschiede hinsichtlich Schlichtungsbehörden, der Beteiligung von Laienrichterinnen und -richtern, der räumlichen Entfernung von Gerichten sowie den berücksichtigten Elementen
  zum Umsetzungsgrad des Justizmanagements keinen Einfluss
  auf das Vertrauen sowie die Beurteilung von Unabhängigkeit
  und Gleichbehandlung der kantonalen Gerichte zu haben.

- Auf der *Mikro-Ebene* zum *institutionellen Design (B)* führt ein
  hoher Informationsstand über die kantonalen Gerichte dazu,
  dass Personen den Gerichten mehr Vertrauen entgegenbringen.
  Während persönliche Kontakte mit Gerichten im Kanton ein
  tieferes Vertrauen zur Folge haben, hat die Teilnahme an einer
  Richterwahl keinen Effekt auf die Beurteilung der kantonalen
  Gerichte.

---

[158] Siehe HOX (2002), S. 5 ff.

– Der Einbezug von Variablen auf der *Makro-Ebene* zur *institutionellen Performanz (C)* illustriert, dass eine tiefere Zahl von Weiterzügen gegen Entscheide kantonaler Vorinstanzen an das Bundesgericht in einem Kanton tendenziell mit einer günstigeren Einschätzung der Unabhängigkeit der kantonalen Gerichte von der Politik einhergeht. Weiter führt eine umfassende Medienberichterstattung über Missstände bei der kantonalen Justiz dazu, dass das Vertrauen in die kantonalen Gerichte sinkt.

– Ein starker Erklärungsfaktor liegt wie erwartet bei der *institutionellen Performanz* auf der *Mikro-Ebene (D)*. Negative persönliche Erfahrungen mit Gerichten wirken sich demnach klar negativ auf das Vertrauen sowie auf die Beurteilung von Unabhängigkeit und Gleichbehandlung aus.

– Von möglichen *kulturalistischen Einflussfaktoren* auf der *Makroebene (E)* geht kaum ein Effekt auf das Vertrauen aus. Weder Sprachregion, noch Kantonsgrösse, Konfession oder Urbanisierungsgrad scheinen eine bedeutende Rolle hinsichtlich des Vertrauens in die Gerichte zu spielen. Während sich gemäss bivariater Analysen für die lateinische Schweiz eine weniger positive Beurteilung der Unabhängigkeit und der Gleichbehandlung aufzeigen lässt, ist in den multivariaten Analysen (bei Einbezug anderer Erklärungsfaktoren) kein signifikanter Effekt der Sprachregion auf die Beurteilung von Unabhängigkeit und der Gleichbehandlung mehr zu erkennen.

– Schliesslich zeigt die Prüfung von *kulturalistischen Einflussfaktoren* auf der *Mikro-Ebene (F)*, dass das Vertrauen in die kantonalen Gerichte positiv mit dem generalisierten sozialen Vertrauen (also dem Vertrauen in unbekannte andere Personen) sowie dem Bildungsgrad zusammenhängt. Ältere Personen beurteilen Vertrauen und Unabhängigkeit der kantonalen Gerichte zudem weniger positiv.

95   Neben der Diskussion und Überprüfung von Erklärungsfaktoren zum Vertrauen in die kantonalen Gerichte (und den illustrierten Folgerungen für das Justizmanagement[159]) leistet das Teilprojekt insbeson-

---

[159] Siehe Ziffer 3.3.1.

dere einen Beitrag zur besseren Kenntnis der unterschiedlichen institutionellen Ausgestaltung der kantonalen Justizbehörden. Die Informationen hierzu können einen wertvollen Ausgangspunkt für eine weitere Erhebung von Informationen und für vertiefte vergleichende Forschung zur kantonalen Justiz darstellen.

3.3   Würdigung

3.3.1   Folgerungen für das Justizmanagement

Die *historische Betrachtung* illustriert deutlich, dass die Bedeutung von quantitativen Daten seit dem 19. Jahrhundert hoch ist. Diese werden für die Zusammenarbeit zwischen den Gerichten rege genutzt. Hauptsächlich aber dienen Statistiken als Vergleichs-, Kontroll- und Führungsinstrument, um die Justiz zu steuern und Eingriffe zu legitimieren. Dies lässt vermuten, dass die Leitung der Justiz offenbar auf gewisse quantitative Daten angewiesen ist beziehungsweise quantitative Informationen wichtige Bewertungsparameter darstellen. [96]

Die historische Untersuchung zeigt aber auch auf, dass Zahlen bereits früher umstritten waren. Kritik an den Zahlen wird insbesondere dann von den im Justizfeld tätigen Akteurinnen und Akteuren geäussert, wenn gemäss deren Einschätzung in den statistischen Erhebungen die rechtlichen Komponenten zu wenig beachtet werden. Die Statistiken werden in diesen Fällen als nicht adäquate und unsachgemässe Darstellung und Bewertung der juristischen Wirklichkeit eingeschätzt. Dieser Befund ist für das Justizmanagement insofern aufschlussreich, da er darauf hindeutet, dass die Akzeptanz und der Gebrauch von statistischen Daten von den im juristischen Feld tätigen Akteurinnen und Akteuren stark davon abhängt, inwiefern sich in diesen die rechtliche Logik widerspiegelt. [97]

Zudem belegen die historischen Analysen die Wirkmächtigkeit von quantitativen Praktiken. So beeinflussen Statistiken die Wahrnehmungen und Prioritäten von organisationalen Akteurinnen und Akteuren entscheidend: Die Quantifizierung verdrängt nämlich nicht quantifizierbare Sachverhalte von der organisationalen Agenda beziehungs- [98]

weise führt sie dazu, dass nicht bewertbare Sachverhalte an Aufmerksamkeit verlieren. Ausgehend von diesen Beobachtungen sei bezüglich des Justizmanagements kritisch auf Folgendes aufmerksam gemacht: Eine starke Priorisierung des quantitativen Ansatzes führt zu einer sehr eingeschränkten Perspektive auf das Gerichtswesen. Dies könnte falsche, da zu einseitige Einschätzungen hervorbringen und sich längerfristig nachteilig auswirken.

99   Die *politikwissenschaftlichen Analysen* verdeutlichen, dass die Wahrnehmung der kantonalen Gerichte von verschiedenen Faktoren und auf verschiedenen Ebenen beeinflusst wird. Für die Justizbehörden wie auch die Politik können dabei insbesondere die Erkenntnisse zu den institutionellen Variablen von Interesse sein. Aus den empirischen Resultaten lässt sich so der Befund ableiten, dass sich Volkswahlen von Richterinnen und Richtern signifikant positiv auf die Beurteilung der Unabhängigkeit der kantonalen Gerichte auswirken. Alle übrigen geprüften Faktoren zum institutionellen Design auf der Makro-Ebene geben hingegen keine Hinweise darauf, inwiefern mit Änderungen auf institutioneller Ebene das Vertrauen in die Gerichte oder die Beurteilung von Gleichbehandlung und Unabhängigkeit positiv oder negativ beeinflusst werden könnte. Hierzu gehören auch die in der Analyse berücksichtigten kantonalen Unterschiede im generellen Umsetzungsgrad von Elementen des Justizmanagements.

100   Es zeigen sich jedoch Anhaltspunkte dahingehend, dass eine Reihe von anderen Faktoren, auf welche Justiz und Politik aktiv Einfluss nehmen können, geeignet sind, um das Vertrauen in die Gerichte zu stärken. Diese können konkret in Massnahmen zur Erhöhung der Information der Bevölkerung über die Gerichte und deren Arbeitsweise, in einer professionellen Medienarbeit, einem angemessenen Umgang mit einer negativen Berichterstattung sowie in einem stärkeren Bemühen um «Kundenzufriedenheit» verortet werden.

101   Die Verbindung der historischen und der politikwissenschaftlichen Analysen bringt zudem einen Aspekt zum Vorschein, welcher auch im Hinblick auf das Justizmanagement und die zukünftige Forschung zur kantonalen Justiz von zentraler Bedeutung sein kann. Zwar werden statistische Daten in den Kantonen schon seit langer Zeit für die Berichterstattung und Führung in der kantonalen Justiz genutzt und es werden dabei auch Vergleiche zwischen erstinstanzlichen Gerichtsbe-

hörden innerhalb eines Kantons gezogen. Daten, die einen Vergleich zwischen unterschiedlichen kantonalen Justizsystemen und den Leistungen der jeweiligen Behörden ermöglichen, wurden bisher jedoch nur in sehr begrenztem Umfang präsentiert und öffentlich gemacht. In diesem Zusammenhang sei auch auf Paychère (2009) verwiesen, der festhält, dass «la question qui demeure indécise est celle de savoir si les autorités judiciaires cantonales sont prêtes à relever le défi de la constitution d'un cadre de références communes à tout le pays et à une réflexion sur la qualité de la justice rendue à toutes les citoyennes et tous les citoyens»[160].

3.3.2 Weiterer Forschungsbedarf

Aus dem Teilprojekt zum Umfeld der Justiz ergeben sich eine Reihe von offenen Fragen und Ansätzen für zukünftigen Forschungsbedarf. Folgende Aspekte sollen dabei skizziert werden: 102

Um die Analysen zur Wissensproduktion in der kantonalen Justiz ab dem 19. Jahrhundert noch stärker zu verallgemeinern und empirisch zu sättigen, sollten diese Analysen um systematische Untersuchungen in weiteren Kantonen sowie im Ausland ergänzt werden. Trotz der Beobachtung eines gleichzeitig einsetzenden Siegeszuges der Statistik in den staatlichen Bürokratien Europas um die Wende vom 18. zum 19. Jahrhundert können dabei mögliche Unterschiede zwischen Kantonen und Staaten von grossem Interesse sein.   103

Insbesondere müssten die Gründe für das nachgewiesene hohe Vertrauen in Zahlen als Legitimationsgrundlage präziser geklärt und erforscht werden.[161] Das Gleiche gilt für die Wirkmächtigkeit des in der historischen Analyse herausgearbeiteten Zahlendiskurses, wo aufgezeigt werden konnte, dass der Gebrauch von Zahlen wirklichkeitsgenerierende Effekte erzeugt. Es wäre vielversprechend, in zukünftigen Forschungsprojekten andere gesellschaftliche Teilsysteme in die Untersuchung zu integrieren. Dadurch könnte unter anderem ermittelt   104

---

[160] PAYCHÈRE (2009), Rz. 44.
[161] Anregend hierzu: FELLER-LÄNZLINGER/HAEFELI/RIEDER/BIEBRICHER/WEBER (2010); HEINTZ (2012); dies. (2010); dies. (2008); PORTER (1995).

werden, inwiefern sich ähnliche Auswirkungen auch dort zeigen und ob betreffend des Zahlendiskurses, Wechselbezüge zwischen den verschiedenen gesellschaftlichen Teilsystemen bestehen.[162]

105   Spezifisch in Bezug auf die Justiz wäre es lohnend, zu erforschen, inwiefern juristische Überlegungen in die Erstellung der Statistiken eingeflossen sind und in welcher Weise die Gerichte bei der Ausgestaltung der Datenerhebungen involviert waren. Sind etwa die statistischen Erhebungsparameter das Ergebnis von Aushandlungsprozessen, an dem die Richterinnen und Richter oder allgemein das Gerichtspersonal partizipieren konnten? Oder wurden diese Parameter den Gerichten von aussen aufoktroyiert und lassen sich je nachdem Unterschiede bezüglich der Akzeptanz und des Gebrauchs der erhobenen Daten erkennen?

106   Es wäre wichtig zu untersuchen, wie sich das Vertrauen in die Justiz im Lauf der Zeit ändert und von welchen Faktoren solche Veränderungen abhängig sind. Dies könnte über eine Wiederholung der Bevölkerungsbefragung im Sinne einer Längsschnittanalyse erfolgen. Weiter könnte die Aussensicht auf die Justiz insofern stärker um eine historische Dimension erweitert werden, als dass Reaktionen seitens der Öffentlichkeit auf umstrittene Gerichtsentscheide aus verschiedenen Zeiten ausgewertet würden. Derartige Reaktionen, die sich in den Medien in Form von Kommentaren und Leserbriefen manifestieren, stellen einen aufschlussreichen Quellenfundus dar, um gesellschaftliche Erwartungen sowie Kriterien und Kategorien, nach welchen die Justiz von der Öffentlichkeit bewertet und wahrgenommen wurde, zu erfassen.[163] Doch auch die Analyse von in der medialen Öffentlichkeit geführten Reformdebatten über die Justizorganisation oder Justizreformen würden sich hierfür hervorragend eignen.[164]

---

[162]   Instruktiv hierzu: MENNICKEN/VOLLMER (Hrsg.) (2007).

[163]   Vgl. AERSCHMANN (2014), S. 81–85, 163–170, 209–215; FALK (2008); OGOREK (1997); dies. (1995); SIMON (1983).

[164]   So löste etwa das Gesetz über die Gerichtsorganisation und die Zivilprozessordnung im Kanton Luzern im Jahre 1913 eine heftige Debatte aus, die zu einem Referendum führte. Gewisse Regionen fühlten sich durch die neue Gerichtsorganisation benachteiligt und in der jeweiligen Lokalpresse brach eine lebhafte Kampagne aus, die einen guten Einblick in damalige Erwartungen seitens der Öffentlichkeit an die Justiz und deren Organisation gewähren. Vgl. UNTERNÄHRER (1988), S. 4, 14–17.

Die Resultate der Bevölkerungsbefragung und der statistischen   107
Analysen geben Hinweise für weiteren Forschungsbedarf. Beispielsweise ist unklar, worauf die grossen kantonalen Unterschiede hinsichtlich des Anteils der Personen, die mit einem Gericht zu tun hatten,
zurückzuführen sind. Weiter wäre eine Forschung zu den Mechanismen individueller Faktoren (wie Gerichtskontakte und die Einschätzung des Informationsstands über die Gerichte), die das Vertrauen in
die Gerichte beeinflussen auch und insbesondere für die kantonalen
Gerichte lohnenswert.

Von Interesse wäre es zudem, die Forschung zum Umfeld der Jus-   108
tiz auf andere Akteurinnen und Akteure auszudehnen. Insbesondere
könnten so mögliche Unterschiede in der Wahrnehmung der kantonalen Justiz bei der Anwaltschaft und in Wirtschaftskreisen untersucht
werden.

4 Ressourcen (Teilprojekt 2)

Daniela Winkler, Andreas Müller, Andreas Lienhard, Daniel Kettiger

4.1 Einleitung

Zum Thema Ressourcen gehören nach den klassischen Ma- 109
nagementtheorien die Finanzen, das Personal, die Informatik bzw.
Telematik und der Raum. Hauptsächliche Steuerungsgrösse der Gerichte ist das Personal – der Bedarf an Richterinnen und Richtern,
Gerichtsschreibenden und Kanzleipersonal bestimmt weitestgehend
auch den Finanzbedarf. Der Bedarf an Richterinnen und Richtern sowie Gerichtspersonal wiederum ist zu einem grossen Teil abhängig
von der Arbeitslast, welche durch die zu bearbeitenden Fälle bzw. die
Geschäftslast generiert wird. In diesem Kontext sind ein sachgerechter
Umgang mit den Ressourcen und eine effiziente Bearbeitung der Arbeitslast entscheidend.[165]

Der Begriff und das Konzept der *Geschäftslastbewirtschaftung*[166] 110
haben indessen erst vor kurzem Eingang in die schweizerische Gerichtsbarkeit gefunden, weshalb grundlegende empirische und theoretische Erkenntnisse fehlen und insbesondere bezüglich der Komponenten, der rechtlichen Fragen sowie der Erhebungsmethodik Unsicherheiten bestehen.[167] Unter Berücksichtigung der teilweise langjäh-
rigen Erfahrungen in anderen Staaten (insbesondere den USA und
Deutschland) erfolgte eine systematische Auseinandersetzung mit dem
Forschungsgegenstand der Geschäftslastbewirtschaftung.

Das betreffende Teilprojekt umfasst *zwei Forschungsarbeiten*, 111
welche nachfolgend präsentiert werden:

– Eine *rechtswissenschaftliche Dissertation* zu den *rechtlichen
 Grundlagen der Geschäftslastbewirtschaftung* in der schweize-

---

[165] Vgl. z.B. LIENHARD (2005), S. 461 f.; LIENHARD/KETTIGER (2011b), S. 67.
[166] Geschäftslastbewirtschaftung ist zu unterscheiden vom umfassenden Fallma-
 nagement, welches die Planung, Überwachung und Steuerung der Prozesse
 vom Eingang bis zur Erledigung der Fälle beinhaltet.
[167] Zur Verwendung von Geschäftslastbewirtschaftungssystemen vgl. LIENHARD/
 KETTIGER/WINKLER (2013), S. 15 f.

rischen Justiz, deren Fokus auf rechtlichen Folgerungen bezüglich der einzelnen Komponenten der Geschäftslastbewirtschaftung liegt.

– Eine *verwaltungswissenschaftliche Dissertation* zur *Methodik von gewichteten Geschäftslaststudien* an Gerichten in der Schweiz, welche auf die empirische Ermittlung von Fallgewichten als Grundlage für die Geschäftslastbewirtschaftung fokussiert.

4.2 Forschungsarbeiten

4.2.1 Rechtlicher Rahmen für die Geschäftslastbewirtschaftung in der schweizerischen Justiz

4.2.1.1 Zielsetzung und Fragestellung

112   Die Arbeitsbelastung der Gerichte generell sowie der Zeitaufwand für die einzelnen Verfahren im Speziellen sind zentrale Aspekte des Justizmanagements.[168] Keineswegs kann es das alleinige Ziel eines Gerichts sein, möglichst viele Verfahren in möglichst kurzer Zeit zu erledigen,[169] obwohl kurze Erledigungszeiten nicht nur Rechtsschutzanliegen dienen, sondern erwiesenermassen auch von volkswirtschaftlichem Wert sind.[170] Im Weiteren entstehen bei tendenziell grösser werdenden Gerichten und der daraus resultierenden mitarbeiterstärkeren Instanzen neue Herausforderungen für die Geschäftslastbewirtschaftung. Aus diesen Gründen muss die Justiz Anstrengungen unternehmen, um den (auch eigenen) Erwartungen an eine gute, also vorab *sach- und zeitgerechte Rechtsprechung* genügen

---

[168] Vgl. statt vieler LIENHARD (2015), S. 16 f.
[169] LIENHARD (2009a), Rz. 63.
[170] Vgl. HAYO/VOIGT (2008), S. 3 und 15.

58

zu können. Vor diesem Hintergrund ist eine systematische Bewirtschaftung der Geschäftslast von herausragender Bedeutung.[171]

In der schweizerischen Justiz wird verschiedenartig mit sog. *Fallgewichten*[172] gearbeitet, die in der diesen Ausführungen zugrundeliegenden Arbeit im Fokus stehen. Dies teilweise ohne eigentliches Instrumentarium aber zumindest implizit, indem bspw. ein Gerichtspräsidium den Aufwand eines Verfahrens zwecks gerechter Arbeitsverteilung vor der Zuteilung abschätzt.   113

Vor diesem Hintergrund steht die Forschungsfrage, *welche staats- und verwaltungsrechtlichen Anforderungen an die Geschäftslastbewirtschaftung für die schweizerische Justiz bestehen.*   114

4.2.1.2 Methodik und Aufbau

Methodisch basiert die Untersuchung auf der *Rechtsdogmatik* und einer *vergleichenden Analyse*. Ergänzend fliessen Komponenten der *Verwaltungswissenschaft* mit ein.   115

Die Arbeit, die den vorliegenden Ausführungen zugrunde liegt, ist wie folgt aufgebaut: Nach der Einleitung als erster Teil werden im den Grundlagen gewidmeten zweiten Teil Begrifflichkeiten erläutert, die Situation der Bewirtschaftung der Geschäftslast in der Schweizer Justiz dargestellt sowie die internationalen und nationalen Rechtsgrundlagen aufgezeigt. Anschliessend folgt im dritten Teil eine vergleichende Analyse mit Deutschland und den USA, in welcher die zentralen rechtlichen Rahmenbedingungen illustriert, bisherige und aktuelle Geschäftslaststudien analysiert und Praxisbeispiele der Geschäftslastbewirtschaftung abgebildet werden; ergänzend wird überdies auf Studien und Bewirtschaftungsmodelle in den Niederlanden, Australien sowie der CEPEJ eingegangen. Sodann formuliert die Arbeit im vierten Teil, basierend auf den bisher gewonnenen Erkenntnissen, recht-   116

---

[171] Siehe LIENHARD/KETTIGER (2009), S. 414; grundsätzlicher AESCHLIMANN (2010), S. 14.

[172] Fallgewichte – in diesem Bericht synonym: gewichtete Geschäftslastwerte oder Lastenkennziffern – drücken aus, wie viele Zeiteinheiten eine Person zur Abarbeitung eines Falls/Dossiers einer spezifischen Fallkategorie (z.B. Mordprozess) im Durchschnitt benötigt.

lich abgestützte Leitlinien für die Ausgestaltung der Geschäftslastbewirtschaftung in der schweizerischen Justiz. Der fünfte Teil schliesslich beinhaltet eine zusammenfassende Betrachtung.

4.2.1.3 Ergebnisse

a) Begriffsverständnis und rechtlicher Rahmen

117 Die Arbeit definiert den Begriff Geschäftslastbewirtschaftung als das Management der zu bearbeitenden Verfahren und unterteilt ihn in die drei Elemente *Geschäftslaststudie* resp. *-analyse* als vorangehender Schritt zur Ermittlung von Fallgewichten einerseits sowie in *Ressourcenbewirtschaftung* und *Geschäftsverteilung*[173] als eigentliche Bewirtschaftung andererseits (Geschäftslastbewirtschaftung i.e.S.).

118 Der verfassungsrechtliche Rahmen ist hinsichtlich einer systematischen Geschäftslastbewirtschaftung als relativ offen einzuschätzen. So lässt sich daraus bspw. keine explizite Aussage zur Zulässigkeit von Fallgewichten ableiten. Gewisse Hürden schafft die tiefe Verankerung des *Föderalismus* und die daraus resultierende *Heterogenität des Schweizer Justizsystems*. Sie hemmen Bestrebungen für zusätzliche Organisationsvereinheitlichungen, damit die Durchführung grossflächigerer Geschäftslaststudien und so die Möglichkeit zur Ermittlung gesamtschweizerisch nutzbarer Fallgewichten.

119 Es zeigt sich, dass *verschiedene Verfassungsbestimmungen* Managementinstrumente fordern, andere beinhalten sowohl fordernde als auch begrenzende Komponenten und dritte zeigen sich begrenzend. Die *Notwendigkeit* der Einführung von *Geschäftslastbewirtschaftungssystemen* ergibt sich namentlich aus der Rechtsgleichheit, dem Beschleunigungsgebot, dem Anspruch auf effektiven Rechtsschutz, dem Recht auf den gesetzlich bestimmten Richter, der richterlichen Unabhängigkeit, dem Transparenzgebot, der Selbstverwaltung sowie den Normkomplexen zur effizienten Mittelverwendung und zur wirksamen Erfüllung der staatlichen Aufgaben.[174] Sie begünstigen bspw.

---

[173] Diese ist zudem teilbar in *Fallzuteilung* und *Spruchkörperzusammensetzung*.

[174] Das Transparenzgebot ist Ausfluss des Öffentlichkeitsprinzips; die justizielle Selbstverwaltung ergibt sich bspw. für das Bundesgericht aus Art. 188 Abs. 3 BV; siehe zudem Art. 8, Art. 29, Art. 29a, Art. 30, Art. 126 und Art. 170 BV.

die Steuerungsfähigkeit von Belastungsdivergenzen und unterstützen die Begründbarkeit von Begehren nach zusätzlichen Finanzen.

Zugleich fördernde wie auch *einschränkende Elemente* tragen insbesondere die Rechtsgleichheit, der Anspruch auf den gesetzlich bestimmten Richter sowie die richterliche Unabhängigkeit in sich; überdies enthält sogar das Rechtsverzögerungsverbot, nebst überwiegend fordernden, gewisse beschränkende Komponenten.[175] Grund für diese Ambivalenz mag sein, dass auch wenn diese Normen teilweise stark den Prinzipien des Leistungs- und Wirtschaftsstaat zugewandt erscheinen, ihnen trotzdem ebenso zentral rechtsstaatliche Funktionen zukommen:[176] Gerichte handeln bei der Nutzung ihrer Ressourcen bis zu einem gewissen Grad eigenständig; die Ausübung dieser Selbstverwaltung darf indessen nicht zu einer Missachtung der Orientierung an Verfassung und Gesetz führen. Desgleichen vermag, namentlich mit Blick auf die Geschäftsverteilung, das Recht auf den gesetzlich bestimmten Richter das Vertrauen der Rechtssuchenden in die Justiz zu fördern. Jedoch dürfen damit verbundene formale Vorgaben eine effiziente Fallzuteilung nicht übermässig hemmen. Ferner ist betriebswirtschaftlich geprägten Managementinstrumenten eine zwingende Gleichbehandlung der Betroffenen auf der einen Seite eher fremd,[177] weshalb bei der Geschäftslastbewirtschaftung im sensiblen justiziellen Bereich stets besonders auf die verfassungsrechtlichen Grundsätze und insbesondere auf die Verfahrensgarantien zu achten ist; auf der anderen Seite verlangt Rechtsgleichheit auch, dass die Geschäftslast aktiv erhoben und bewirtschaftet wird, da nur so eine Ungleichbehandlung feststellbar ist.

In der Tendenz allein als *Schranke* erweist sich alsdann der verfassungsrechtliche Persönlichkeitsschutz (namentlich der Richterinnen und Richter).[178] Rechtliche Grenzen manifestieren sich diesbezüglich bei der Bearbeitung personenbezogener Daten z.B. hinsichtlich der Anonymitätswahrung bei Geschäftslaststudien[179], sowie – in der prak-

120

121

---

[175] Vgl. Art. 8, Art. 29, Art. 30 BV.
[176] Vgl. LIENHARD (2004), S. 100 Fn. 8; zu den Strukturprinzipien der BV MASTRONARDI (1988).
[177] Vgl. LIENHARD (2005), S. 158.
[178] Vgl. Art. 13 Abs. 2 BV.
[179] Siehe Ziffer 2.2.3.3.

tischen Anwendung – bei der Ermittlung individueller Belastungswerte.

122   Auf *subkonstitutioneller Bundesrechtsebene* lassen sich in den verschiedensten Rechtsgebieten Regelungen mit Bezügen zur Bewirtschaftung der Geschäftslast finden. Als Beispiele können die Bestimmungen zur kammerinternen Geschäftsverteilung für das Bundesverwaltungsgericht oder das Geschäfts-Controlling des Bundesgerichts dienen.[180] Die in der Arbeit exemplarisch dargestellten *kantonalen Rechtsgrundlagen* zeigen sich als vielseitig, praxiorientiert und teilweise innovativ. Mithin ist festzuhalten, dass ebenso subkonstitutionelle Rechtssätze beträchtlichen Einfluss auf die Geschäftslastbewirtschaftung zeitigen und dass insgesamt die hohen Anforderungen an eine korrekte Ressourcenallokation, eine belastungsgerechte Fallzuteilung oder an ein Controlling beachtet werden.

123   Im Übrigen bleibt zu erwähnen, dass die schweizerische Justiz die im vorliegenden Zusammenhang bestehenden Vorgaben des *internationalen Rechts* erfüllt.[181] Ebenso vermag sie weitestgehend den Positionen der *nicht rechtsverbindlichen internationalen Standards* zu entsprechen.[182]

b) Vergleichende Analyse

124   Die international vergleichende Analyse bestätigt zunächst, dass eine auf wissenschaftlichen Methoden beruhende und intrinsisch motivierte *Geschäftslastanalyse* als längerfristig nutzbares Fundament für die Bewirtschaftung der justiziellen Geschäftslast dienen kann. Auch zeigt sich, dass das *methodische Vorgehen* unabhängig des Rechtssystems stets *ähnlich* ist: Regelmässig stellt sich z.B. die Frage, ob die Tätigkeiten aller Mitarbeiterkategorien zu analysieren sind. Dies intensiviert den Aufwand, zudem steigt ggf. die Fehlerquote bei nicht durchwegs genügend exakter Erfassung. Allerdings resultiert ein Mehrwert insbesondere dann, wenn hochqualifizierte nichtrichterliche Mitarbeitende Aufgaben im Bereich der Rechtsprechung wahrnehmen.

---

[180]   Vgl. Art. 26 und Art. 31 VGR; Art. 2 RstVo BGer.
[181]   Insb. Art. 6 EMRK.
[182]   Bspw. des CCJE, der CEPEJ oder der IJA.

Intensive *rechtswissenschaftliche Auseinandersetzungen* mit ge- 125
wichteter Geschäftslastbewirtschaftung sind in den untersuchten Staaten eher rar. Ein Grund dafür wird sein, dass namentlich die Studien
weitgehend als befriedigend wahrgenommen werden und sich daher
Kritik wenig aufdrängt. Bereits diese Konklusion ist indes aussage-
kräftig. Immerhin wird verbreitet thematisiert, dass Geschäftslastanalysen zwar praktikable Ergebnisse in Bezug auf Durchschnittszahlen
erzeugten, die Fallgewichte richtigerweise aber *nicht als Vorschriften
zur Definition einer Sollarbeitsleistung* taugten.[183]

Überdies erscheint die gängige Haltung der deutschen Rechtswis- 126
senschaft hinsichtlich des Anspruchs auf den *gesetzlichen Richter* –
Stichwort Geschäftsverteilungspläne – für schweizerische Massstäbe
zu restriktiv. Vielmehr vermag die nun auch in Deutschland geäusser-
te Ansicht zu überzeugen, die Fallzuteilung ebenfalls als Bestandteil
des Justizmanagements aufzufassen und das Recht auf den gesetzlichen Richter auf die Verhinderung von Manipulationen zu reduzieren.[184]

Generell erweist sich schliesslich die Existenz eines *rechtlichen* 127
Rahmens von Bedeutung. In bestimmten US-Einzelstaaten ist sogar
gesetzlich verankert, dass die Ressourcen für die Justiz – nebst anderen Kriterien – nach auf der *durchschnittlichen Bearbeitungszeit der*
einzelnen Verfahren basierenden Standards zu verteilen sind.[185]

c) Leitlinien für die schweizerische Justiz

Grössere Justizbehörden, welche mehrere Abteilungen umfassen, 128
bedürfen professioneller *Geschäftslastanalysen*. Solche sind insbesondere dann notwendig, wenn eine grosse Menge an verschiedenartigen
Verfahren und/oder eine inhomogene Geschäftslast zu bewältigen ist,
da für solche Gerichte der Effekt einer gewichteten Geschäftslastbewirtschaftung grösser ist als für eher spezialisierte Gerichte.[186] *Recht-*
lich relevante Faktoren im Bereich der Geschäftslaststudien sind namentlich die Verpflichtung zur Beteiligung, die Einflussnahme wäh-

---

[183] Vgl. ANDERSEN BUSINESS CONSULTING (2002), S. 78.
[184] Vgl. FREYMANN/GEIB (2014), insb. S. 377.
[185] Vgl. Code of Virginia, § 17.1-100.1.
[186] Vgl. FLANGO/OSTROM (1996), S. 115; LIENHARD/KETTIGER (2011b), S. 69.

rend der Durchführung, die Anonymitätswahrung, die höchstens marginale Beeinflussung der Rechtsprechungstätigkeit, die nicht statthafte Fremdbeobachtung sowie der schonende Ressourcenumgang. Entsprechend sind sie aus einer theoretisch-juristischen Sicht als *wenig problematisch* zu bezeichnen. In der Praxis zeigt sich, dass der Zeitaufwand für die Selbstaufschreibung bei ca. 2 Prozent liegt und dass von der Erhebung kaum eine unzulässige Beeinflussung der Rechtsprechungstätigkeit ausgeht.[187] Dennoch sollten die Rechte und Pflichten der Betroffenen vorgängig schriftlich festgehalten werden. Dabei genügen z.B. in einem Studiendesign umschriebene Regeln. Generell-abstrakte Normen (in einem Gerichtsreglement) sind hinsichtlich der Ermittlung der Geschäftslast nicht notwendig.

129   Eine systematische *Ressourcenbewirtschaftung* erzeugt Transparenz und liefert notwendige Planungswerte. Sie vereinfacht die effiziente Mittelverwendung und kann so auch die Verfahrensrechte, speziell das Rechtsverzögerungsverbot, unterstützen. Überdies hilft sie dabei, substantiiert Ressourcen verlangen zu können.[188] Derweil ist sie keineswegs Garantin für zusätzliche Geldmittel, sondern stellt im politischen Budgetprozess nur einen Faktor unter mehreren dar.[189] Trotzdem besteht ein bedingter, d.h. unter Vorbehalt der gesamtstaatlichen Beschaffungsmöglichkeiten stehender *Anspruch auf zusätzliche Finanzmittel*, wenn trotz Outputs guter juristischer und gerichtsverwaltender Arbeit eine unzureichende Finanzlage herrscht.[190] Zusatzressourcen sind indes erst bei korrekter Allokation der vorhandenen legitim, weswegen diese mittels – wenn gesetzlich vorgesehen zulässigen – vorübergehenden Personaldispositionen, Poolsystemen oder auch Reorganisationen sicherzustellen ist. Des Weiteren sind aus *Datenschutzgründen* und zum *Schutz der richterlichen Unabhängigkeit* einer budgetkompetenten Behörde ausserhalb der Judikative zur Haushaltsberechnung nur Werte auf Gerichtsstufe mitzuteilen; für die gerichtsinterne Bewirtschaftung ist die Verwertung richterindividueller

---

[187] Vgl. LIENHARD/KETTIGER/USTER/WINKLER (2015), S. 34 f.
[188] Vgl. zur Effizienz in der Justiz z.B. LIENHARD (2005), S. 461 f.
[189] Vgl. CAYLOR (2000), S. 43.
[190] Zur Ausstattung KIENER (2001), S. 309 f.; LIENHARD (2003), S. 36.

Kennzahlen aber legitim.[191] Insgesamt ist die Justiz folglich gehalten, die Selbstverwaltung mittels tauglicher Managementtools zu nutzen: Finanzautonomie und Unabhängigkeit einerseits, Effizienz, Steuerungsfähigkeit und auch Rechenschaftspflicht andererseits stehen nicht im Widerspruch zueinander, sondern ergänzen sich und haben – wenn auch aus unterschiedlicher (richterlicher resp. managementorientierter) Perspektive[192] – dasselbe Ziel *guter Rechtsprechung.*[193]

Eine gänzlich ins präsidiale Ermessen gestellte *Geschäftsverteilung*   130
erscheint als nicht verfassungsmässig; Art. 30 BV verlangt vielmehr einen Schematismus. Nicht zwingend notwendig ist dabei eine systematische Fallgewichtung, obwohl eine solche an grösseren Instanzen künftig vermehrt einzusetzen ist. Eingriffe in einen Automatismus erweisen sich im Weiteren als zulässig, sofern sie auf (rechtssatzmässig vorgesehenen) sachlichen Gründen beruhen und durch die Leitung des Gerichts oder einer Abteilung bzw. Kammer erfolgen. Dabei sind die Verfahrensparteien darüber zu informieren.[194] Weil die Verwendung eines (gewichteten) Zuteilungssystems mit Schwierigkeiten verbunden sein kann, müssen gewisse *Anpassungen* zulässig bleiben.[195]

4.2.2 Methodik von gewichteten Geschäftslaststudien für schweizerische Gerichte

4.2.2.1 Ausgangslage

Die steigende Arbeitslast der Gerichte, die gleichzeitig be-   131
grenzten Ressourcen, die zunehmend kritische Hinterfragung der Qualität und Leistung sowie die Tendenz zu grösser werdenden Gerichtsorganisationen führen dazu, dass eine sachgerechte Bewirtschaftung der Geschäftslast als Element eines gut funktionierenden Justizmana-

---

[191] Vgl. für eine kaskadenartige Datenherausgabe bspw. VERWALTUNGSKOMMISSION (2009). Zur Bearbeitung von personenbezogenen Daten über Richterinnen und Richter siehe Ziffer 2.2.3.
[192] Dazu etwa EMERY/DE SANTIS (2014), S. 63 ff.
[193] Vgl. MOSIMANN (2011), Rz. 40.
[194] Vgl. zum Ganzen SCHMID (2010), S. 544 f.
[195] Vgl. WIPFLI (2006), S. 73.

gements von zentraler Bedeutung ist.[196] Eine wesentliche Grundlage für die systematische Geschäftslastbewirtschaftung stellt die *objektive und empirische Ermittlung der Arbeitslast* mittels einer gewichteten Geschäftslaststudie bzw. -analyse dar.[197] Die Arbeitslast umfasst sowohl die fallbezogene wie auch die nicht-fallbezogene Arbeit von Richterinnen und Richtern sowie Gerichtsmitarbeitenden. Ausgehend davon, dass Fälle verschiedener Rechtsbereiche bzw. Fallkategorien unterschiedlich viel Zeit zur Bearbeitung in Anspruch nehmen, steht im Zentrum einer gewichteten Geschäftslaststudie die rechnerische Bestimmung von Fallgewichten, welche repräsentieren, wie viel Arbeitszeit eine Richterin bzw. ein Richter, eine Gerichtsschreiberin bzw. ein Gerichtsschreiber und eine Kanzleimitarbeiterin bzw. ein Kanzleimitarbeiter durchschnittlich aufwenden für die vollständige Bearbeitung eines typischen Falls einer bestimmten Fallkategorie.[198]

132   In der Schweiz sind bisher nur vereinzelt Daten zur Arbeitslast der Gerichte vorhanden und es zeigen sich *Unsicherheiten und Inkonsistenzen bezüglich der geeigneten Methodik* der Datenerhebung – dies im Gegensatz beispielsweise zu den USA und Deutschland, wo die Ermittlung der Arbeitslast seit mehreren Jahrzehnten Gegenstand von Analysen ist und in der Justiz ein institutionalisiertes Managementinstrument darstellt.

4.2.2.2 Fragestellung und Zielsetzung

133   Vor diesem Hintergrund fokussiert die Arbeit auf folgende Forschungsfragen:

– Was gibt es für Methoden und Instrumente zur Ermittlung der Arbeitslast in der Justiz? Wozu werden bzw. wurden die ermittelten Werte verwendet?

– Welches sind die methodischen Erfolgsfaktoren und Herausforderungen?

---

[196] Vgl. LIENHARD (2015), S. 16 f.; LIENHARD/KETTIGER/WINKLER (2013), S. 3 f.: LIENHARD/KETTIGER (2009), S. 414; LIENHARD (2005), S. 461 f.

[197] Vgl. LIENHARD/KETTIGER (2011b), S. 67; siehe auch Ziffer 4.2.1.3.

[198] Ein Fallgewicht (Bearbeitungszeit) entspricht nicht der Verfahrensdauer (Durchlaufzeit); letztere war nicht Gegenstand der Untersuchungen.

– Welches ist die optimale empirische Methode zur objektiven Ermittlung der Arbeitslast an schweizerischen Gerichten?

Im Anschluss an die Erarbeitung der theoretisch-konzeptionellen Grundlagen vermittelt die Arbeit einen Überblick über den Stand der bisherigen Durchführung von gewichteten Geschäftslaststudien und -projekten und der darin verwendeten unterschiedlichen methodischen Ansätze und Instrumente zur Arbeitslastermittlung bzw. Fallgewichtung an Gerichten insbesondere in der Schweiz, den USA, Deutschland, den Niederlanden und Österreich. Dabei wird auch betrachtet, wozu die erhobenen Daten jeweils verwendet werden bzw. wurden. Im Weiteren werden Erfolgsfaktoren und Stolpersteine bei der Datenerhebung herausgearbeitet, um schliesslich einen rationalen, glaubwürdigen und praktikablen Vorgehensvorschlag für die Durchführung von zukünftigen gewichteten Geschäftslaststudien an Gerichten in der Schweiz zu formulieren. 134

4.2.2.3 Methodisches Vorgehen

Die verwaltungswissenschaftliche Forschungsarbeit basiert auf einer systematischen Literatur- und Dokumentenanalyse, deren Gegenstand einerseits Gutachten und Berichte über bisher durchgeführte Arbeitslaststudien und -projekte in den ausgewählten Staaten und andererseits akademische Publikationen und Handbücher zum Forschungsgegenstand sind. Als Ergänzung zur Literatur- und Dokumentenanalyse wurden zehn qualitative Experteninterviews in teilstrukturierter Form mit Richtern sowie mit Mitarbeitenden des Generalsekretariats und Gerichtsinspektorats aus verschiedenen Instanzen der Schweizer Gerichtsbarkeit sowie mit je einem Experten aus den USA und den Niederlanden durchgeführt, um Einschätzungen und Erfahrungen im Zusammenhang mit durchgeführten Geschäftslaststudien und Fallgewichtungen zu erheben und den Praxisbezug sicherzustellen. 135

4.2.2.4 Ergebnisse[199]

136   Grundsätzlich lassen sich für die Justiz folgende drei Methoden zur empirischen Ermittlung der gewichteten Geschäftslast unterscheiden:[200]

– *Messung mittels Zeiterfassung:* Diese Methode besteht aus einer Selbstaufschreibung der gesamten Arbeitszeit durch die betroffenen Personen, einerseits nach vordefinierten Fallkategorien und andererseits nach vordefinierten Kategorien der nichtfallbezogenen Arbeit. Die Anzahl der Erfassungskategorien, die Erfassungsdauer sowie der Erhebungsumfang (Vollerhebung oder Stichprobe) variieren je nach Kontext und Reichweite der Studie. Die Zeiterfassung kann entweder bezogen auf Fälle als Ganze oder bezogen auf Verfahrensschritte, d.h. auf einzelne Elemente des Verfahrens, erfolgen. Im Weiteren erfolgt die Erfassung in einem Online-Tool oder auf einem den Dossiers beigefügten Erfassungsbogen (Papier oder elektronisch). Eine Zeiterfassung wurde bisher in zahlreichen Analysen angewendet. Im Kanton Basel-Stadt haben alle mit der Fallbearbeitung befassten Personen während 12 Monaten ihre gesamte Arbeitszeit (mit Ausnahme der Massengeschäfte) festgehalten; die Erfassung der fallbezogenen Zeit erfolgte nach detaillierten Verfahrensschritten.[201] Am Bundesverwaltungsgericht wiederum erfassten alle in der Rechtsprechung tätigen Personen während sieben Monaten ihre Arbeitszeit, wobei die fallbezogene Zeit getrennt nach Instruktions- und Urteilsphase erfasst wurde.[202] Die aktuelle deutsche PEBB§Y-Erhebung basiert ebenso wie

---

[199] Hierbei handelt es sich um vorläufige Ergebnisse, da die Forschungsarbeit bei Redaktionsschluss der vorliegenden Publikation noch nicht abgeschlossen ist.

[200] Vgl. dazu auch LIENHARD/KETTIGER (2011b), S. 69 ff.; LIENHARD (2009a), RZ 61; DOUGLAS (2007), S. 56 ff.; OSTROM/KAUDER (1998), S. 93; FLANGO/OSTROM (1996), S. 119; Geschäftslaststudien in der Justiz basieren auf Methoden, welche in der Privatwirtschaft und im öffentlichen Sektor entwickelt wurden, jedoch nicht alle uneingeschränkt auf den sensiblen Justizbereich übertragbar sind (dies betrifft z.B. die Fremdbeobachtung).

[201] LIENHARD/KETTIGER/USTER/WINKLER (2015), S. 24 ff.

[202] Die Studie ist unveröffentlicht; siehe auch Geschäftsbericht des Bundesverwaltungsgerichts (2011), S. 75.

die österreichische PAR-Erhebung auf einer Selbstaufschreibung bezogen auf Fälle als Ganze an einer Auswahl von reprä-
sentativen Gerichten während sechs Monaten.[203]

– *Schätzung mittels schriftlicher Umfrage oder Delphi-
Befragung*[204]*:* Eine Schätzung des Bearbeitungsaufwands fokussiert grundsätzlich auf die fallbezogene Arbeit, welche entweder nur nach Fallkategorien oder zusätzlich auch nach Verfahrensschritten gegliedert werden kann. In den nachfolgenden
Anwendungsbeispielen wurden jeweils Fälle als Ganze betrachtet. Im Rahmen einer Studie bei den kantonalen Verwaltungs-
und Sozialversicherungsgerichten wurde der geschätzte Bearbeitungsaufwand mittels einer Online-Befragung aller in der
Rechtsprechung beteiligten Juristinnen und Juristen erfasst.[205]
Eine Umfrage kam auch bei gerichtsinternen Fallgewichtungen
am Sozialversicherungsgericht des Kantons Zürich und am
Obergericht des Kantons Aargau zur Anwendung. Die Delphi-
Methode wurde im Kanton Basel-Stadt für die Massengeschäfte
verwendet.[206]

– *Methodenkombination:* Verschiedene gewichtete Geschäftslaststudien beruhen auf einem Methodenpluralismus[207], der
Schwerpunkt liegt jedoch oftmals entweder auf der Zeiterfassung oder der Schätzung. Als Methodenkombination wird vorliegend die Kombination von gleichwertigen Methoden verstanden. In den USA hat sich folgende Methodenkombination
zur *Best Practice* entwickelt: Als empirische Basis wird üblicherweise während eines Monats eine staatenweite webbasierte
Zeiterfassung bei den betroffenen Personen durchgeführt, wobei

---

[203] PRICEWATERHOUSECOOPERS (2015), S. 21 ff.; BUNDESMINISTERIUM FÜR
JUSTIZ (2013), S. 1 f.
[204] Bei der Delphi-Methode, welche sich auf eine Gruppe von Experten stützt,
werden in mehreren Fragerunden jeweils die Durchschnittswerte der Schät-
zungen aus der vorhergehenden Runde zur Beurteilung vorgelegt.
[205] LIENHARD/KETTIGER (2009), S. 420 f.
[206] LIENHARD/KETTIGER/USTER/WINKLER (2015), S. 30 f.
[207] Beispielsweise die Ergänzung der Zeiterfassung mit Interviews und/oder Feed-
back-Schlaufen; siehe z.B. LIENHARD/KETTIGER/USTER/WINKLER (2015),
S. 41 ff.

jeweils ungefähr vier Verfahrensschritte unterschieden werden. Die ermittelten Durchschnittswerte werden anschliessend einer Qualitätsbeurteilung bzw. Validierung mittels Umfragen und Delphi-Befragungen unterzogen.[208] Auch in den Niederlanden wird gegenwärtig eine Methodenkombination angewendet, welche aus einer Messung und Schätzung besteht.[209]

137 Die ermittelten gewichteten Geschäftslastwerte können für verschiedene Bereiche des Justizmanagements eingesetzt werden. In vielen US-Staaten sowie in Deutschland, Österreich und den Niederlanden werden sie seit teilweise mehreren Jahrzehnten vorwiegend sowohl für die Bestimmung des Ressourcenbedarfs und damit zur Unterstützung von Budgetverhandlungen als auch für die Ressourcenallokation auf die verschiedenen Gerichte eingesetzt.[210] Im Weiteren werden Fallgewichte für die gerichtsinterne Ressourcenallokation auf Abteilungen verwendet, so beispielsweise am Obergericht des Kantons Aargau. Zudem können sie als Ausgangswert für eine effiziente und gerechte Verteilung der Geschäftslast dienen – dies zeigen u.a. Erfahrungen in Deutschland, Österreich und am ehemaligen Verwaltungsgericht des Kantons Luzern.[211] Schliesslich können die Werte für das interne Controlling und die interne individuelle und institutionelle Leistungsbeurteilung beigezogen werden, wie beispielsweise am Sozialversicherungsgericht des Kantons Zürich in Bezug auf die Leistungsbeurteilung der Gerichtsschreibenden und die Leistungsvorgaben für die Kammern.[212]

138 Zu den *Erfolgsfaktoren* bei der Durchführung einer gewichteten Geschäftslaststudie gehört der Einsatz eines Begleitkomitees bestehend aus Vertreterinnen und Vertretern der Justiz und ggf. auch justizexternen Personen. Das Begleitkomitee dient insbesondere der Qua-

---

[208] KLEIMAN/LEE/OSTROM (2013), S. 243 f.; als Anwendungsbeispiel siehe OSTROM/KLEIMAN/LEE/ROTH (2013), S. 7.
[209] Siehe auch COUNCIL FOR THE JUDICIARY (2013).
[210] Vgl. KLEIMAN/LEE/OSTROM (2013), S. 244 ff.; PRICEWATERHOUSECOOPERS (2015), S. 19; BUNDESMINISTERIUM FÜR JUSTIZ (2013); COUNCIL FOR THE JUDICIARY (2013).
[211] Vgl. FREYMANN/GEIB (2014); BUNDESMINISTERIUM FÜR JUSTIZ (2013); MÜLLER (2014).
[212] Vgl. MOSIMANN (2009), Rz. 7 ff.

litätssicherung und der Akzeptanzförderung unter den betroffenen Richterinnen und Richtern sowie Gerichtsmitarbeitenden. Mit der Akzeptanz steigt auch die Partizipation und Compliance bezüglich der Datenerhebung, was wiederum die Genauigkeit und Legitimität der Ergebnisse fördert. Als wichtige Voraussetzung für eine erfolgreiche Geschäftslaststudie wird auch die Definition einer überschaubaren und praktikablen Anzahl Fallkategorien sowie Kategorien der nicht-fallbezogenen Arbeit mit jeweils einer klaren Definition betrachtet. Bei einer verfahrensschrittbezogenen Datenerhebung erscheint zudem die Festlegung von nur groben Verfahrensschritten bedeutsam. Damit kann die Komplexität und der Aufwand der Datenerhebung begrenzt werden.[213] Ein weiterer Erfolgsfaktor ist die Anonymität der Datenerhebung bzw. Datenauswertung.

Eine *Herausforderung* für gewichtete Geschäftslaststudien stellen 139 kleine Fallzahlen und kleine Gerichte – d.h. ein kleines Mengengerüst – dar. So muss bei einer Messung für die Ermittlung von statistisch validen Durchschnittswerten in Abhängigkeit von der Streuung der Daten eine bestimmte Anzahl Fälle pro Kategorie erfasst werden.[214] Eine Schätzung wiederum sollte sich auf Aussagen einer grösseren Anzahl Personen stützen können. Eine weitere Herausforderung insbesondere bei einer Zeiterfassung liegt darin, dass die Verfahrensdauer über die Erfassungsdauer hinausgehen kann, was zu Verzerrungen der Durchschnittswerte führen kann. Ebenfalls zu berücksichtigen ist die Diskrepanz zwischen Ist- und Soll-Werten. Die mittels Zeiterfassung erhobenen Fallgewichte repräsentieren den gegenwärtigen Bearbeitungsaufwand (Ist-Wert), ohne Berücksichtigung der Bedingungen, unter welchen die Fallbearbeitung erfolgt.[215] Mittels Schätzung kann entweder der Ist-Zustand oder der Soll-Wert erhoben werden, wobei letzterer aufzeigen kann, wie viel Zeit für einen Fall durchschnittlich idealerweise aufgewendet werden sollte.[216] Eine Methodenkombinati-

---

[213] Vgl. DOUGLAS 2007, S. 39 und 58 f.; GRAMCKOW 2011, S. 17.
[214] Vgl. FLANGO/OSTROM 1996, S. 29; RIEDEL (2013), S. 3 f.; LIENHARD/ KETTIGER/USTER/WINKLER (2015), S. 34.
[215] Vgl. KLEIMAN/LEE/OSTROM (2013), S. 244; OSTROM/KAUDER (1997), S. 93; zum Zusammenhang zwischen Arbeitsbelastung, Produktivität und gewichtete Geschäftslast siehe JONSKI/MANKOWSKI (2014).
[216] OSTROM/KAUDER (1997), S. 93.

on hat den bedeutenden Vorteil, dass die erhobenen Ist-Werte validiert werden können. Unabhängig von der Erhebungsmethodik ist eine Geschäftslaststudie schliesslich eine Momentaufnahme: Die ermittelten Daten sollten periodisch aktualisiert werden, um Veränderungen bspw. der Gesetzgebung, der organisatorischen Rahmenbedingungen oder der Technologie zu berücksichtigen.

140   Für die schweizerische Gerichtsbarkeit werden grundsätzlich alle drei Methodenarten als anwendbar eingeschätzt. Die Wahl der Methodik und ihrer konkreten Ausgestaltung steht dabei in Abhängigkeit insbesondere des Ziels und des Zwecks der Datenverwendung, der Fallzahlen, der erforderlichen Präzision der Werte sowie des möglichen Aufwands und der zur Verfügung stehenden Zeit und Mittel. Bei einer Messung mittels Zeiterfassung sind Aufwand und Kosten deutlich höher als bei einer Schätzung. Bisherige Erfahrungen zeigen jedoch, dass mit einer Zeiterfassung grundsätzlich präzisere und verlässlichere Daten erhoben werden können und zudem die nicht-fallbezogene Arbeitszeit ohne grossen Zusatzaufwand eingeschlossen werden kann. Es zeichnet sich ab, dass für zukünftige Arbeitslastermittlungen idealerweise eine *Methodenkombination* angewendet werden sollte, bestehend aus einer verfahrensschrittbezogenen Zeiterfassung und einer anschliessenden qualitativen Überprüfung der ermittelten Ist-Werte. Dadurch können die Ist-Werte unter Berücksichtigung der Gegebenheiten, unter welchen die Fallbearbeitung während der Zeiterfassung erfolgte, ggf. angepasst werden.

141   Um dem Problem des teilweise (zu) kleinen Mengengerüsts entgegenzuwirken und die Zeiterfassung dynamischer zu gestalten, könnte eine *permanente Arbeitszeiterfassung* im Geschäftsverwaltungsprogramm oder im Rahmen der Kosten- und Leistungsrechnung in Betracht gezogen werden. Praktisch erscheint dies jedoch eher unrealistisch, einerseits aufgrund des notwendigen Detailliertheitsgrads der Erfassung und andererseits wegen der Abwehrhaltung der Betroffenen, welche darin verbreitet ein Kontrollinstrument sehen.

142   Schweizweite Geschäftslaststudien mit einer einheitlichen Methodik zur Ermittlung gesamtschweizerisch anwendbarer Fallgewichte erscheinen aufgrund der Vielschichtigkeit des föderalistischen Justizsystems und den verschiedenen Gerichts- und Arbeitsorganisationen, der unterschiedlichen Fallstatistiken und der kulturellen Unter-

schiede gegenwärtig kaum umsetzbar. Auch ist die empirische Ermittlung von Fallgewichten für kleine Gerichte als je einzelne Untersuchungseinheiten als schwierig einzustufen, da aufgrund der kleinen Fallzahlen und der wenigen betroffenen Personen keine der drei aufgeführten Methoden zu aussagekräftigen Durchschnittswerten führt. Jedoch werden weitere Arbeitslastermittlungen auf folgenden drei Ebenen als durchführbar betrachtet: Erstens können Studien bezogen auf einzelne Gerichte aller Instanzen und Rechtsgebiete als geschlossene Systeme durchgeführt werden, wobei dies insbesondere für grössere Gerichtsorganisationen mit einer Vielfalt an Fallarten von unterschiedlichem Bearbeitungsaufwand sinnvoll erscheint.[217] Zweitens scheinen auf kantonaler Ebene Studien möglich zu sein, welche alle erstinstanzlichen Gerichte umfassen und zu kantonalen Fallgewichten für diese führen. Drittens könnten mit der gesamtschweizerischen Vereinheitlichung der Zivil- und Strafprozessordnungen allenfalls auf überkantonaler Ebene für den Zivil- und Strafrechtsbereich für Kantone mit vergleichbaren Gerichtsorganisationen übergreifende Fallgewichte sowohl für erstinstanzliche als auch für zweitinstanzliche Gerichte ermittelt werden.

4.3 Würdigung

4.3.1 Folgerungen für das Justizmanagement

Verschiedene Verfassungsvorgaben fordern eine systematische Geschäftslastbewirtschaftung, dazu gehören insbesondere das Effizienzgebot, das Wirksamkeitsgebot, das Transparenzgebot, die Selbstverwaltung, mit gewissen Einschränkungen auch das Beschleunigungsgebot sowie das Recht auf den gesetzlich bestimmten Richter. Verfassungsschranken ergeben sich hingegen unter anderem aus dem Persönlichkeitsschutz der Richterinnen und Richter sowie aus der richterlichen Unabhängigkeit, welcher aber auch gewisse die Geschäftslastbewirtschaftung fordernde Elemente inhärent sind.

143

---

[217] Vgl. FLANGO/OSTROM 1996, S. 115.

144 Zentrale rechtliche Folgerungen an das Justizmanagement ergeben sich mithin dergestalt, dass die Teilnahme an einer *gewichteten Geschäftslaststudie* angeordnet werden kann, die Datenauswertung jedoch anonym zu erfolgen hat. Hinsichtlich der *Ressourcenbewirtschaftung* ist zu beachten, dass Gerichte einen bedingten verfassungsrechtlichen Anspruch auf eine ausreichende Ausstattung haben. An die budgetverantwortlichen Behörden sind zur Begründung der verlangten Finanzmittel aber keine richterindividuellen Kennzahlen bekannt zu geben. In Bezug auf die *Geschäftsverteilung* ist schliesslich von eminenter Bedeutung, dass eine gänzlich ermessensbasierte Geschäftsverteilung nicht zulässig ist. Diese muss auf einem Schematismus, jedoch nicht zwingend auf Fallgewichten, beruhen. Für die Geschäftslastbewirtschaftung i.e.S. (d.h. für die Ressourcenbewirtschaftung und die Geschäftsverteilung) wird die Schaffung von rechtlichen Grundlagen zumindest auf der Ebene gerichtlicher Reglemente empfohlen. Die Durchführung von gewichteten Geschäftslaststudien erfordert hingegen keine ausdrücklichen rechtlichen Grundlagen.

145 Die Ermittlung der Arbeitslast mittels empirischer Methoden und die Verwendung von objektiven Fallgewichten ist eine wichtige Voraussetzung für eine sachgerechte Geschäftslastbewirtschaftung und kann zur Effizienzsteigerung bzw. zur Optimierung der Gerichtsbehörden beitragen. Dieses Potential für das Justizmanagement wird in der Schweiz noch kaum genutzt. Die empirische Ermittlung von Fallgewichten insbesondere an grösseren Gerichten ist deshalb zu fördern, idealerweise vergleichend auf kantonaler und/oder überkantonaler Ebene. Fallgewichte können mittels Messung, Schätzung oder einer Methodenkombination ermittelt werden; eine Methodenkombination aus Zeiterfassung und qualitativer Befragung zu Validierungszwecken wird als optimale Methode betrachtet. Eine gewichtete Geschäftslaststudie umfasst indessen nur einen spezifischen Aspekt des Funktionierens einer Gerichtsorganisation und sollte deshalb idealerweise Teil einer umfassenderen Organisationsanalyse sein.

4.3.2 Weiterer Forschungsbedarf

Die Relevanz von adäquaten Arbeitslastermittlungen und 146
Geschäftslastbewirtschaftungssystemen wird in der schweizerischen
Justiz aufgrund der zunehmenden Arbeitslast und des steigenden
Spardrucks sowie auch aus verfassungsrechtlichen Gründen wohl
noch grösser werden. Auch das steigende Interesse an interkantonalen
Vergleichen könnte eine Rolle spielen. Das Potenzial von gewichteten
Geschäftslaststudien in der Schweizer Justiz ist sicherlich noch nicht
ausgeschöpft. Eine standardisierte, einheitliche methodische Vorgehensweise würde die Validität und Vergleichbarkeit der Geschäftslaststudien stärken.[218] Mit den bisher ausgeführten Forschungsarbeiten
können die folgenden Fragenkomplexe nicht abgedeckt werden:

– *Vergleichende Analyse der Prozessabläufe, des Fallmanage-
ments sowie der internen Arbeitsteilung:* Um gewichtete Geschäftslaststudien Benchmark-fähig zu machen, und damit verlässliche interkantonale Vergleiche zu ermöglichen, sind vergleichende Analysen der internen Prozessabläufe, des Fallma-
nagements sowie der internen Arbeitsteilung notwendig (bzgl.
der Zusammenarbeit zwischen Richterinnen und Richtern, Gerichtsschreibenden und Kanzleimitarbeitenden sowie dem Verhältnis von Richterinnen bzw. Richtern zu Gerichtsschreibenden). Für solche Analysen müsste eine geeignete Methodik
entwickelt werden.

– *Gerichtsorganisation:* Auch die heterogenen Organisationsstrukturen in den Kantonen schränken vergleichende gewichtete
Geschäftslaststudien ein. Eine spezifische Analyse der Ausgestaltung der kantonalen Gerichtsorganisation und daraus ableitbare Grundlagen für eine Angleichung im Sinne der Best Practice könnten letztlich eine effiziente Geschäftslastbewirtschaftung unterstützen.

– *Qualitätsaspekte:* Angetroffene Geschäftslaststudien sowie Systeme der Geschäftslastbewirtschaftung fokussieren weitestgehend auf quantitative Aspekte und gehen von einer vorbeste-
henden Qualität aus. Der Bezug von Organisations-, Prozess-

---

[218] Vgl. DOUGLAS (2007), S. 11.

und Ergebnisqualität der Gerichte zu deren Arbeitslast wurde bisher kaum je vertieft untersucht. Informationen zur Arbeitslast müssten nebst quantitativen Aspekten die materielle Richtigkeit der Urteile sowie den justiziellen Outcome miteinschliessen.[219] Ebenso fehlen für die Schweiz auch weitgehend adäquate Qualitätssicherungs- und -entwicklungskonzepte für Justizbehörden, weswegen Entwicklungen zu einem interdisziplinären, umfassenden Qualitätsmanagement unter Beachtung der rechtlichen Vorgaben zu unterstützen sind.[220]

– *Verbindung zur Verfahrensdauer*: Die zeitgerechte Herbeiführung eines Urteils zählt heute zu den wesentlichen Qualitäts- und Leistungsmerkmalen in der Justiz.[221] Es stellt sich mithin die Frage, ob zwischen der gewichteten Geschäftslast und der Verfahrensdauer allgemeingültige Relationen bestimmbar sind.

– *Kleine Gerichte*: Bei zu kleinen Fallzahlen führen alle Methoden zu unzuverlässigen Durchschnittswerten, weshalb für kleine Gerichte keine der drei Methoden anwendbar ist. Inwiefern kleine Gericht von Erhebungen an anderen Gerichten bzw. in anderen Kantonen profitieren könnten und welches die methodischen Voraussetzungen dazu sind, müsste untersucht werden.

147 In den genannten Bereichen besteht mithin Forschungsbedarf. Nach vorläufigen Einschätzungen geht es dabei nicht nur um die Adaption von bereits im Ausland durchgeführten Studien für die Schweiz. Da in den genannten Bereichen weitgehende Forschungslücken bestehen, wird teilweise Grundlagenforschung notwendig sein.

---

[219] Vgl. etwa LIENHARD/KETTIGER (2011a), Rz. 10; zudem (fokussiert auf die Aufsicht) TSCHÜMPERLIN (2003), S. 104 f.

[220] Vgl. MOSIMANN (2003), S. 473 ff.; WALTER (2005), Rz. 26 ff.; zur Qualitätskontrolle der CEPEJ PAYCHÈRE (2009), insb. Rz. 13 ff.

[221] Vgl. für die Ziviljustiz beispielsweise PALUMBO/GIUPPONI/NUNZIATA/MORA-SANGUINETTI (2013), S. 9.

5 Prozesse (Teilprojekt 3)

Sandra Taal, Mirjam Westenberg, Philip Langbroek, Mandy van der Velde

5.1 Einleitung

5.1.1 Qualitätsmanagement und Organisationsentwicklung für die Justiz

Qualitätsmanagement an Gerichten und in der Gerichtsverwaltung ist zum Gegenstand der Rechtswissenschaft und Organisationssoziologie geworden. Das Paradigma in diesem Bereich ist *das sogenannte Spannungsverhältnis zwischen richterlicher Unabhängigkeit und der Rechenschaftspflicht von Gerichten und von Richterinnen bzw. Richtern.* Dabei handelt es sich nur um ein heuristisches Konzept, weil es nicht klar unterscheidet zwischen Richterämtern und der lokalen Gerichtsorganisation oder einer nationalen Gerichtsverwaltung. Von grundlegendem Interesse für Richterinnen und Richter, Gerichtsverwalterinnen und -verwalter sowie Wissenschaftlerinnen und Wissenschaftler auf dem Gebiet der Gerichts- und Justizverwaltung sind nicht Qualitätsmanagementprozesse an sich, sondern die Interaktionen zwischen Qualitätsmanagement als Organisationsentwicklung in der Gerichtverwaltung einerseits und Case Management in Gerichtsverfahren und bei richterlichen Entscheidungen andererseits.[222]

148

---

[222] Dieses Paradigma wurde 1999 an der Jahrestagung der European Group for Public Administration (EGPA) eingeführt; FABRI/LANGBROEK (2000b).

5.1.2 Forschungsgegenstand

5.1.2.1 Übersicht

149   Dieses Forschungsprojekt umfasst zwei grössere Projekte. Beim einen liegt der Schwerpunkt auf der Beziehung zwischen *institutionellen Interaktionsprozessen in der Gerichtsverwaltung*, beim anderen auf dem *Wissensaustausch* unter Richterinnen und Richtern. Das zweitgenannte Projekt berührt wesentliche qualitative Aspekte der Tätigkeit von Gerichten, wie zum Beispiel die Urteilsbeständigkeit.

5.1.2.2 Qualitätsmanagement und institutionelle Interaktionen

150   Das Qualitätsmanagement ist Bestandteil von Prozessen der Justizverwaltung. Gerichte sind in eine staatliche Organisation eingebettet, von Staatsbudgets abhängig und an Budget- und Rechnungslegungsprozessen im Zusammenhang mit ihren Ausgaben beteiligt. Gleichzeitig sind Richterinnen und Richter meistens die Hauptakteurinnen und -akteure an Gerichten. Sie haben die erforderlichen Entscheide zu fällen und müssen Rechenschaft darüber ablegen, wie sie bei der Anwendung des Rechts auf einen Fall zu ihrem Entscheid gelangt sind. Dabei dürfen sie sich nicht von anderen Behörden und Personen innerhalb oder ausserhalb der staatlichen Organisation beeinflussen lassen. Überdies sollten sie zu einzelnen Parteien in Verfahren, mit denen sie befasst sind, keine Interessenbindungen haben und sollten unabhängig sein. Allerdings sind Richterinnen und Richter an der Gerichtsorganisation und Gerichtsführung beteiligt und wirken auch bei der Organisationsentwicklung mit, um ihre Dienstleistungen für die Bürgerinnen und Bürger in ihrem Gerichtskreis zu verbessern. Dieser Teil des Projekts, das die Prozesse untersucht, konzentriert sich auf die Interaktionsprozesse im Spannungsfeld von organisatorischen und richterlichen Verantwortlichkeiten.

5.1.2.3 Wissensaustausch als Aspekt von Qualitätsarbeit

Gegenstand des zweiten Teils ist der Wissensaustausch unter Richterinnen und Richtern als wesentliche Voraussetzung für die Einheitlichkeit der Rechtsprechung. Es wurde eine internationale Studie über die Zusammenarbeit von Richterinnen und Richtern mit Bezug zur juristischen und richterlichen Qualität ihrer Entscheidungen durchgeführt, wobei der Wissensaustausch im Vordergrund stand. Wissensaustausch ist ein wesentlicher Aspekt der Qualitätsverbesserung in Berufsorganisationen. 151

Das Gesetz liefert in konkreten Fällen nicht immer klare Antworten. Mehrdeutige Begriffe im Gesetz lassen Spielraum für verschiedene richterliche Auslegungen, und neu in Kraft getretene Gesetze werfen rechtliche Fragen auf, die in der bisherigen Rechtsprechung noch nicht einheitlich «beantwortet» sind.[223] Der Wissensaustausch unter Kolleginnen und Kollegen kann Richterinnen bzw. Richtern helfen, fundiertere Entscheide zu fällen.[224] Ein solcher Wissensaustausch ist ein wertvolles Instrument zur Verbesserung der Qualität von Gerichtsentscheiden, der sogenannten Produktqualität (z.B. Rechtssicherheit, Begründung und Argumentation)[225], und für andere Verbesserungen der Qualität gerichtlicher Dienstleistungen. 152

Um den kollegialen Wissensaustausch in Gerichtsorganisationen wirksam gestalten zu können, sind folgende Fragen zu beantworten: Welches sind die wichtigsten Faktoren, die den Wissensaustausch fördern? Inwieweit hat die Arbeitsbelastung, wie sie von den Richterinnen und Richtern wahrgenommen wird, einen Einfluss auf die Beziehung zwischen den Faktoren, die den Wissensaustausch fördern, und dem Wissensaustauschverhalten der Richterinnen und Richter? In welcher Beziehung steht das Wissensaustauschverhalten der Richterinnen und Richter zu ihrer Gesamtarbeitsleistung? 153

---

[223] CASEY (1998).
[224] TAAL/LANGBROEK/VAN DER VELDE (2014).
[225] RUTTEN-VAN DEURZEN (2010).

5.2 Forschungsarbeiten

5.2.1 Qualitätsmanagement und institutionelle Interaktionsprozesse in der Gerichtsverwaltung

154 Dieser Teil des Forschungsprojekts zeigt, wie Qualitätsmanagement an Gerichten gehandhabt wird und unter welchen Voraussetzungen die Entwicklung und Anwendung von Qualitätsmanagement an Gerichten erfolgreich sein können. Zu untersuchen war, wie allgemeine Qualitätsnormen innerhalb der Gerichtsorganisation angewendet werden. Es wurde eine international vergleichende Perspektive eingenommen. Berücksichtigt wurden die Schweiz, Deutschland, die Niederlande und Norwegen. Diese Länder wurden wegen der bestehenden Kontakte der Forschenden und der dort laufenden Organisationsentwicklungsprojekte ausgewählt.[226]

155 Es wurden Gerichts- und Justizverwalterinnen und -verwalter, Richterinnen und Richter sowie andere Staatsangestellte in Norwegen, Niedersachsen, der Schweiz und den Niederlanden befragt und schriftliche Informationen aus öffentlichen Quellen und aus der Fachliteratur gesammelt, um zu verstehen, in welchem verfassungsrechtlichen und gesetzlichen Rahmen die Gerichte arbeiten, und dabei auch die Anstrengungen zur Verbesserung der Qualität und Effizienz der richterlichen Arbeit und der gerichtlichen Dienstleistungen zu erfassen.

5.2.1.1 Deutschland

156 In Deutschland stehen die erstinstanzlichen Gerichte (Amtsgerichte und Landgerichte) unter der administrativen Leitung der Oberlandesgerichte, die dabei eng mit den Justizministerien der einzelnen Bundesländer zusammenarbeiten. Neben der ordentlichen Gerichtsbarkeit gibt es die Verwaltungsgerichtsbarkeit, die Finanzgerichtsbarkeit, die Arbeitsgerichtsbarkeit und die Sozialgerichtsbarkeit, die in dieser Studie ausser Betracht bleiben.

---

[226] LANGBROEK (2010); LIENHARD (2008); LIENHARD (2009b).

Grundlage für die Finanzierung der Gerichte ist ein besonderes   157
System zur Personalbedarfsberechnung (Personalbedarfsberechnungs-
system für die Justiz, PEBB§Y).[227] Dieses berücksichtigt die durchschnittliche Zeit, die Richterinnen und Richter sowie Gerichtsmitar-
beitende benötigen, um verschiedene Arten von Fällen zu behandeln
und ihre Entscheide zu fällen.[228] Die so gewichtete Verteilung der
Geschäftslast kann auch dazu dienen, den Einsatz der Richterinnen
und Richter sowie des Gerichtspersonals innerhalb einer Gerichtsorganisation feiner zu steuern. Die Flexibilität innerhalb der Gerichtsorganisation ist beschränkt, weil der Grundsatz des gesetzlichen Richters die Gerichte zwingt, die Geschäftsverteilung im Voraus zu pla-
nen. Jedes Gericht veröffentlicht jedes Jahr einen Geschäftsvertei-
lungsplan, der vorgibt, welche Fälle von welcher Richterin bzw. welchem Richter zu behandeln sind. Damit können die Parteien sicher
sein, dass in ihrem Fall das Verfahren von einer bzw. einem unabhängigen und unparteiischen Richterin bzw. Richter geleitet wird.

In *Niedersachsen* geht es bei der Gerichtsverwaltung um eine sorg-   158
fältige Interessenabwägung zwischen den Gerichten und insbesondere
den Oberlandesgerichten und dem Justizministerium in Hannover.
Deutsche Richterinnen und Richter legen grossen Wert auf ihre Unabhängigkeit und berufliche Autonomie. Die Messung des Outputs zu
Zwecken der Geschäftslastbewirtschaftung und Personalplanung wird
akzeptiert. Dass das Justizministerium weitere Managementinformati-
onen sammelt, wird dagegen abgelehnt. Die eigentliche Gerichtsverwaltung ist Aufgabe der Oberlandesgerichte. Aus den Interviews
konnte geschlossen werden, dass die inhaltliche Qualität der richterlichen Arbeit in Deutschland von keinem geschäftsführenden Organ in
irgendeiner Weise einbezogen oder gemessen wird. Das Justizministerium in Hannover hat ein Personalmanagement-Informationssystem
mit dem Namen JuMIS entwickelt, das es der Gerichtsleitung ermöglicht, nahezu in Echtzeit Geschäftslast und Output abzuschätzen und
weitere Personalinformationen auszuwerten. Verantwortlich für die

---

[227] Zur Geschäftslastbewirtschaftung siehe auch Ziffer 4.2.
[228] Siehe z.B. DELOITTE (2009).

Verwendung dieser Informationen sind die Präsidentinnen und Präsidenten der Amtsgerichte, Landgerichte und Oberlandesgerichte.[229]

159   In den letzten 13 Jahren führten die Gerichte in Niedersachsen im Auftrag des Justizministeriums eigene Benchmark-Projekte durch: Die Projekte AGiL (Amtsgerichte im Leistungsvergleich) und OLiVe (Oberlandesgerichte im Vergleich). Die betreffenden Projekte entstanden aus einer Notwendigkeit heraus, dass Politikerinnen und Politiker nicht bereit waren, mehr Geld in die Gerichte zu investieren, während bei diesen eine hohe Geschäftslast bestand. Das Konzept des Projekts AGiL bestand darin, bei einer bestimmten Art von Verfahren die Effizienz, die Kunden- und Personalzufriedenheit und die Zeitgerechtigkeit in jedem einzelnen Gericht zu untersuchen. Anschliessend konnten sich die Gerichtsschreibenden in einem Workshop darüber austauschen, wie sie diese Backoffice-Verfahren organisiert und tatsächlich durchgeführt hatten. Dahinter stand natürlich die Idee, dass sich aufgrund dieses Austauschs die Best Practices von einem Gericht zum anderen weiterverbreiten würden. Manchmal gelang es sogar, die Best Practices zu verbessern.[230] Zwei Jahre später wurde eine erneute Messung vorgenommen, um festzustellen, was sich geändert hatte. Diese Projekte wurden natürlich von den Präsidien der Oberlandesgerichte voll unterstützt. Schliesslich nahmen auch Richterinnen und Richter an den Workshops teil. Ein Nebeneffekt dieser Zusammenkünfte war, dass Gerichtsschreibende und Richterinnen bzw. Richter/innen von verschiedenen Gerichten miteinander in Kontakt kamen. Gestützt auf diese Erfahrungen entwickelten Richterinnen und Richter in Niedersachsen und über die Grenzen der Bundesländer hinweg Qualitätszirkel (Vergleichsringe).

160   Ähnliche Ansätze wurden in Bezug auf die Zufriedenheit der Rechtsuchenden und die Personalzufriedenheit verfolgt. Die Ergebnisse wurden den Teilnehmenden vorgelegt. Für die Punkte, bei denen Verbesserungsbedarf bestand, wurde ein Katalog von Verbesserungsmassnahmen zusammengestellt, und die Gerichtsleitung berichtete regelmässig über den Fortschritt der Umsetzung.[231]

---

[229] Interview mit Ines Benthien vom niedersächsischen Justizministerium.
[230] Zur Methode VOLKER (2007).
[231] Interview mit Gerd Vogel, Präsident des Amtsgerichts Hannover.

Das Vorgehen erwies sich als erfolgreich und wurde von anderen Bundesländern übernommen. Auch Richterinnen bzw. Richter und Gerichtsschreibende von Oberlandesgerichten mehrerer Länder treffen sich manchmal in Vergleichsringen, in denen sie Erfahrungen austauschen und einander unterstützen können.

161

5.2.1.2 Die Niederlande

Nur in den Niederlanden wurde die Leistungsqualität im Rahmen von Betriebsmessungen definiert. Die Richterinnen und Richter wurden bei der Ausarbeitung dieser Parameter intensiv einbezogen. Das entwickelte Messsystem erhielt den Namen «RechtspraaQ» (Qualität der Rechtsprechung). Mit diesem System sollte ein Gegengewicht zur Outputfinanzierung der Gerichte geschaffen werden, bei der sich das Budget nach der Anzahl erledigter Fälle richtet.[232]

162

RechtspraaQ ist ein Qualitätsmanagementsystem, das folgende Teile umfasst: einen regulatorischen Rahmen, ein System zur Messung der Leistung der Justiz, eine Studie zum Stand der Entwicklung der Gerichtsorganisation, eine Kundenbefragung, eine Befragung zur Personalzufriedenheit sowie Gerichtsbesuche und Audits von Gerichten. Ergänzt wird es durch ein Beschwerdesystem und eine Peer-Review.[233] RechtspraaQ basiert auf dem EFQM-Modell[234]. Der regulatorische Rahmen beruht auf dem Gerichtsorganisationsgesetz, das die Verantwortung für die Qualität der Arbeit der Gerichte ausdrücklich dem Justizrat und der Geschäftsleitung jedes Gerichts zuweist. Jedes Gericht und jede Gerichtsabteilung hat ein Qualitätsreglement verfasst und setzt gestützt darauf die Qualitätsziele fest. Wie sie diese Ziele erreichen, bleibt den Gerichten überlassen. Im Jahresbericht der Gerichte wird der Fortschritt der Zielerreichung aufgezeigt. Das System zur Messung der Leistung der Justiz umfasst folgende Variablen:

163

---

[232] Kwaliteit kost tijd, Raad voor de Rechtspraak (2006).
[233] www.rechtspraak.nl/Organisatie/Raad-Voor-De-Rechtspraak/Kwaliteit-van-de-Rechtspraak/Pages/RechtspraaQ.aspx#TOCHeadingRichHtmlField11 (Stand: 30.11.2015).
[234] European Foundation for Quality Management.

I   Unparteilichkeit und Integrität
II Fachkenntnisse
III Behandlung von Parteien und Beklagten bzw. Beschuldigten
IV Rechtseinheit (oder Urteilsbeständigkeit)
V   Geschwindigkeit und Zeitgerechtigkeit

164   Beispielweise werden Unparteilichkeit und Integrität unter anderem daran gemessen, ob am Gericht ein Beschwerdeverfahren besteht. Je nachdem wird eine bestimmte Anzahl Punkte vergeben:

1   Es besteht kein Beschwerdeverfahren.
2   Es besteht ein öffentliches Beschwerdeverfahren.
3   Die Parteien werden darüber informiert, dass ein Beschwerdeverfahren besteht.
4   Es wird systematisch und regelmässig überprüft, ob das Beschwerdeverfahren richtig funktioniert.
5   Über die Anwendung und Einhaltung des Verfahrens wird jährlich Bericht erstattet.

165   Zum Qualitätsaudit gehören Überprüfungen, und Punkte können nur gewonnen werden, wenn die vorangehenden Schritte vollzogen wurden. Auch für das Beschwerdeverfahren ist gemäss Qualitätsreglement die Geschäftsleitung des Gerichts zuständig. RechtspraaQ wurde seit der Inbetriebnahme 2007 regelmässig aufdatiert und evaluiert.[235] Das Qualitätsmanagement und die Tätigkeit der Gerichte werden vom Justizrat und vom Ministerium für Sicherheit und Justiz beaufsichtigt.

166   RechtspraaQ liegt die allgemeine Idee zugrunde, dass ein solches System der Geschäftsleitung des Gerichts und dem Justizrat zuverlässige Informationen über die Tätigkeit der Gerichte als Organisationen und die Arbeit der Richterinnen und Richter liefert. Zudem ist RechtspraaQ mit dem Budgetierungssystem der Gerichte verknüpft, da die Ergebnisse von RechtspraaQ bei den Budgetverhandlungen zwischen Justizrat und Justizministerium zu berücksichtigen sind. Mit anderen Worten bietet das System unter anderem die Möglichkeit,

---

[235]   Eindrapport visitatie gerechten (2014); Evaluatierapport Kwaliteitsnormen, Voorjaar (2011); Eindrapport visitatie gerechten (2010). www.rechtspraak.nl/ Organisatie/Raad-Voor-De-Rechtspraak/Kwaliteit-van-de-Rechtspraak/Visitatie/Paginas/default.aspx (Stand: 30.11.2015).

gegenüber der Politik Rechenschaft über die Tätigkeit der Gerichte abzulegen.

Seit der Einführung von RechtspraaQ im Jahr 2006 wurden laufend Qualitätsmessungen vorgenommen, und schrittweise hat sich RechtspraaQ von einem internen Qualitätsinstrument der Gerichte zu einem administrativen Managementinformationssystem gewandelt. Richterinnen und Richter betrachten es nicht mehr als ihr eigenes Gut, sondern in erster Linie als ein administratives Werkzeug, auch wenn der Justizrat immer wieder ein besonderes Augenmerk auf Qualitätsfragen richtet, wie sich in den Interviews bestätigte. 167

Trotz dieses Total-Quality-Management-Systems bildeten Richterinnen und Richter in ihrer Gerichtsabteilung Fokusgruppen, in denen sie über die Rechtsprechung und einzelne Fälle sowie andere mit ihrer Arbeit verbundene Fragen diskutieren. Zum Beispiel sprechen Richterinnen bzw. Richter und Gerichtsschreibende in der familienrechtlichen Abteilung des Bezirksgerichts Ostbrabant auch über Beziehungen zu Kinderschutzbehörden und Hilfswerken. In verwaltungsrechtlichen Abteilungen wird das sogenannte New Case Management (gerichtliche Mediation während Gerichtsverfahren) praktiziert und diskutiert. Einiges deutet darauf hin, dass Richterinnen und Richter den Anspruch haben, richterliche Arbeit, für die sie nicht zur Rechenschaft gegenüber der Gerichtsverwaltung verpflichtet sind, autonom erledigen zu können. 168

5.2.1.3 Norwegen

Die norwegische Gerichtsverwaltung ist eine eigenständige Behörde, die zwischen der Zentralregierung und den Gerichten steht. Sie arbeitet mit der Regierung bei der Gesetzgebung und Budgeterstellung zusammen und ist für die Leitung der Gerichte zuständig. Hierfür hat sie ein Managementinformationssystem eingerichtet, das Angaben zum Output der Gerichte liefert (Art der behandelten Fälle, Verfahrensdauer, Zahl der Richterinnen bzw. Richter und Personalbe- 169 stand).[236] Dies sind die einzigen quantitativen Informationen, die für Managementzwecke erfasst werden. Die zentrale Gerichtsverwaltung hat auch grosses Interesse an der Organisationsentwicklung in der Justiz, wobei nicht nur die richterlichen Kenntnisse und Fähigkeiten, sondern auch die Qualität der gerichtlichen Dienstleistungen für die Parteien und andere Beteiligte im Vordergrund stehen. Dieses Bestreben verbindet sich mit der Überzeugung, dass die Organisationsentwicklung vorwiegend durch die Mitwirkung der Richterinnen und Richter vorangetrieben werden sollte. Diese Einstellung zeigte sich deutlich bei hochrangigen Richterinnen und Richtern, die an mehreren norwegischen Gerichten die Umsetzung des Common Assessment Framework (CAF) organisiert hatten. Sie gelangten zur Ansicht, dass die Umsetzung des CAF vor allem an kleineren Gerichten mit zu grossem Aufwand verbunden sei, dass aber die Berufungsgerichte damit arbeiten könnten. Die zentrale Gerichtsverwaltung in Norwegen entschied, dass Qualitätsmanagement nicht mit einer zentralen Aufsicht der Gerichte gleichzusetzen sei und auch nicht mit der Effizienz der Gerichte verknüpft werden sollte. Vielmehr solle das Qualitätsmanagement von den Richterinnen und Richtern selbst entwickelt werden. Der norwegischen Gerichtsverwaltung kommt dabei die Aufgabe zu, den Richterinnen und Richtern die erforderlichen Mittel zur Verfügung zu stellen, damit sie Qualitätsarbeit leisten können. Hierfür entwickelte sie das System KRUT («Kvalitetsrammeverk for Utvikling» – Qualitätsrahmenwerk für Entwicklung).[237] Dieses System ist ziemlich ausgereift und kann als Instrumentarium für das Justizmanagement in Norwegen angesehen werden.

170 Um dieses Rahmenwerk zu entwickeln, führte das Qualitätsprojektteam bei den norwegischen Gerichten und anderen Organisationen sowie europaweit eine Untersuchung durch, die dazu diente, bestehende Qualitätsmassnahmen und -instrumente zu ermitteln. Die Untersuchung umfasste mehrere Komponenten:

- Befragung aller norwegischen Gerichte;

---

[236] Vgl. die Statistik auf der Webseite der zentralen Gerichtsverwaltung: www.domstol.no/no/Domstoladministrasjonenno/Offentlighet-og-innsyn/Statistikk/ (Stand: 30.11.2015).
[237] Für einen Überblick siehe Rapport fra Kvalitetsprosjektet, Domstoladministrasjonen (2013), S. 25.

– Bestandsaufnahme der Erfahrungen mit Qualitätsmethoden in der Justiz;[238]

– Auswertung der Berichte der CEPEJ sowie des European Network for Councils of the Judiciary (ENJC) zum Qualitätsmanagement;

– Berücksichtigung anderer Qualitätsrahmen und -methoden, wie des CAF (Common Assessment Framework), des International Framework for Court Excellence (IFCE) sowie der internen und externen Dialogmethoden für systematische Qualitätsarbeit.

Die wichtigste Erkenntnis, die in anderen Ländern gewonnen wurde, bestand laut dem Qualitätsprojektteam darin, dass systematische Qualitätssicherung lokal initiiert und lokal verankert werden sollte und dass die Gerichte selbst im Besitz der erlangten Informationen sein sollten. Daher werden keine messbaren Qualitätsindikatoren mit einbezogen, auch wenn der zentralen Gerichtsverwaltung über die Organisationsentwicklung an den Gerichten Bericht erstattet wird. 171

5.2.1.4 Schweiz

In der Schweiz findet sich eine Vielfalt von Strukturen und 172 Praktiken der Gerichtsverwaltung. Die Verbindung zwischen Politik und Gerichtsverwaltung ist in der Schweiz, wo die Gerichte oder die Gerichtsverwaltung von den Parlamenten beaufsichtigt werden, sehr transparent. In den deutschsprachigen Kantonen liegt die Aufsicht über die Tätigkeit der Gerichte bei den obersten Gerichten, die als Bindeglied zwischen Parlament und Justiz fungieren. Die Aufsicht über die Justiz ist an den Budgetierungsprozess gekoppelt (Zug, Bern, Bund). In den französischsprachigen Kantonen ist die parlamentarische Aufsicht ebenfalls mit dem Budgetierungsprozess verknüpft, doch gibt es auch Justizräte, welche die Aufsicht über die Justiz ausüben und für Disziplinarverfahren gegen Richterinnen und Richter zuständig sind. Die eigentliche Geschäftsführung ist Aufgabe einer Verwaltungskommission, die von einem Generalsekretariat unterstützt wird (Neuenburg, Genf).

---

[238] BJØRNØY/OFTEDAHL (2008).

173   Richterinnen und Richter werden entweder vom Parlament gewählt oder durch Direktwahl bestimmt, in der Regel für eine 4- oder 6-jährige Amtszeit. Bei einer Volkswahl werden meistens keine anderen Kandidierenden vorgeschlagen, und Richterinnen und Richter werden üblicherweise stillschweigend (wieder-)gewählt. Werden sie vom Parlament gewählt, treffen die politischen Parteien eine Vorauswahl. Die unabsichtliche Nichtwiederwahl von Richterinnen und Richtern ist selten, doch kann eine vom Gesetzeswortlaut abweichende Auslegung in konkreten Fällen politisch heikel sein. Richterwahlen scheinen die verfassungsrechtliche Stellung der Richterinnen und Richter gegenüber anderen staatlichen Gewalten nicht zu stärken. In Publikationen von Richterinnen und Richtern ebenso wie in der Schweizer Fachliteratur wird die Bedeutung der richterlichen Unabhängigkeit hervorgehoben und auf das Spannungsverhältnis zwischen der politischen Wahl von Richterinnen und Richtern und deren Wahl durch das Volk hingewiesen. Sowohl in Richterinnen- und Richter wie in Wissenschaftskreisen wird darin eine Gefahr für die richterliche Unabhängigkeit gesehen.[239] Dennoch wurden zum Beispiel vor kurzem in Genf und Neuenburg, trotz Revisionen der Verfassung oder des Gerichtsorganisationsgesetzes, Richterwahlen in der bisherigen Form beibehalten.

174   In den Kantonsparlamenten und auch auf Bundesebene hat eine spezielle parlamentarische Kommission die Aufsicht über die Tätigkeit der Gerichtsverwaltungen. Diese werden als «Justizprüfungskommissionen» (je nach Kanton auch als «Justizkommissionen» oder «Geschäftsprüfungskommissionen») bezeichnet. Juristinnen und Juristen betonen mit Blick auf die EMRK und die Bundesverfassung immer wieder, dass die mit dieser Aufsicht verbundenen Kontrollen sich auf die Rechnungslegung, die Zahl der Mitarbeitenden der Gerichte, die Anzahl Richterstellen (Berufsrichterinnen bzw. Berufsrichter und Laienrichterinnen bzw. Laienrichter) sowie natürlich die Effizienz der Gerichte, die sich an Output, Rückständen und Zeitgerechtigkeit misst, beschränken.

175   Es erscheint höchst wünschenswert, die Justiz, zumindest auf organisatorischer Ebene, an den demokratischen Prozess anzubinden.

---

[239] KIENER (2012), S. 403-445; MAHON/SCHALLER (2013b); RASELLI (2011).

Dementsprechend wird einiges unternommen, um gute Betriebspara-meter zur Messung der Leistung der Gerichte sowie der Richterinnen und Richter zu finden. Dies erklärt auch die Einschränkungen bei Be-triebsmessungen der Justizsysteme in den Kantonen wie auch auf Bundesebene. Die Gerichte müssen gegenüber den Aufsichtskommis-sionen Rechenschaft über ihre Tätigkeit ablegen. Diese Kommissio-nen haben einen angemessenen, aber eingeschränkten Kontrollbereich, der nur organisatorische Fragen einschliesst. «Harte» Massstäbe, die nicht den Output, sondern die inhaltliche Qualität der richterlichen Arbeit betreffen, werden bei der Budgetierung und Rechnungslegung nicht angewendet. Die inhaltliche Qualität wird jedoch in den Jus-tizorganisationen nicht ausgeblendet. Die Richterausbildung und die juristische Qualität der Urteile sind wichtig, und Justizaufsichtsbehör-den wie die Präsidentin bzw. der Präsident des Kantonsgerichts oder eine Justizverwaltungsbehörde führen sogenannte «Standortgesprä-che» mit der Gerichtsleitung und den Richterinnen und Richtern durch.[240] Insbesondere in Bern zeigte die Leitung der Gerichtsverwal-tung Verständnis für die Notwendigkeit von Output-Kontrollen, ver-trat jedoch die Ansicht, dass die Menge der gelieferten Daten be-schränkt werden sollte. Je besser die Arbeitsweise einer Organisation bekannt ist, desto leichter fällt es und desto eher ist man geneigt, Fra-gen zu stellen, deren Beantwortung mehr Daten erfordert. Zu klären ist nun, wie Richterinnen und Richter in den kleineren Kantonen die «weichen» Qualitätsmanagement-Ansätze der grossen Kantone über-nehmen können.

5.2.2 Gestaltung des Wissensaustauschs im Gerichts-kontext

5.2.2.1 Ausgangslage

Kollegialer Wissensaustausch ist für Richterinnen und Rich-ter nichts Neues. An den meisten Gerichten nehmen Richterinnen und Richter regelmässig an förmlichen Wissensaustauschaktivitäten wie

176

---

[240] Interview mit Christian Trenkel; siehe auch LIENHARD (2014b), S. 31 f.

Fallbesprechungen oder anderen förmlichen Zusammenkünften teil, die oft, aber nicht ausschliesslich zu einer einheitlichen Rechtsprechung beitragen sollen.[241] Daneben werden jedoch häufig noch andere Formen des kollegialen Wissensaustauschs praktiziert. Richterinnen und Richter pflegen auch einen informellen Austausch mit Kolleginnen und Kollegen, beispielsweise in der Kaffee-Ecke oder bei gesellschaftlichen Anlässen. Über das Wissensaustauschverhalten der Richterinnen und Richter ist bis anhin wenig bekannt.[242]

177   Ausgangspunkt für diese Studie war die Schweiz; zum Vergleich wurden Deutschland und die Niederlande herangezogen. Die Rolle hauptamtlicher Verwaltungsrichterinnen und Verwaltungsrichter ist in allen drei Ländern des kontinentaleuropäischen Rechtskreises ähnlich, doch der Status (gewählt oder ernannt) und das organisatorische Umfeld, in dem die Richterinnen und Richter arbeiten, sind völlig unterschiedlich. Indem das Forschungsmodell in einer länderübergreifenden Versuchsanordnung getestet wurde, konnte (1) das Forschungsmodell eingehend geprüft und (2) mögliche Unterschiede zwischen den drei Ländern erkannt werden.

5.2.2.2 Definition von Wissensaustausch

178   Wissensaustausch ist ein geläufiger Begriff, für den in der Fachliteratur viele Definitionen zu finden sind. Diese Studie ging von einer bidirektionalen Auffassung des Wissensaustauschs aus.[243] In dieser Auffassung besteht Wissensaustausch aus zwei aktiven Prozessen: der Weitergabe von Wissen und der Aufnahme von Wissen.[244] Während des Wissensaustauschprozesses können Richterinnen und Richter die Rolle der Wissensanbieterin bzw. des Wissensanbieters oder der Wissensempfängerin bzw. des Wissensempfängers übernehmen und die Rolle wechseln, wenn die Situation es erfordert.[245] Im

---

[241] TAMINIAU/SMIT/DE LANGE (2009).

[242] APISTOLA (2010); CASANOVAS/POBLET/CASELLAS/CONTRERAS/BENJAMINS/ BLAZQUEZ (2005); LAZEGA/MOUNIER/SNIJDERS/TUBARO (2012).

[243] FOSS/MINBAEVA/PEDERSEN/REINHOLT (2009); VAN DEN HOOFF/HUYSMAN (2009).

[244] VAN DEN HOOFF/DE RIDDER (2004).

[245] TANGARAJA/RASDI/ISMAIL/SAMAH (2015).

Unterschied zur unidirektionalen Auffassung, bei welcher ausschliesslich der Wissenstransfer von der Wissensanbieterin bzw. vom Wissensanbieter zur Wissensanbieterin bzw. zum Wissensempfänger betrachtet wird, geht die bidirektionale Auffassung davon aus, dass erfolgreicher Wissensaustausch von der aktiven Beteiligung der Anbieterin bzw. des Anbieters und der Empfängerin bzw. des Empfängers abhängt.[246]

In den meisten Studien zum Wissensaustausch wird unterschieden   179
zwischen explizitem und implizitem Wissen. Explizit ist die Art von Wissen, die sich leicht ausdrücken, erfassen und kodifizieren lässt. Es wird jedoch allgemein angenommen, dass diese Beschreibung nur auf einen kleinen Teil unseres Wissens zutrifft und dass ein grösserer Teil unseres Wissens schwerer artikulierbar ist.[247] Diese zweite Art wird implizites Wissen genannt. Es umfasst selbstverständliche persönliche Routinen sowie schwer bestimmbare (technische) Fähigkeiten und Erfahrungen. Daher stellt implizites Wissen bei Untersuchungen zum Wissensaustausch eine erhebliche Herausforderung dar.[248] Vorliegend wird der Argumentation von Nonaka und Von Krogh (2009) gefolgt und Wissen weder als rein explizit noch als rein implizit verstanden. Vielmehr besteht Wissen in einem Kontinuum von explizitem zu implizitem Wissen.[249] Gemäss Nonaka und Von Krogh (2009) ist implizites Wissen über das Bewusstsein zugänglich, wenn es zur expliziten Seite des Kontinuums tendiert.[250] In dieser Studie wird Wissensaustausch beschrieben als einen Prozess, in dem eher zur expliziten Seite des Kontinuums neigendes Wissen («wissen was») sich verbindet mit Wissen, das eher zur impliziten Seite des Kontinuums hinneigt, aber immer noch bewusst übertragbar ist, d.h. praktisches Know-how («wissen wie») und erfahrungsbasiertes Wissen.

Kollegialer Wissensaustausch ist nicht gleichzusetzen mit der kol-   180
legialen Entscheidfällung in einem mehrköpfigen Spruchkörper. Beim kollegialen Wissensaustausch geht es um gegenseitiges Lernen und die Überbrückung gegenseitiger Abhängigkeiten auf freiwilliger Ba-

---

[246] VAN DEN HOOFF/DE RIDDER (2004).
[247] NONAKA (1994); NONAKA/TAKEUCHI (1995); UIT BEIJERSE (1999).
[248] HANSEN/NOHRIAM/TIERNEY (1999); NONAKA (1991).
[249] NONAKA/VON KROGH (2009).
[250] NONAKA/VAN KROGH (2009).

sis. Bei der kollegialen Entscheidfällung in einem mehrköpfigen Spruchkörper dagegen geht es darum, einen Konsens zu erzielen und somit zu Entscheidungen zu gelangen, der sich alle anschliessen können. Die Dynamik dieser beiden Prozesse ist sehr unterschiedlich, weshalb sich diese Studie auf den ersten Prozess konzentriert.

5.2.2.3 Organisatorische Herausforderung

181   Die Organisation kann die richterliche Arbeit nicht inhaltlich überprüfen, doch kann sie kontrollieren, unter welchen Umständen die Richterinnen und Richter ihre Aufgaben ausführen.[251] Die Schaffung eines Umfelds, das den Wissensaustausch begünstigt, ist daher eine organisatorische Aufgabe. Kollegialer Wissensaustausch ist ein wertvolles Instrument, um den Transfer des Wissens, das die einzelnen Personen besitzen, innerhalb der Organisation zu optimieren. Indem sie den Wissensaustausch aktiv gestalten, laufen Organisationen weniger Gefahr, Gelegenheiten zu verpassen, die das kumulierte Wissen der Organisationsmitglieder erfordern. Langfristig verbessert sich dadurch die Leistung der Einzelnen und schliesslich auch der Organisation als Ganzes.

182   Für diese Studie wurde die aktuelle Literatur zum Wissensaustausch gesichtet und vier Kategorien von Faktoren ermittelt, die den Wissensaustausch fördern: technologische Faktoren, Führungsfaktoren, soziale Faktoren und Motivationsfaktoren. Daneben wurde eine Barriere gefunden, die den Wissensaustausch erschwert (Rollenüberlastung), und ein Ergebnis des Wissensaustauschs (Gesamtarbeitsleistung). In Abbildung 3 ist das Forschungsmodell dieser Studie grafisch dargestellt. Im folgenden Abschnitt werden die verschiedenen Aspekte des Forschungsmodells kurz erörtert.

5.2.2.4 Forschungsmodell

183   Was die erste Kategorie von Faktoren, die den Wissensaustausch fördern, anbelangt, sind sich die Forschenden weitgehend einig, dass

---

[251] EMERY/DE SANTIS (2014).

Technologie den Wissensaustausch erleichtern kann.[252] Gemäss Riege (2005) besteht wenig Zweifel, dass zahlreiche Technologien, wie Internet und Intranet, E-Mail-Systeme oder Gruppensoftware, wesentlich zum Abbau formeller Kommunikationsbarrieren beitragen können.[253] Beispielsweise können Richterinnen und Richter, deren Arbeitsplätze weit auseinander liegen (z.B. in verschiedenen Räumlichkeiten der Gerichtsverwaltung) über IKT-Systeme[254] Wissen an andere weitergeben oder von anderen empfangen. In dieser Studie wurde untersucht, ob IKT-Support das Wissensaustauschverhalten von Richterinnen und Richtern beeinflusst.

Was die zweite Kategorie von Förderfaktoren betrifft, wollte die Studie herausfinden, ob Richterinnen und Richter – als «autonome Berufsleute»[255]– entsprechend reagieren, wenn Führungspersonen (die Leiterin bzw. der Leiter einer Arbeitseinheit oder einer Gerichtsabteilung) den Wissensaustausch mehr oder weniger unterstützen. Richterinnen und Richter stehen nämlich nicht in einem typischen Vorgesetzten-Mitarbeiter-Verhältnis, und die Führungspersonen an einem Gericht sind gewöhnlich selber Richterinnen bzw. Richter. Dennoch haben frühere Untersuchungen gezeigt, dass Unterstützung durch die Führung einen positiven Einfluss auf den Wissensaustausch hat.[256] In dieser Studie wurde untersucht, ob sich im Gerichtskontext eine ähnliche Wirkung feststellen lässt. 184

Hinsichtlich der dritten Kategorie von Förderfaktoren vertreten viele Forschende die Ansicht, dass zwischenmenschliche Beziehungen einen wesentlichen Einfluss darauf haben, inwieweit die Mitglieder einer Organisation untereinander einen Wissensaustausch pflegen.[257] Die meisten Studien über soziale Faktoren, die den Wissensaustausch fördern, gehen von der Theorie des Sozialkapitals aus.[258] Das Sozialkapital ergibt sich vor allem aus den Beziehungen zwischen den Or- 185

---

[252] KIM/LEE (2006); RIEGE (2005).
[253] RIEGE (2005), S. 30.
[254] Informations- und Kommunikationstechnologiesystem.
[255] MACKOR (2012), S. 617.
[256] WANG/NOE (2010).
[257] WANG/NOE (2010).
[258] CABRERA/CABRERA (2005); HUYSMAN/DE WIT (2004).

ganisationsmitgliedern.[259] Es ist zu erwarten, dass das soziale Netz zwischen Individuen (strukturelles Sozialkapital), die gemeinsamen Ziele von Individuen (kognitives Sozialkapital) und das soziale Vertrauen zwischen Individuen (relationales Sozialkapital) sich positiv auf das Wissensaustauschverhalten auswirken.[260] In dieser Studie wurde die Wirkung dieser drei Variablen auf das Wissensaustauschverhalten von Richterinnen und Richtern untersucht.

186   Was die vierte Kategorie von Förderfaktoren anbelangt, haben verschiedene Studien gezeigt, dass intrinsische und extrinsische Motivationsfaktoren das Verhalten am Arbeitsplatz, unter anderem auch das Wissensaustauschverhalten, beeinflussen.[261] Ein interessanter Faktor ist in diesem Kontext das berufliche Image. «Wissen ist Macht» – das Sprichwort, das oft herangezogen wird, um das absichtliche Horten von Wissen durch Organisationsmitglieder zu erklären – ist im gerichtlichen Kontext vermutlich weniger relevant. Denn Richterinnen und Richter arbeiten eher in einer kooperativen als einer kompetitiven Weise. Es ist zu erwarten, dass Richterinnen und Richter, die Wissen austauschen, weil ihnen dies ihrer Ansicht nach zu einem besseren beruflichen Image verhilft, eher geneigt sind, untereinander einen Wissensaustausch zu pflegen.[262] Erwartet wurde, dass die Aussage «Wissensaustausch ist Macht» in diesem Kontext eher zutrifft.

---

[259] KUNITZ (2004).
[260] CHOW/CHAN (2008).
[261] LIN (2007); LU (1999).
[262] GOTTSCHALK (2007).

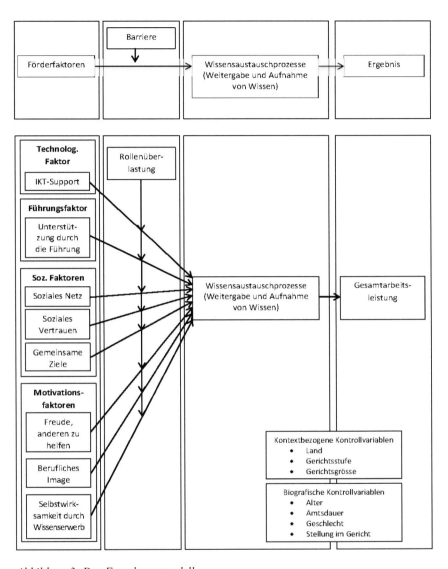

Abbildung 3: Das Forschungsmodell

187   Rollenüberlastung, ein häufiger Stressfaktor am Arbeitsplatz, wird in diesem Forschungsmodell als Barriere für den Wissensaustausch einbezogen. Miles und Perreault (1976) definieren Rollenüberlastung als Situation, in der eine Person in der hierfür verfügbaren Zeit zu viel Arbeit erledigen muss.[263] Überall auf der Welt und unabhängig von der Rechtstradition stehen Justizbehörden vor der Herausforderung, eine Balance zu finden zwischen Zielsetzungen, die auf Kosteneffizienz ausgerichtet sind (Budgetsenkungen), Produktivitätsanforderungen («verzögerte Rechtsprechung ist Rechtsverweigerung») und der für hochwertige Entscheidungen erforderlichen Sorgfalt. Mit dem damit verbundenen Druck auf die einzelnen Richterinnen und Richter kann dies zu ihrer Überlastung führen, weil sie sich bemühen, alle ihre Aufgaben gut zu erfüllen und gleichzeitig den organisatorischen Anforderungen gerecht zu werden. In früheren Studien über Wissensaustausch wirkte sich die begrenzte verfügbare Zeit negativ auf das Pflegen von Wissensaustausch aus.[264] In dieser Studie wurde untersucht, ob Rollenüberlastung das Verhältnis zwischen den oben erörterten Förderfaktoren und dem Wissensaustauschverhalten der Richterinnen und Richter beeinträchtigt.

188   Als Ergebnis des Wissensaustauschs wird die Gesamtarbeitsleistung gewählt. Bei früheren Studien zum Wissensaustausch lag der Schwerpunkt hauptsächlich auf den Ergebnissen für die Organisation (z.B. Wettbewerbsvorteile gegenüber anderen Firmen, Innovationsfähigkeit oder Verbesserungen der Dienstleistungen). Über das Verhältnis zwischen dem Wissensaustauschverhalten und den individuellen Leistungen der Organisationsmitglieder ist wenig bekannt.[265] In dieser Studie lag der Fokus auf der Gesamtarbeitsleistung der Richterinnen und Richter in ihrer eigenen Einschätzung. Es galt herauszufinden, ob ein intensiver Wissensaustausch mit einer besseren Gesamtarbeitsleistung einhergeht.

---

[263] MILES/PERREAULT (1976).
[264] SEBA/ROWLEY/DELBRIDGE (2012); SIEMSEN/ROTH/BALASUBRAMANIAN (2008).
[265] VAN WOERKOM/SANDERS (2010).

5.2.2.5 Datenerhebung

In der ersten Hälfte 2014 wurde eine webbasierte Befragung   189
durchgeführt, um die erforderlichen Daten zu erheben. Bestehende
Skalen, die sich in früheren Studien als zuverlässig erwiesen hatten,
wurden verwendet, um die im Forschungsmodell einbezogenen Variablen zu messen. Die Skalen wurden nur leicht verändert, um sie besser an den Gerichtskontext anzupassen. Es wurde ein Ask-the-Same-
Question-Ansatz gewählt, um von den Richterinnen und Richtern in
der Schweiz, in Deutschland und den Niederlanden vergleichbare
Daten zu erhalten.[266] Die Rücklaufquoten der Befragungen ausgewählter Verwaltungsgerichte betrugen 39 Prozent in der Schweiz (92 von
236 Richterinnen und Richter), 30 Prozent in Deutschland (235 von
781 Richterinnen und Richter) und 37 Prozent in den Niederlanden
(120 von 324 Richterinnen und Richtern).

5.3 Würdigung

5.3.1 Ergebnisse und Folgerungen für das Justiz-
management

5.3.1.1 Qualitätsmanagement und institutionelle Inter-
aktion

Hervorzuheben sind drei wesentliche Ergebnisse dieser qua-   190
litativen Studie, welche die auf einer früheren Studie beruhenden Hy-
pothesen bestätigen.[267]

Das erste Ergebnis besteht darin, dass die Richterinnen und Richter   191
sowie die Gerichte daran interessiert sind, die Qualität ihrer Arbeit zu
verbessern. Wie die in allen drei Ländern durchgeführten Interviews
zeigen, haben Richterinnen und Richter ein grosses berufliches Interesse an der juristischen Qualität ihrer Arbeit ebenso wie an der Quali-

---

[266] HARKNESS (2008).
[267] LANGBROEK (2010).

tät ihrer Verhandlungsführung, ihres Umgangs mit den Parteien, ihres Verhaltens gegenüber Anwältinnen bzw. Anwälten und Gutachterinnen bzw. Gutachtern sowie anderer Aspekte, die für ihre Arbeit relevant sind. Hinsichtlich der Messung dieser Qualität üben die zentralen Gerichtsverwaltungen in diesen Staaten weise Zurückhaltung. Vielmehr wird auf die Professionalität der Richterinnen und Richter vertraut und sollen geeignete Rahmenbedingungen geschaffen werden, in denen sich ihr berufliches Verhalten soweit erforderlich verändern kann.

192   Das zweite Ergebnis ist, dass die Entwicklung und Anwendung von Total-Quality-Management-Standards in einem Justizsystem oder einer Gerichtsverwaltung aus Sicht der Organisationsentwicklung zu scheitern droht, weil sich dies nicht vereinbaren lässt mit dem tief verwurzelten Gefühl der beruflichen Autonomie, die nach Ansicht der Richterinnen und Richter mit der richterlichen Unabhängigkeit verknüpft ist. Dass Richterinnen und Richter die von einem fernen Justizrat oder einem Justizministerium festgelegten Standards als ihre eigenen anerkennen, ist kaum wahrscheinlich. Das heisst jedoch nicht, dass die Zusammenarbeit zwischen einem Ministerium und den Gerichten nicht wünschenswert wäre.

193   Messungen der Leistungsfähigkeit der Justiz können nicht gelingen, wenn damit auch nur im Entferntesten versucht wird, die inhaltliche Qualität der richterlichen Arbeit zu beeinflussen. «Weiche» Ansätze, bei denen die Richterinnen und Richter angeregt werden, Verantwortung für die Qualität ihrer Arbeit zu übernehmen, sind weitaus erfolgversprechender. Solche Ansätze können auch als Teil der laufenden Qualitätsentwicklung angesehen werden, die sich auf viele Aspekte der gerichtlichen Arbeit bezieht und Richterinnen bzw. Richter und Gerichtsschreibende gleichermassen betrifft. Zu nennen sind etwa die Integrität und Unparteilichkeit, die juristische Qualität, die Verhandlungsführung, die Produktivität oder der Umgang mit den sozialen Medien.

194   Drittens besteht ein Spannungsverhältnis zwischen beruflicher, Management- und politischer Rationalität.[268] Eine Erkenntnis dieser Studie ist vorliegend jedoch, dass diese Spannungen sich überwinden

---

[268]   Siehe auch Ziffer 6.2.1 sowie EICHER/SCHEDLER (2012b).

lassen, wenn die berufliche Autonomie der Richterinnen und Richter von den Gerichtsverwaltungen und der Politik offenkundig respektiert wird. Dies bedeutet, dass es kontraproduktiv ist, wenn andere Stellen als die Justizbehörden selbst die Leistung der Justiz messen. Die Richterinnen und Richter anzuregen und ihnen zu vertrauen, dass sie für die Qualität ihrer Arbeit Verantwortung übernehmen, ist vermutlich deutlich erfolgsversprechender und ist weitaus wirksamer.

5.3.1.2 Wissensaustausch als Aspekt von Qualitätsarbeit

Die Ergebnisse der Studie deuten darauf hin, dass Verwaltungsrichterinnen und Verwaltungsrichter aktiv Wissensaustausch betreiben. Ein Gruppenvergleich zwischen den drei Ländern ergab, dass dies für Richterinnen und Richter in der Schweiz, in Deutschland und den Niederlanden gilt. Beim Vergleich zwischen diesen Ländern erzielten die Antwortenden auch bei den anderen im Forschungsmodell verwendeten Variablen ähnliche Ergebnisse. Eine multiple Regressionsanalyse zeigte, dass Abweichungen beim Wissensaustausch vorwiegend auf die sozialen Faktoren und die Motivationsfaktoren zurückzuführen sind. *Von allen Faktoren, die den Wissensaustausch fördern, waren das soziale Vertrauen und das soziale Netz die am deutlichsten hervortretenden Prädikatoren für Wissensaustausch.* IKT-Support, Unterstützung durch die Führung und das berufliche Image verloren an Vorhersagekraft, wenn andere Variablen in die Regressionsanalyse einbezogen wurden. Trotz geringfügiger Unterschiede zwischen den drei Ländern (und zwischen den Gruppen der erstinstanzlichen und der höherinstanzlichen Richterinnen und Richter) ergab sich ein offenbar ähnliches Gesamtbild. [195]

Ein weiterer wichtiger Befund ist das Fehlen von Zweiweg-Interaktionswirkungen zwischen Rollenüberlastung und den meisten Förderfaktoren. In den meisten Fällen führte Rollenüberlastung nicht zu einer Beeinträchtigung der Beziehung zwischen dem Förderfaktor und dem Wissensaustauschverhalten. Eine Ausnahme bildet hier die Selbstwirksamkeit durch Wissenserwerb. In diesem Fall liess sich eine (schwach) signifikante Interaktionswirkung feststellen. [196]

Zudem weisen die Ergebnisse darauf hin, dass das Ausmass des Wissensaustauschs keinen Einfluss auf die (selbst beurteilte) Gesamt- [197]

arbeitsleistung der Richterinnen und Richter hat. Dagegen zeigte sich eine signifikante Abhängigkeit der Gesamtarbeitsleistung von der Stellung im Gericht, d.h. ob eine Richterin oder ein Richter am Gericht Führungsaufgaben wahrnimmt oder nicht.

198   Aus theoretischer Sicht führen die Ergebnisse zum Schluss, dass die sozialen Faktoren die herausragenden Prädikatoren für Wissensaustausch sind. Dagegen steht der Führungsfaktor, d.h. die Unterstützung durch die Führung, in keiner signifikanten Beziehung zum Wissensaustausch. Dies deutet darauf hin, dass die sozialen Förderfaktoren im Gerichtskontext weitaus relevanter sind als die Unterstützung durch die Führung, die sich in anderen Kontexten als für den Wissensaustausch relevanter Faktor erwiesen hat. Unter den sozialen Faktoren tritt das soziale Vertrauen am deutlichsten hervor.[269] Die Ergebnisse weisen darauf hin, dass Vertrauen zueinander wichtiger ist als die Überzeugung, dass die Beteiligung am Wissensaustausch dem eigenen beruflichen Image förderlich ist.

199   Praktisch gesehen liefern die Ergebnisse dieser Studie einen ersten Anhaltspunkt dafür, wie Gerichtsorganisationen künftig den kollegialen Wissensaustausch erleichtern und anregen können. Aus den Ergebnissen geht klar hervor, dass IKT-Support mit Wissensaustausch nicht signifikant verbunden ist. Daher ist die positive Beurteilung von Wissensmanagementsystemen wie Wikis oder Intranets neu zu überdenken.[270] Aufgrund dieser Feststellungen wird vorgeschlagen, dass das Entwickeln ausgereifterer IKT-Systeme bei der Förderung des Wissensaustauschs in Gerichtsorganisationen nicht vorrangig sein sollte. Laut McDermott (1999) können vorhandene IKT-Systeme den Wissensaustausch lediglich erleichtern, aber nicht die Menschen dazu bewegen, tatsächlich einen Wissensaustausch zu pflegen.[271] Stattdessen sollten zuerst die sozialen Aspekte des Wissensaustauschs angegangen werden.

---

[269] ABRAMS/CROSS/LESSER/LEVIN (2003)
[270] CASANOVAS et al. (2005).
[271] MCDERMOTT (1999).

5.3.2 Weiterer Forschungsbedarf

Im Bereich des Qualitätsmanagements für Richterinnen und   200
Richter sollte sich die künftige Forschung auf quantitative Analysen
konzentrieren. Es muss verifiziert werden, ob die beim vorliegenden
qualitativen Ansatz beobachteten Trends tatsächlich bestehen. Weiter
muss vertieft werden, wie sich die Interaktionen zwischen Gerichtsleitung und Richterinnen bzw. Richtern entwickeln. Dabei ist auch zu
untersuchen, inwieweit die Messung des Outputs tatsächlich Auswirkungen auf die inhaltliche Qualität der richterlichen Arbeit hat. Diese
Untersuchung könnte eine abschliessende Antwort auf die Frage geben, inwieweit Managementansätze, welche auf die Arbeit der Richterinnen und Richter ausgerichtet sind, die Qualität ihrer Leistungen
beeinflussen können.

Ein anderer Schwerpunkt dieser Studie lag auf der Frage, was   201
Richterinnen und Richter brauchen, um ihr Wissen und ihre Erfahrungen, mit Blick auf die inhaltliche Qualität ihrer Arbeit, mit Kolleginnen
nen und Kollegen auszutauschen. Sie lässt sich so beantworten, dass
Kollegialität – die Richterinnen bzw. Richter kennen sich – eine notwendige Voraussetzung für Wissensaustausch ist. Der «weiche» Ansatz zur Verbesserung der Arbeitsqualität von Richterinnen und Richtern erfordert auch ein kollegiales Zusammenarbeiten. Die Studie geht
davon aus, dass dieser Ansatz wirksamer ist als ein Managementansatz zur Verbesserung der Qualität. Als nächstes ist eine Studie zu
konzipieren, in der die Wirksamkeit von Managementansätzen und
«weichen» Ansätzen zur Verbesserung der Qualität verglichen wird.
Führt eine Aufforderung an Berufsrichterinnen und Berufsrichter, sich
an Prozessen zur Verbesserung der Qualität ihrer Arbeit zu beteiligen,
und ihre anschliessende Projekttätigkeit tatsächlich zu einer Verbesserung der Arbeitsqualität? Führt kollegialer Wissensaustausch tatsächlich in ähnlichen Fällen zu einer einheitlicheren Rechtsprechung durch
verschiedene Richterinnen und Richter?

6   Organisation (Teilprojekt 4)

6.1   Einleitung

Angela Eicher, Anna Rüefli, Kuno Schedler, Benjamin Schindler

Das Forschungsvorhaben des Teilprojekts 4 befasste sich mit der Organisation sowie der Führung von Schweizer Gerichten. Gerichte sind typischerweise Organisationen, welche nach einer mono-disziplinären – nämlich rechtlichen bzw. juristischen – Rationalität geführt und organisiert werden. Gerichtsorganisation wird in erster Linie als organisationsrechtliches Problem verstanden. Die Gerichtsleitung und -verwaltung – der Begriff Gerichtsmanagement wird traditionell vermieden – folgt meist juristischen Denk- und Verhaltensmustern. Die monorationale Organisation und Führung von Gerichten stösst in verschiedener Hinsicht an Grenzen. So steigt von gesellschaftlicher, medialer und politischer Seite der Druck, dass Gerichte auch nach betriebswirtschaftlichen Gesichtspunkten organisiert und geführt werden, so etwa mit Blick auf mehr Effizienz. Aber auch die Kerntätigkeit der Gerichte – die richterliche Entscheidfindung – ist auf Einbezug nicht-juristischen Sachverstands angewiesen, so bei komplexen Entscheidungen in Zivilsachen (z.B. Kindes- und Erwachsenenschutz, Patentrecht oder Handelsrecht), im Verwaltungsrecht (z.B. Energierecht, Baurecht, Umweltrecht) sowie im Strafrecht (z.B. Jugendstrafrecht). Die Qualität gerichtlicher Urteile bemisst sich in diesen Fällen nicht alleine nach ihrer Rechtmässigkeit, sondern auch nach der interdisziplinären Richtigkeit der Entscheidung. [202]

Der Schwerpunkt von Teilprojekt 4 lag somit auf der Untersuchung der Frage, wie sich das Spannungsfeld multipler Rationalitäten auf Gerichtsorganisation und Gerichtsführung auswirkt. Im Sinne einer Bestandsaufnahme des status quo wurde einerseits danach gefragt, inwiefern sich dieses Spannungsfeld heute bemerkbar macht und wie mit diesem Spannungsfeld auf Ebene Gerichtsorganisation und Gerichtsführung umgegangen wird. Andererseits war es das Ziel des Forschungsprojekts, im Sinne einer normativen Aussage Handlungsempfehlungen für den Umgang mit multiplen Rationalitäten zu entwickeln. Das Schwergewicht der betriebswirtschaftlich ausgerich- [203]

teten Arbeit[272] lag auf der internen Organisation und Führung der Gerichte. Dabei wurde aus organisationstheoretischer Sicht beleuchtet, inwiefern unterschiedliche Rationalitäten Einfluss auf das Management eines Gerichts haben können. Im Zentrum der zweiten Arbeit stand hingegen die richterliche Entscheidfindung selber und die Frage der gerichtsorganisatorischen Einbindung von Fachrichterinnen und Fachrichtern.[273]

6.2   Forschungsarbeiten

6.2.1   Gerichte im Spannungsverhältnis multipler Rationalitäten

Angela Eicher

6.2.1.1 Ausgangslage und Zielsetzung

204   Seit einiger Zeit sieht sich die Schweizer Justiz im Allgemeinen und Schweizer Gerichte im Besonderen aufgrund eines immer dynamischeren Umfelds mit veränderten Ansprüchen sowie teils heterogenen Erwartungen unterschiedlicher Akteurinnen und Akteure konfrontiert. Neben gestiegenen prozeduralen Anforderungen, einer tendenziellen Komplexitätszunahme der zu erledigenden Fälle sowie steigenden Fallzahlen in gewissen Rechtsgebieten[274], haben die unter dem Stichwort *wirkungsorientierte Verwaltungsführung (WoV)*[275] zahlreich durchgeführten Verwaltungsmodernisierungen auf eidgenössischer, kantonaler und kommunaler Ebene dazu geführt, dass sich auch Gerichte mit gestiegenen Effizienzanforderungen und einem zunehmendem Spardruck auseinanderzusetzen haben, wobei einige kantonale Gerichte, wie beispielsweise diejenigen im Kanton Zürich

---

[272] Siehe nachfolgend Ziffer 6.2.1.
[273] Siehe nachfolgend Ziffer 6.2.2.
[274] LIENHARD (2005), S. 461 f.
[275] SCHEDLER/PROELLER (2011), S. 5.

bereits einer wirkungsorientierten Steuerung unterliegen.[276] Nicht nur die Politik, sondern auch wirtschaftliche Akteurinnen und Akteure, Interessensverbände, die Medien sowie die Öffentlichkeit treten dabei mit bestimmten – teils widersprüchlichen – Ansprüchen an die Gerichte heran.

Parallel zu diesen gestiegenen externen Erwartungen an die Tätig- 205
keit der Schweizer Gerichte hat nicht zuletzt auch die Entwicklung der neuen Medien sowie die damit einhergehende veränderte mediale Berichterstattung die Arbeit der Gerichte vermehrt in den Fokus der Öffentlichkeit gerückt.[277] Die Richterschaft, aber auch die jeweiligen Gerichtsleitungen sehen sich infolgedessen bisweilen einem veränderten Arbeitsumfeld ausgesetzt, in dem sich unterschiedliche Erwartungshaltungen finden, die aufgrund ihrer Heterogenität schwerlich alle gleichzeitig erfüllt werden können. Trotz ihrer Unabhängigkeit unterliegen die Gerichte hinsichtlich ihrer Organisation und Führung somit zunehmend einem externen Legitimationsdruck.[278]

Als Folge dieser veränderten Rahmenbedingungen und mit dem 206
Ziel, den veränderten Ansprüchen besser Rechnung tragen zu können, sahen sich sowohl Bund, als auch einzelne Kantone zu umfassenden Justizreformen veranlasst. Zeitgleich zu diesen politisch initiierten Justizreformen sahen sich einzelne kantonale Gerichte auch selbst dazu veranlasst, im Rahmen ihrer Möglichkeiten gewisse organisationale Strukturadaptionen vorzunehmen[279], die auch deshalb notwendig wurden, weil aufgrund der veränderten Anforderungen neue Funktionen (z.B. EDV-oder Medienverantwortliche) innerhalb der Gerichte entstanden sind, die oftmals nicht-juristisches Expertenwissen erfordern.[280] Generell lässt sich sagen, dass das veränderte Arbeitsumfeld und die gestiegenen Anforderungen an Gerichte sowie die damit einhergehende Entstehung neuer Funktionen zu einer vermehrten Involvierung von nicht-juristischem Expertenwissen geführt hat, wodurch Gerichte pluralistischer werden und im Hinblick auf organisationsin-

---

[276] KETTIGER (2003), S. 22; LIENHARD/KETTIGER/WINKLER (2013), S. 18, 37.
[277] KIESER (2013), S. 6 ff.
[278] EICHER/SCHEDLER (2012b), S. 22.
[279] KETTIGER (2003), S. 21 ff.; WIPFLI (2007), S. 116.
[280] HEYDEBRAND/SERON (1990), S. 1; CEPEJ (2012), S. 164.

terne Prozesse neben der juristischen Denkweise andere Rationalitäten an Relevanz gewonnen haben. Dies kann bei organisationalen Entscheidungen zu gewissen Schwierigkeiten führen, denn ähnlich den unterschiedlichen externen Erwartungen an die Tätigkeit der Gerichte, lassen sich teilweise auch gerichtsintern unterschiedliche Auffassungen über organisations- und führungsrelevante Fragestellungen lokalisieren. So können die Ansichten darüber, welche organisationalen Aufgabe von der Gerichtsleitung und welche von der Richterschaft selbst wahrgenommen werden sollen, entsprechend den Logiken der einzelnen Akteurinnen und Akteure stark variieren.[281]

207 Gerichte sehen sich somit mit einer doppelten Führungsherausforderung konfrontiert: Einerseits führen gestiegene Erwartungen an ihre Organisation sowie ihr Funktionieren zu einem gewissen Legitimationsdruck, andererseits haben sie spätestens seit der Entstehung neuer Funktionen innerhalb des Gerichtswesens auch mit divergierenden internen Ansichten bezüglich der Ausgestaltung organisationaler Prozesse auseinanderzusetzen.

208 In der neo-institutionellen Literatur wird dieses Phänomen des Vorhandenseins unterschiedlicher und konträrer Erwartungen an eine Organisation als *institutionelle Komplexität* bezeichnet[282]. Zentrale Annahme ist dabei, dass diese Erwartungshaltungen an spezifische institutionelle Logiken gekoppelt sind, die ihrerseits auf unterschiedlichen Praktiken, Annahmen, Werten, Glaubenssätzen und Regeln basieren[283] und auch in der Sprache der Akteurinnen und Akteure zum Ausdruck gelangen können.[284] Je nach Logik, so die Annahme, werden andere Entscheidungs- und Handlungsstrategien als rational und damit erstrebenswert erachtet.

209 Die Tatsache, dass sich sowohl die organisationsexternen, wie auch -internen Erwartungen hinsichtlich führungs- und organisationsrelevanter Fragestellungen teilweise widersprechen, da sie einer anderen Rationalität folgen, macht es für eine Organisation und insbesondere das Management unmöglich, allen Erwartungen gleichzeitig gerecht

---

[281] EICHER/SCHEDLER (2012b); EICHER/SCHEDLER (2014).
[282] GREENWOOD/RAYNARD/KODEIH/MICELOTTA/LOUNSBURY (2011), S. 318.
[283] THORNTON/OCASIO (1999), S. 804.
[284] SCHEDLER/RÜEGG-STÜRM (2013), S. 36.

zu werden, was zu einer Priorisierung ebendieser führt[285]. Dabei kann davon ausgegangen werden, dass die Priorisierung je nach legitimatorischer Relevanz der jeweiligen Erwartungen und damit entsprechend dem Einfluss der einzelnen Anspruchsgruppen erfolgt[286].

Nach welchen Kriterien diese Priorisierung im gerichtlichen Kontext vorgenommen wird und mit welchen internen und externen Erwartungen sich die Schweizer Gerichte zu befassen haben, ist Gegenstand des vorliegenden Forschungsprojekts. Konkret werden dabei folgende drei Zielsetzungen verfolgt: *Erstens soll eruiert werden, welche konkreten Erwartungen und damit welche Logiken hinsichtlich der Führung und Organisation von Gerichten existieren und relevant sind.* Zweitens geht es darum zu ermitteln, *inwiefern die Co-Existenz dieser Logiken die einzelnen Gerichtsakteurinnen und -akteure sowie die Gerichtsleitung bei der Ausübung ihrer Arbeit tangieren.* Zuletzt sollen *Handlungsstrategien identifiziert werden, welche zur Bewältigung dieser Herausforderungen Anwendung finden.* Nachfolgende Ausführungen werden sich dabei mehrheitlich mit der letzten Fragestellung befassen. $\quad$ 210

Da der Stand der Forschung zum Thema Justizmanagement in der Schweiz am Anfang steht und sich in der Literatur überdies bislang nur wenig Anhaltspunkte darüber finden, wie Gerichte mit multiplen Erwartungen und Rationalitäten umgehen, basiert das Forschungsprojekt auf einer induktiv-explorativen Fallstudie[287], bei der es sich um ein erstinstanzliches Gericht handelt. Vor Beginn der Fallstudie wurden zusätzlich neun sog. narrative Interviews mit Richterinnen und Richtern sowie Gerichtsleitungsmitgliedern von Gerichten erster, zweiter und dritter Instanz durchgeführt. Dadurch sollte sichergestellt werden, dass sich die beschriebene Grundthematik im Alltag der Gerichtsakteurinnen und -akteure auch tatsächlich bemerkbar macht und somit relevant für die gegenwärtige Organisation und Führung der Schweizer Gerichte ist. Im Anschluss daran wurde mit der Gerichtsleitung des untersuchten Gerichts eine Diskussion zur weiteren Eingrenzung des Untersuchungsgegenstandes geführt. Die eigentliche $\quad$ 211

---

[285] GREENWOOD et al. (2011), S. 318.
[286] GREENWOOD et al. (2011), S. 344.
[287] YIN (2009), S. 52.

Fallstudie basiert auf 39 semi-strukturierten Interviews mit Mitgliedern des besagten Gerichts, wobei neben den juristischen Gerichtsmitarbeitenden auch nicht-juristische Gerichtsakteurinnen und -akteure (Fachexpertinnen und -experten & kaufmännische Mitarbeitende) sowie sämtliche Mitglieder der Gerichtsleitung befragt wurden. Darüber hinaus war es möglich, an insgesamt drei internen Meetings, darunter eine Plenarversammlung teilzunehmen, was es erlaubt hat, ein tieferes Verständnis der Funktionsweise des untersuchten Gerichtes zu gewinnen.[288] Um ein ganzheitlicheres Bild zu erlangen, sowie zur Kontextualisierung der gewonnenen Daten wurden ergänzend sieben Interviews mit Vertreterinnen und Vertretern des zweitinstanzlichen Gerichts geführt.

212   Zur Datenauswertung wurde das Verfahren der Grounded Theory nach Strauss und Corbin (1994) gewählt. Diese Methode zielt darauf ab, basierend auf dem empirischen Material eine Theorie zu generieren, welche in der Lage ist, Antworten auf die zentralen Forschungsfragen zu liefern.[289]

6.2.1.2 Divergierende Logiken im Bereich des Gerichtsmanagements

213   Ausgehend von den empirischen Daten liessen sich gerichtsintern entsprechend den unterschiedlichen Funktionen insgesamt drei zentrale Rationalitäten identifizieren: eine juristische Rationalität, eine Management Rationalität sowie eine kaufmännisch-bürokratische Rationalität, die sich mit Blick auf die angewendeten Praktiken, Werte, Annahmen, Ansichten und Regeln teilweise relativ stark voneinander unterscheiden.[290]

214   Die juristische Rationalität zeichnet sich im Unterschied zur Sicht des Managements tendenziell durch einen relativ kurzfristigen Betrachtungshorizont aus, was darauf zurückgeführt werden kann, dass sich der Arbeitsrhythmus der Richterinnen und Richter sehr fallorientiert gestaltet. Die angewandten Praktiken zielen in der Regel darauf

---

[288] RICHARDS/MORSE (2013), S. 129.
[289] STRAUSS/CORBIN (1994), S. 273.
[290] EICHER/SCHEDLER (2014), S. 8 ff.

ab, Unsicherheiten im Arbeitsalltag zu minimieren, z.B. durch die Schaffung klarer Strukturen und detaillierter Zuständigkeiten. Die Veränderungsbereitschaft ist bei der Richterschaft im Gegensatz zur Gerichtsleitung in der Tendenz geringer, woraus sich schliessen lässt, dass Konstanz und Stabilität zentrale Arbeitsvoraussetzungen für die Richterschaft darstellen. Professionalität und Loyalität stellen im Weiteren die zentralen Werte der juristischen Rationalität dar. Die handlungsleitende Maxime, welche der juristischen Rationalität zugrunde liegt, ist diejenige des Primats des Rechts. Interessant ist dabei zu beobachten, dass diese Handlungsmaxime selbst dann zum Tragen kommt, wenn es um Entscheidungen geht, die nicht den Bereich der Rechtsprechung tangieren, sondern Aspekte der Gerichtsorganisation und -verwaltung betreffen. Dies wurde auf die speziellen Entscheidungsmechanismen von Gerichten zurückgeführt, die sich diametral von denjenigen der klassischen Verwaltung sowie der Privatwirtschaft unterscheiden. Während in klassischen Verwaltungseinheiten oder privatwirtschaftlichen Unternehmen das Management massgeblich für Führungsentscheide zuständig ist, zeigt sich für die Situation der Gerichte u.a. aufgrund der richterlichen Unabhängigkeit ein anderes Bild. So fällt die Führung des Gerichts nicht in die alleinige Kompetenz der Gerichtsleitung, sondern ist in letzter Instanz Aufgabe des gesamten Plenums und folgt damit einem basis-demokratischen Entscheidungsmechanismus.

Abgesehen von einem anderen Betrachtungshorizont sowie einer 215 unterschiedlichen Veränderungsbereitschaft unterscheidet sich die Management Rationalität auch bezüglich handlungsleitender Werte von der juristischen Rationalität. Obschon auch die Management Rationalität einem hohen Professionalitäts- und Loyalitätsanspruch unterliegt, scheinen die treibenden Werte diejenigen der Effizienz und Effektivität zu sein.

Im Gegensatz zur Management Rationalität unterscheidet sich die 216 kaufmännisch-bürokratische Rationalität weniger fundamental von derjenigen der juristischen Rationalität. Wie die Untersuchung gezeigt hat, scheinen kaufmännische Mitarbeitende sich mit zunehmender Dauer ihrer Anstellung immer mehr der juristischen Rationalität anzupassen, was sich z.B. darin äussert, dass sie mittels eigens erstellter Wörterbücher die juristische Sprache erlernen. Des Weiteren liessen sich in den Daten teilweise auch ähnliche Argumentationsmuster erkennen, wobei dies insbesondere für jene kaufmännischen Mitarbeitenden zuzutreffen scheint, die in einer Abteilung tätig sind und damit quasi abteilungsspezifisch sozialisiert werden.

217 Eine Besonderheit der kaufmännisch-bürokratischen Rationalität ist das prozedurale Denken, was damit zusammenhängen mag, dass kaufmännische Mitarbeitende in der Regel für die Abwicklung zahlreicher administrativer Prozesse verantwortlich sind und somit aufgrund ihrer Funktion wiederum einen anderen Betrachtungsfokus haben. Die Art der Tätigkeit und damit die Funktion der Mitarbeitenden scheint demnach einen hohen Einfluss darauf zu haben, welcher Rationalität sie folgen[291]. Schwieriger wird es, wenn eine Person mehrere Funktionen gleichzeitig zu erfüllen hat und je nach einzunehmender Rolle eine andere Verhaltens- und Entscheidungsweise als rational und damit logisch erachtet wird. Da an unterschiedliche Funktionen auch immer andere Erwartungen geknüpft sind, können sogenannte Funktionsdilemmas entstehen, welche für die betroffenen Personen teilweise nur schwer zu handhaben sind. Institutionelle Komplexität scheint somit nicht nur auf Stufe Organisation zu existieren, sondern sich auch auf der Stufe des Individuums in Form von Funktionsdilemmas zu manifestieren.

6.2.1.3 Formen institutioneller Komplexität und Handlungsstrategien

218 Im Hinblick auf die Frage, worin die unterschiedlichen Erwartungen, welche an Gerichte gestellt werden, genau zum Ausdruck gelangen, lassen sich, basierend auf der Analysematrix von Besharaov und Smith (2014)[292] vier unterschiedliche Formen der institutionellen Komplexität identifizieren[293]. Besharov und Smith's (2014) Matrix erlaubt es, die Heterogenität sowie die Art und Weise, wie sich Rationalitäten in Organisationen manifestieren, entlang zweier Dimensionen zu typisieren. Auf der Y-Achse ist abgebildet, inwiefern unter-

---

[291] Vgl. BERGER/LUCKMANN (2004), S. 78-79.
[292] BESHAROV/SMITH (2014), S. 371.
[293] GREENWOOD et al. (2011), S. 319.

schiedliche Rationalitäten simultan relevant für das Funktionieren einer Organisation sind. Die X-Achse stellt dagegen dar, inwiefern die einzelnen Rationalitäten kompatibel sind.[294] Wie nachfolgende Abbildung zeigt, lassen sich im Aussen- und Innenverhältnis des untersuchten Gerichtes unterschiedliche Komplexitätsgrade feststellen. Nach aussen, d.h. in Kontakt mit gerichtsexternen Anspruchsgruppen scheinen die Heterogenität der relevanten Rationalitäten und damit die institutionelle Komplexität tendenziell höher zu sein als organisationsintern. Da mehrere Anspruchsgruppen vermeintlich legitime Erwartungen an die Funktionsweise des Gerichtes stellen, befindet sich diese Komplexitätsform relativ weit oben auf der Y-Achse – wo genau, lässt sich nicht sagen, da der Grad der Widersprüchlichkeit der Erwartungen relativ stark variiert und sich im konstanten Wandel befindet.[295] Nichtsdestotrotz ist festzuhalten, dass im Aussenverhältnis mit gewissen Erwartungsdifferenzen zu rechnen ist, die zu Konflikten führen können.

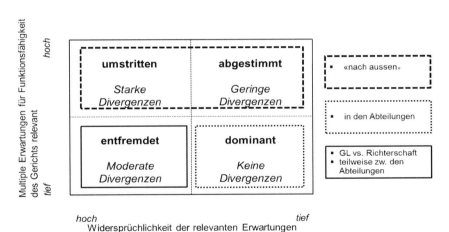

Abbildung 4: Komplexitätsgrade[296]

Im Innenverhältnis finden sich zwei unterschiedliche Komplexitätsgrade. Zwischen unterschiedlichen Funktionsträgerinnen- und   219

---

[294] BESHAROV/SMITH (2014), S. 366.
[295] GREENWOOD et al. (2011), S. 319.
[296] Darstellung gemäss dem Modell von BESHAROV/SMITH (2014), S. 371.

Funktionsträgern wie z.B. der Richterschaft sowie der Gerichtsleitung und teilweise auch zwischen den Abteilungen finden sich hinsichtlich organisationsrelevanter Aspekte moderate Differenzen. Was aus Sicht der Gerichtsleitung mit Blick auf das Gesamtgericht beispielsweise als logisch erscheint, muss nicht zwangsläufig deckungsgleich sein mit den Erwartungen, welche die Richterschaft an die Führung des Gerichts stellt. Dies kann dazu führen, dass führungsrelevante Entscheidungen von aussen betrachtet nicht immer unter aus Management Sicht rationalen Gesichtspunkten getroffen werden, sondern eher einer juristischen Entscheidungsrationalität folgen. Wenn es darum geht, Entscheide des Gesamtgerichts nach aussen zu vertreten, kann dies die Gerichtsleitung mitunter vor argumentative Herausforderungen stellen und gewisse organisationsinterne Friktionen auslösen.

220   In den einzelnen Abteilungen verfolgen sowohl die juristischen, als auch die kaufmännischen Mitarbeitenden ähnliche Ziele, wobei jede Abteilung einer eigenen Rationalität folgt. Neue Mitarbeitende werden gezielt ausgewählt und mit der Zeit entsprechend den Regeln und Werten der Abteilung sozialisiert. Dadurch wird sichergestellt, dass innerhalb einer Abteilung nur wenige Erwartungsdifferenzen entstehen und die Komplexität und damit auch das Konfliktpotenzial möglichst gering gehalten werden.[297]

221   Wie bereits erwähnt und in Übereinstimmung mit früheren Forschungsergebnissen[298] unterscheidet sich der Umgang mit den einzelnen Erwartungen je nach Grad der Komplexität. Erhalt und Ausbau der eigenen Autonomie und damit der Selbstverwaltungskapazitäten (z.B. eigene EDV-Abteilung) stellen das Hauptinstrument im Umgang mit den Erwartungen externer Anspruchsgruppen dar. Im Weiteren agieren insbesondere Mitglieder der Gerichtsleitung als sog. externe Boundary Spanner[299], indem sie zwischen den unterschiedlichen Erwartungen vermitteln und den einzelnen Anspruchsgruppen die Sichtweise des Gerichts näher bringen. Unterstützt werden sie von sog. Hybrid Professionals[300], welche mehrere Funktionen innehaben

---

[297] BESHAROV/SMITH (2014), S. 368.
[298] GREENWOOD et al. (2011), S. 319.
[299] LEIFER/DELBECQ (1978), S. 41.
[300] BLOMGREN/WAKS (2015).

und dadurch in der Lage sind, sich in unterschiedliche Rationalitäten hineinzuversetzen und v.a. im Rahmen informeller Settings vermittelnd aufzutreten.

Wie im Aussenverhältnis finden sich auch organisationsintern sog. 222 Boundary Spanners, welche zwischen unterschiedlichen Erwartungen und daran gekoppelten Rationalitäten informell übersetzen und vermitteln. Typischerweise handelt es sich dabei um Mitarbeitende, die an einer zentralen internen Schnittstelle arbeiten und damit in Kontakt mit unterschiedlichen Gerichtsmitarbeitenden kommen.

Eine weitere Massnahme, die v.a. dazu dient, die eigenen Anliegen 223 durchzubringen, ist das interne Lobbying. Ähnlich wie in der Politik versucht man durch die Bildung interner Allianzen Verbündete für seine Interessen zu finden.

Innerhalb der einzelnen Abteilung führt das Vorhandensein eines 224 gewissen Primats der juristischen Denkweise dazu, dass die Erwartungen der einzelnen Mitarbeitenden relativ deckungsgleich sind. Die Abteilung kann analog einer Familie betrachtet werden, deren Aufgabe u.a. darin besteht, externe Komplexität durch interne Homogenität zu absorbieren und zu kompensieren.

Je nach Intensität und Form der wahrgenommenen Komplexität 225 lassen sich somit unterschiedliche Strategien zur Handhabung der unterschiedlichen Erwartungen erkennen.

6.2.2 Fachrichterbeteiligung im Spannungsfeld verfassungsrechtlicher Zielkonflikte

Anna Rüefli

6.2.2.1 Zielsetzung und Fragestellung

Auch wenn die Fachrichterbeteiligung auf Bundesebene 226 heute ein Phänomen von eher untergeordneter Bedeutung darstellt[301]

---

[301] Bei der Schaffung des Bundesverwaltungsgerichts im Jahr 2007 verzichtete der Bundesgesetzgeber bewusst darauf, die an den Vorgängerinstitutionen des

und hinsichtlich ihrer Verbreitung und Ausgestaltung auch zwischen den Kantonen erhebliche Unterschiede bestehen,[302] ist die Mitwirkung von Fachrichterinnen und Fachrichtern an der Rechtsprechung in der schweizerischen Rechtstradition fest verankert.[303] Mit einer Fachrichterbeteiligung beabsichtigt der Gesetzgeber im Allgemeinen, die Sachkunde eines Gerichts in Bezug auf Tat- und Ermessensfragen zu erhöhen und dadurch die Abhängigkeit des gerichtlichen Spruchkörpers von externen Sachverständigen zu reduzieren. Vor dem Hintergrund dieser Zielsetzung stellt eine Fachrichterbeteiligung eine organisationsrechtliche Massnahme dar, um nichtjuristisches Fachwissen institutionell in die gerichtliche Entscheidfindung einzubinden und die interdisziplinäre Richtigkeit gerichtlicher Entscheidungen sicherzustellen. In Lehre und Praxis wird die Mitwirkung von Fachrichterinnen und Fachrichtern unterschiedlich beurteilt. Für die einen ist sie für die Wirksamkeit des gerichtlichen Rechtsschutzes von erheblicher Bedeutung.[304] Andere beanstanden demgegenüber, dass die institutionelle Einbindung nichtjuristischen Sachverstands mittels Fachrichterinnen und Fachrichter systematisch zulasten einer unabhängigen Justiz (oder zumindest auf Kosten des Anscheins einer unabhängigen Justiz) erfolge.[305] Diese beiden Auffassungen stellen keinen Wider-

---

Bundesverwaltungsgerichts verbreitete nebenamtliche Fachrichterbeteiligung fortzuführen. Vgl. Botschaft vom 28. Februar 2001 zur Totalrevision der Bundesrechtspflege, BBl 2001 4202, 4381, sowie BINDER (2014), Rz. 3 f. Zur gegenläufigen Tendenz im Bereich des Patentrechts vgl. die Fachrichterbeteiligung an dem im Jahr 2012 neu geschaffenen Bundespatentgericht. Vgl. namentlich Art. 8 ff. Bundesgesetz vom 20. März 2009 über das Bundespatentgericht (Patentgerichtsgesetz, PatGG; SR 173.41).

[302] In den grösseren, bevölkerungsstarken Kantonen scheint eine Beteiligung von Fachrichterinnen und Fachrichter tendenziell stärker verbreitet zu sein als in den kleineren, bevölkerungsschwachen Kantonen.

[303] So spricht auch das ehemalige Eidgenössische Versicherungsgericht im Urteil U 326/05 vom 26. Mai 2006 E. 1.6 (sowie in den gleichentags ergangenen Parallelfällen U 303/05 E. 4.4 und U 305/05 E. 5.3) von dem «in der schweizerischen Rechtstradition fest verankerten System der nebenamtlichen (Fach-) Richter».

[304] Vgl. z.B. SCHWEIZER (2014), St. Galler Kommentar, Vorbemerkungen zur Justizverfassung, Rz. 15, mit Blick auf die Fachrichterbeteiligung an den kantonalen (Spezial-)Verwaltungsgerichten.

[305] Vgl. STADELMANN (2009), S. 12, und SCHWANDER (2009), S. 110, mit Blick auf die Fachrichterbeteiligung an den kantonalen Handelsgerichten.

spruch dar. Vielmehr betonen sie zwei Seiten derselben Medaille: Aus einer Beteiligung nebenamtlicher Fachrichterinnen und Fachrichter an der Rechtsprechung resultiert zwangsläufig ein Spannungsverhältnis zwischen zwei grundlegenden (auch grundrechtlich abgesicherten) Verfassungsprinzipien: der Gewährleistung effektiven Rechtsschutzes einerseits und der Sicherstellung richterlicher Unabhängigkeit andererseits. Wie eine Fachrichterbeteiligung unter verfassungsrechtlichen Gesichtspunkten – namentlich unter dem Blickwinkel der Justiz- und Verfahrensgarantien – zu bewerten ist, stellt den Schwerpunkt der vorliegenden Untersuchung dar.

Ziel der vorliegenden Arbeit ist es nicht, die Mitwirkung von Fach-   227
richterinnen und Fachrichtern innerhalb eines bestimmten Gerichts-
zweigs (z.B. der Handelsgerichtsbarkeit), einer bestimmten innerstaatlichen Rechtsordnung (z.B. im Justizorganisationsrecht des Kantons
Bern) oder auf einem bestimmten Rechtsgebiet (z.B. im Zivil-, Straf-
oder Verwaltungsrecht) in allen organisations- und verfahrensrechtli-
chen Einzelheiten erschöpfend zu untersuchen. Vielmehr sollen einzelne ausgewählte – zur Hauptsache verfassungs- und organisationsrechtliche – Fragestellungen zur Fachrichterbeteiligung im Zentrum
dieser Arbeit stehen: *Was zeichnet eine Fachrichterbeteiligung aus?*
In welchem Verhältnis stehen die Fachrichterinnen und Fachrichter
zu anderen Justizakteurinnen und -akteuren? Welche Ziele werden mit
einer Fachrichterbeteiligung verfolgt? Welche Aufgaben nehmen
Fachrichterinnen und Fachrichter typischerweise wahr? Welche ver-
fassungsrechtlichen Zielkonflikte ergeben sich aus einer Fachrichter-
beteiligung? Wie geht das Justizorganisationsrecht mit diesen Ziel-
konflikten um? Unter welchen Voraussetzungen macht eine Fachrich-
terbeteiligung Sinn? Welche Folgerungen ergeben sich dadurch für
die Ausgestaltung der Justizorganisation? Die Bearbeitung dieser
Fragestellungen erfolgt zu weiten Teilen aus einer rechtsvergleichen-
den Betrachtung der Fachrichterbeteiligung an ausgewählten Gerichten von Bund und Kantonen. Das Studium und die rechtswissenschaftliche Auswertung der einschlägigen kantonalen und eidgenössischen
Erlasse, Materialien, Literatur und Judikatur bilden dabei die methodische Grundlage der vorliegenden Untersuchung.

6.2.2.2 Begriff der Fachrichterin und des Fachrichters

228   Die traditionell stark ausgeprägte Organisationsautonomie der Kantone im Bereich der Gerichtsorganisation hat zu einer vielfältigen und heterogenen Justizlandschaft geführt, welche sich nicht nur an Gerichtsbehörden unterschiedlicher Art und Stellung, sondern auch an Richterkategorien unterschiedlicher Funktion und Bezeichnung zeigt. Angesichts der föderalistisch aufgebauten Justizstrukturen erstaunt es nicht, dass der Fachrichterbegriff in der schweizerischen Rechtssprache nicht einheitlich verwendet wird. In einzelnen kantonalen Rechtsordnungen hat er Eingang in das kantonale Recht gefunden und weist eine eigenständige kantonalrechtliche Bedeutung auf.[306] In anderen Kantonen und im Bund entspricht die Bezeichnung «Fachrichterin» oder «Fachrichter» demgegenüber einer Schöpfung der Lehre ohne positivrechtliche Verankerung. Um der föderalistischen Vielfalt Rechnung zu tragen, wird der vorliegenden Untersuchung ein weites materielles Begriffsverständnis zugrunde gelegt. Dieses soll ermöglichen, die Fachrichterbeteiligung auch in denjenigen (innerstaatlichen) Rechtsordnungen zu erfassen, in welchen andere Funktionsbezeichnungen[307] Verwendung finden. Massgebendes materielles Kriterium für die Zugehörigkeit zur Fachrichterkategorie soll die den

---

[306] Vgl. § 61 Abs. 1 Bst. e Verfassung des Kantons Aargau vom 25. Juni 1980 (KV AG; SAR 110.000), Art. 72 Abs. 2 Verfassung des Kantons Schaffhausen vom 17. Juni 2002 (KV SH; SHR 101.000), Art. 20 Abs. 7 (Berner) Gesetz über die Organisation der Gerichtsbehörden und der Staatsanwaltschaft vom 11. Juni 2009 (GSOG BE; BSG 161.1), § 7 Abs. 1 (Luzerner) Gesetz über die Organisation der Gerichte und Behörden in Zivil-, Straf- und verwaltungsgerichtlichen Verfahren vom 10. Mai 2010 (Justizgesetz, JusG LU; SRL 260), Art. 16 Abs. 1 und Art. 17 Abs. 1 (St. Galler) Gerichtsgesetz vom 2. April 1987 (GG SG; sGS 941.1), Art. 9 Abs. 1 (Ausserrhoder) Besoldungsverordnung für die gerichtlichen Organe vom 13. September 2010 (Besoldungsverordnung AR; bGS 145.12).

[307] Vgl. z.B. § 38 Abs. 1 (Zürcher) Gesetz über die Gerichts- und Behördenorganisation im Zivil- und Strafprozess vom 10. Mai 2010 (GOG ZH; LS 211.1), der für die sachverständigen Mitglieder des Zürcher Handelsgerichts die Funktionsbezeichnung «Handelsrichterin» oder «Handelsrichter» verwendet, oder Art. 8 Abs. 1 Bundesgesetz vom 20. März 2009 über das Bundespatentgericht (Patentgerichtsgesetz, PatGG; SR 173.41), der die sachverständigen Mitglieder des Bundespatentgerichts als «Richterinnen und Richter mit technischer Ausbildung» bezeichnet.

Fachrichterinnen und Fachrichtern vom Gesetzgeber zugedachte Funktion im Gerichtsverfahren (*Bestellungsgrund*) sein. Fachrichterinnen und Fachrichter im Sinne dieser Untersuchung sind deshalb die an Gerichten von Bund und Kantonen tätigen *Richterinnen und Richter, die aufgrund eines besonderen Fachwissens nichtjuristischer Art in das Richteramt gewählt wurden, um als vollwertige Mitglieder des gerichtlichen Spruchkörpers an der Beurteilung von Streitigkeiten aus ihrem Fachbereich mitzuwirken.* Keine Rolle spielt aus Sicht dieses materiellen Begriffsverständnisses wie die Fachrichterinnen und Fachrichter in der jeweiligen Rechtsordnung bezeichnet werden. Auch lässt die gewählte Umschreibung offen, ob in der jeweiligen Rechtsordnung formelle Wählbarkeitsvoraussetzungen bestehen oder ob die sachverständigen Richterinnen und Richter im Haupt- oder im Nebenamt[308] tätig sind. Das materielle Begriffsverständnis schliesst insbesondere auch nicht aus, dass Fachrichterinnen und Fachrichter nebst besonderen nichtjuristischen Fachkenntnissen auch über eine juristische Ausbildung verfügen.

6.2.2.3 Ziele einer Fachrichterbeteiligung

In den Rechtsnormen, welche die Fachrichterbeteiligung regeln, werden Zweck und Funktion der fachrichterlichen Mitwirkung kaum je erläutert. Zur Beantwortung der Frage, weshalb nichtjuristischer Sachverstand institutionell in die gerichtliche Entscheidfindung eingebunden werden soll, muss deshalb schwergewichtig auf die Gesetzesmaterialien und die Literatur zurückgegriffen werden. Dabei ist es nicht möglich, die Fachrichterbeteiligung auf eine einzige Funktion zu reduzieren. Häufig werden mit einer Fachrichterbeteiligung gleichzeitig unterschiedliche Zielsetzungen verfolgt, wie etwa eine qualitative Verbesserung der Sachverhaltsfeststellung und -beurteilung, eine Erhöhung der Sachgerechtigkeit und Angemessenheit oder auch der Akzeptanz der richterlichen Beurteilung, ein vermehrter Verzicht auf

---

[308] Namentlich die an den Aargauer Familiengerichten mitwirkenden Fachrichterinnen und Fachrichter des Kindes- und Erwachsenenschutzes können in Voll- oder Teilpensen oder als nebenamtliche Richterinnen und Richter tätig sein. Vgl. § 11 Abs. 4 (Aargauer) Gerichtsorganisationsgesetz vom 6. Dezember 2011 (GOG AG; SAR 155.200).

externe Gutachten oder zumindest eine Verringerung der Abhängigkeit des Gerichts von externen Sachverständigen, eine Verfahrensbeschleunigung oder eine Reduktion der Verfahrenskosten. Sowohl die Zielsetzungen selbst als auch die Art und Weise, wie diese Zielsetzungen mit einer Fachrichterbeteiligung erreicht werden sollen (Fachrichtereinsatz), variieren von Gericht zu Gericht nach Massgabe des anwendbaren Verfahrensrechts (unterschiedliche Verfahrensmaximen)[309], des anzuwendenden materiellen Rechts (Sachverhalte unterschiedlicher Komplexität)[310] sowie der Stellung des Gerichts im Instanzenzug (unterschiedliche Kognitionsvorschriften)[311]. Nicht zuletzt können sich die Gründe für eine Fachrichterbeteiligung auch im Lauf der Zeit ändern. Zielsetzungen, die bei Einführung einer Fachrichterbeteiligung im Vordergrund standen, können – etwa aufgrund eines gewandelten Rechtsverständnisses oder mangels erfolgreicher Zielerreichung – mit der Zeit in den Hintergrund treten.[312] Andere Gründe wiederum können an Bedeutung gewinnen.

---

[309] Fachrichterinnen und Fachrichter nehmen in Verfahren, in denen der Untersuchungsgrundsatz gilt und der Sachverhalt von Amtes wegen abzuklären ist, andere Aufgaben wahr als in Verfahren, die vom Verhandlungsgrundsatz beherrscht werden und das Gericht seinem Entscheid im Allgemeinen nur Tatsachen zugrunde legen darf, die von den Parteien vorgebracht werden.

[310] Die Fachrichterbeteiligung in der Patentgerichtsbarkeit wird u.a. damit begründet, dass das Patentrecht an der Schnittstelle zwischen Technik und Recht liege und deshalb auch die Richterbank nicht nur mit juristisch, sondern auch mit technisch ausgebildeten Richterinnen und Richtern zu besetzen sei. Vgl. Botschaft vom 7. Dezember 2007 zum Patentgerichtsgesetz, BBl 2008 455, 472. Für eine interdisziplinäre Besetzung des behördlichen oder gerichtlichen Entscheidgremiums im Kindes- und Erwachsenenschutz sprechen nach Ansicht des Gesetzgebers die immer komplexeren psychosozialen Probleme, die es im Kindes- und Erwachsenenschutz zu bewältigen gebe und die mit dem revidierten Recht neu eingeführte Anordnung der Massnahmen nach Mass. Vgl. Botschaft vom 28. Juni 2006 zur Änderung des Schweizerischen Zivilgesetzbuches (Erwachsenenschutz, Personenrecht und Kindesrecht), BBl 2006 7001, 7073.

[311] Eine Fachrichterbeteiligung erscheint im Allgemeinen als sinnvoll, wenn ein Gericht nicht nur Rechtsanwendungs-, sondern auch Sachverhalts- und Angemessenheitsfragen zu beurteilen hat. Vgl. dazu auch Ziffer 6.2.2.7.

[312] Dem Ziel, dank einer Fachrichterbeteiligung bei der Beurteilung von Beschwerden gegen eine fürsorgerische Unterbringung auf externe Gutachten verzichten zu können, hat der EGMR im Fall D.N. gegen die Schweiz einen

6.2.2.4 Aufgaben der Fachrichterinnen und Fachrichter

Die Fachrichterinnen und Fachrichter sind vollwertige Mitglieder des gerichtlichen Spruchkörpers, die grundsätzlich über dieselben Rechte und Pflichten verfügen wie die übrigen Richterinnen und Richter. Da sie über besonderen Sachverstand in Bezug auf Tat- und Angemessenheitsfragen verfügen, ihnen aber regelmässig (vertiefte) juristische Kenntnisse und Erfahrung in der Verfahrensführung fehlen, sind sie in der Regel aber weder verfahrensleitend noch einzelrichterlich tätig. Ausnahmen von diesem Grundsatz bestehen namentlich in Bereichen, in denen die Fachrichterinnen und Fachrichter im Voll- oder Teilamt beschäftigt sind: So können erfahrene Fachrichterinnen und Fachrichter der Aargauer Familiengerichte in kindes- und erwachsenenschutzrechtlichen Verfahren mit der Verfahrensinstruktion betraut werden.[313] Sodann spielen die Fachrichterinnen und Fachrichter regelmässig eine wichtige Rolle im Beweisverfahren: sei es, dass sie an der Durchführung von Augenscheinen, Zeugen- und Parteieinvernahmen oder an der Auswahl von Sachverständigen und der Ausarbeitung von Sachverständigenfragen beteiligt sind, sei es, dass sie den Parteien eine vorläufige fachtechnische Beurteilung der Streitsache unterbreiten oder in Form eines qualifizierten Fachrichtervotums eine eigenständige Entscheidgrundlage erstellen. Vereinzelt nehmen sie für das Gericht auch Aufgaben in Verfahren wahr, in denen sie selbst nicht Teil des Spruchkörpers sind: Am Luzerner Kantonsgericht stehen sie den juristisch gebildeten Richterinnen und Richtern beratend für interne Abklärungen und Rückfragen zur Verfü-

230

Riegel geschoben. Vgl. EGMR, 29.03.2001, D.N./SUI, Nr. 27154/95. Vgl. auch BGE 137 III 289 E. 4.4 sowie Fn. 317 in Ziffer 6.2.2.5.

[313] Vgl. § 16 Abs. 1 Bst. b Einführungsgesetz zur Schweizerischen Zivilprozessordnung vom 23. März 2010 (EG ZPO AG; SAR 221.200). Dabei erledigen sie alle Arbeiten, die mit der Instruktion zusammenhängen, wie etwa das Durchführen von Anhörungen und die Gewährung des rechtlichen Gehörs, das Erteilen von Abklärungsaufträgen, die Durchführung einzelner Abklärungen oder das Fällen von Einzelentscheidungen. Vgl. Botschaft des Regierungsrates des Kantons Aargau an den Grossen Rat vom 27. April 2011 betreffend Umsetzung des Kindes- und Erwachsenenschutzrechts, Bericht und Entwurf zur 1. Beratung, 11.153, S. 30.

gung.[314] Für die Verwaltungsrekurskommission St. Gallen führen ärztliche Fachrichterinnen und Fachrichter bei der Beurteilung einer fürsorgerischen Unterbringung die vom Gesetz verlangte richterliche Einvernahme anlässlich der Parteiverhandlung durch und geben dort ihre gutachterliche Stellungnahme mündlich zu Protokoll, ohne jedoch selbst dem gerichtlichen Spruchkörper anzugehören. In solchen Fällen kann allerdings nicht mehr von einer Fach*richter*beteiligung gesprochen werden. Vielmehr amten die sachverständigen Gerichtsmitglieder hier als demokratisch legitimierte (gerichtsinterne) Expertinnen und Experten mit Beratungsfunktion (Luzern) bzw. als demokratisch legitimierte Gerichtssachverständige (St. Gallen).

6.2.2.5 Verfassungsrechtliche Zielkonflikte

231   Aus einer Beteiligung nebenamtlicher Fachrichterinnen und Fachrichter an der Rechtsprechung resultiert zwangsläufig ein Spannungsverhältnis zwischen zwei grundlegenden (auch grundrechtlich abgesicherten) Verfassungsprinzipien: der Gewährleistung effektiven Rechtsschutzes (vgl. insb. Art. 29a und Art. 29 Abs. 1 BV) einerseits und der Sicherstellung richterlicher Unabhängigkeit (vgl. insb. Art. 30 Abs. 1 und Art. 191c BV) andererseits. Auf dieses Spannungsfeld weist auch der Europäische Gerichtshof für Menschenrechte in einem häufig in Zusammenhang mit einer Fachrichterbeteiligung verwendeten Urteilsbaustein hin: «[L]*ay assessors, who have special knowledge and experience in the relevant field, contribute to a court's understanding of the issues before it and appear in principle to be highly qualified in the adjudication of disputes. [...] In particular cases, however, the assessors' independence and impartiality may be open to doubt [...].*»[315] Umstände, die geeignet sind, Misstrauen in die Unpar-

---

[314] Vgl. Botschaft des Regierungsrates an den Kantonsrat vom 6. Dezember 2011 zu Entwürfen von Gesetzesänderungen zur Schaffung eines Kantonsgerichtes und zu weiteren Organisationsänderungen im Justizwesen des Kantons Luzern 2011, B 25, S. 23.

[315] EGMR, 28.04.2010, Puchstein/AUT, Nr. 20089/06, Ziffer 51. Vgl. auch EGMR, 26.10.2004, Kellermann/SWE, Nr. 41579/98, Ziffer 60, sowie EGMR, 22.06.1989, Langborger/SWE, Nr. 11179/84, Ziffer 34. Das Bundesgericht erachtet eine nebenamtliche Fachrichterbeteiligung unter dem Aspekt der institutionellen Unabhängigkeit – namentlich auch unter Berufung auf die

teilichkeit nebenamtlicher Fachrichterinnen und Fachrichter zu erwecken, stehen häufig im Zusammenhang mit ihrer hauptberuflichen Tätigkeit.[316] Aber auch institutionell-verfahrensorganisatorische Gründe, wie namentlich eine unzulässige Vorbefassung, können bei einer Fachrichterbeteiligung zu einer Befangenheit führen.[317] Darüber hinaus sind einzelne Aspekte der Fachrichterbeteiligung weiteren verfassungsrechtlichen Zielkonflikten ausgesetzt: Die fallweise Besetzung des Spruchkörpers kann mit dem Anspruch auf den gesetzlichen Richter (Art. 30 Abs. 1 BV) in Konflikt geraten,[318] die Abgabe von Fachrichtervoten ist geeignet, den Anspruch der Parteien auf rechtliches Gehör (Art. 29 Abs. 2 BV) zu beeinträchtigen,[319] und die Festlegung besonderer Wählbarkeitsvoraussetzungen kann mit einer verfassungsrechtlich statuierten allgemeinen Wählbarkeit[320] kollidieren.

Rechtsprechung des Europäischen Gerichtshofs für Menschenrechte – grundsätzlich als zulässig. Vgl. BGE 117 Ia 378 E. 4b: «Der Gerichtshof [EGMR] hat auch den Beizug von Fachrichtern grundsätzlich zugelassen (Urteil vom 22. Juni 1989 i.S. Langborger, Ziffer 34 […]).»

[316] Vgl. z.B. BGE 139 III 433, in dem das Bundesgericht in einem Verfahren vor dem Bundespatentgericht einen hauptberuflich als Patentanwalt tätigen Fachrichter (Dipl. El.-Ing. ETH) in den Ausstand versetzte, weil seine Patentanwaltskanzlei ein offenes Mandat zu einer (wirtschaftlich) eng mit der Verfahrenspartei verbundenen juristischen Person unterhielt.

[317] Der EGMR verurteilte die Schweiz im Entscheid D.N. wegen Verletzung von Art. 5 Abs. 4 EMRK, weil es dem instruierenden ärztlichen Fachrichter, der in der gleichen Sache auch gutachterlich tätig war, namentlich aufgrund unzulässiger Vorbefassung an der notwendigen Unvoreingenommenheit fehlte. Vgl. EGMR, 29.03.2001, D.N./SUI, Nr. 27154/95. Vgl. auch BGE 137 III 289 E. 4.4.

[318] Vgl. z.B. KLETT (2013), Kommentar PatGG, Art. 2, Rz. 11, der in der sehr offenen Normierung der Spruchkörperbildung am Bundespatentgericht (vgl. Art. 21 PatGG) ein «gewisses Spannungsverhältnis zum Anspruch auf den gesetzlichen Richter» ortet.

[319] Vgl. dazu insbesondere Art. 183 Abs. 3 Schweizerische Zivilprozessordnung vom 19. Dezember 2008 (Zivilprozessordnung, ZPO; SR 272) und Art. 37 Abs. 3 Bundesgesetz vom 20. März 2009 über das Bundespatentgericht (Patentgerichtsgesetz, PatGG; SR 173.41), welche den in Zusammenhang mit gerichtsinternem Fachwissen als besonders gefährdet erscheinenden Gehörsanspruch der Parteien konkretisieren. Vgl. auch Ziffer 6.2.2.6.

[320] Vgl. BGE 137 I 77, in dem das Bundesgericht die über die allgemeine Wählbarkeit nach Art. 40 Abs. 1 Satz 1 Verfassung des Kantons Zürich vom

6.2.2.6 Gesetzgeberischer Umgang mit Zielkonflikten

232   Dem Spannungsverhältnis zwischen dem Grundsatz der richterlichen Unabhängigkeit und dem Gebot des effektiven Rechtsschutzes wird vereinzelt mit der Normierung von besonderen, speziell auf die Fachrichterbeteiligung zugeschnittenen Ausstandsvorschriften begegnet, welche die allgemeinen gesetzlichen Ausstandsvorschriften ergänzen und den Anspruch auf richterliche Unabhängigkeit nach Art. 30 Abs. 1 BV in Bezug auf die Fachrichterbeteiligung konkretisieren sollen.[321] Teilweise bestehen auch besondere Richtlinien zur Unabhängigkeit[322] oder Pflichten zur Offenlegung von Interessenbindungen,[323] welche die Geltendmachung von Ausstandsgründen erleichtern sollen.

233   Die aus Sicht des Beschleunigungsgebots (Art. 29 Abs. 1 BV) grundsätzlich erwünschte Verwertung gerichtsinternen Fachwissens in Form von sog. Fachrichtervoten steht in einem Spannungsverhältnis zum Gehörsanspruch der Parteien (Art. 29 Abs. 2 BV). Im Gegensatz zu den Parteirechten im Zusammenhang mit einem Sachverständigenbeweis ist die Wahrung des rechtlichen Gehörs bei der Verwertung gerichtseigenen Fachwissens nur vereinzelt und sehr rudimentär geregelt: Die Pflicht der Gerichte, den Parteien eigenes (entscheidrelevantes) Fachwissen offenzulegen, hat der Gesetzgeber für *zivilrechtliche Verfahren* im Allgemeinen (Art. 183 Abs. 3 ZPO) und spezialgesetzlich für das Verfahren vor dem Bundespatentgericht (Art. 37 Abs. 3 PatGG) normiert, ohne jedoch den Umfang der Gehörsrechte detail-

---

27. Februar 2005 (KV ZH; LS 101) hinausgehenden gesetzlichen Anforderungen an das Handelsrichteramt für (kantons-)verfassungswidrig erklärte.

[321] Vgl. z.B. Art. 28 PatGG, wonach nebenamtliche Richterinnen und Richter [des Bundespatentgerichts] in den Ausstand treten bei Verfahren, in denen eine Person derselben Anwalts- oder Patentanwaltskanzlei oder desselben Arbeitgebers wie sie eine Partei vertritt.

[322] Vgl. die per 01.01.2015 revidierten Richtlinien des Bundespatentgerichts zur Unabhängigkeit unter www.patentgericht.ch/rechtsgrundlagen/ (Stand: 30.11.2015). Der Konkretisierung der Ausstandsgründe in den vom Bundespatentgericht erlassenen Richtlinien zur Unabhängigkeit kommt keine normative Geltung zu. Vgl. dazu BGE 139 III 433 E. 2.2.

[323] Vgl. z.B. § 7 GOG ZH.

liert zu regeln.[324] Im *öffentlichen Prozessrecht* von Bund und Kantonen bestehen – nur vereinzelt – analoge Regelungen, weshalb bei entscheidrelevanter Verwertung von fachrichterlichen Sachkenntnissen Art. 29 Abs. 2 BV in der Regel direkt zur Anwendung zu bringen ist.[325]

6.2.2.7 Voraussetzungen einer Fachrichterbeteiligung

Ob eine Fachrichterbeteiligung Sinn macht, ist von verschiedenen Faktoren abhängig. Zu den wichtigsten gehören die richterliche Prüfungszuständigkeit und die zu beurteilende Materie. Unter dem Gesichtspunkt der *Prüfungszuständigkeit* ist eine Fachrichterbeteiligung dann sinnvoll, wenn ein Gericht über umfassende Kognition verfügt, es einen Fall also nicht nur in rechtlicher, sondern auch in tatsächlicher Hinsicht beurteilen darf. Wenn ein Gericht ermächtigt ist, nebst Rechts- und Tatfragen auch die Angemessenheit einer vorinstanzlichen Entscheidung zu überprüfen, erscheint die fachrichterliche Mitwirkung als besonders geboten. Ferner sollte ein Gericht mit Fachrichterbeteiligung befugt sein, nicht nur kassatorisch, sondern grundsätzlich auch in der Sache selbst Entscheide zu fällen. Hinsichtlich der zu beurteilenden *Materie* ist vorauszusetzen, dass ein Gericht mit einer gewissen Regelhaftigkeit mit Fragestellungen konfrontiert ist, deren Beantwortung besonderen nichtjuristischen Sachverstand erfordert. Dabei geht es weniger um die Frage, *ob* ein Gericht bei der Fallbeurteilung auf ausserrechtliches Wissen angewiesen ist als um die Frage, *in welchem Ausmass* das Gericht externen Sachverstandes bedarf. Je eher es einem juristisch gebildeten Gerichtsmitglied möglich ist, sich das erforderliche nichtjuristische Fachwissen innert nützlicher Frist anzueignen, desto weniger macht eine Fachrichterbeteili-

234

---

[324] Vgl. ausführlich zu den Gehörsrechten der Parteien bei Verwertung gerichtsinternen Fachwissens nach Art. 183 Abs. 3 ZPO MOSIMANN (2015b), Rz. 16 ff. Vgl. zum Gehörsanspruch der Parteien im Zusammenhang mit einer Fachrichterbeteiligung im öffentlichen Prozessrecht auch BUCHER (2015), Rz. 14 ff.

[325] Vgl. BGE 138 II 77 E. 3.2 ff. sowie Art. 48 Verordnung vom 13. Februar 2013 über das Verfahren vor den eidgenössischen Schätzungskommissionen (SR 711.1) zum Gehörsanspruch der Parteien vor den eidgenössischen Schätzungskommissionen.

gung Sinn. Je mehr hingegen spezialisiertes Fachwissen für die Fall-beurteilung benötigt wird, je grösser der Spezialisierungsgrad der zu beurteilenden ausserrechtlichen Disziplin ist und je komplexer sich die zu beurteilenden Sachverhalte präsentieren, desto eher kann eine Fachrichterbeteiligung geboten sein.[326]

6.3   Würdigung

Angela Eicher, Anna Rüefli, Kuno Schedler, Benjamin Schindler

6.3.1   Folgerungen für das Justizmanagement

235   Gerichte befinden sich aufgrund ihrer mehrfachen gesell-schaftlichen Funktion in einem Spannungsfeld multipler Rationalitä-ten. Dies zeigt sich in der Gerichtsorganisation, aber auch am Beispiel des Zusammenwirkens verschiedener Disziplinen. Die Antworten sind sowohl organisatorischer wie auch juristischer Natur.

236   In der Betrachtung von Herausforderungen des Pluralismus sind aufgrund der vorliegenden Forschung zwei Perspektiven zu unter-scheiden:

- Pluralismus in der *Organisation* der Gerichte, der sich aus dem Zusammenwirken unterschiedlicher organisationaler Funktio-nen ergibt.

- Pluralismus im *Spruchkörper*, der sich aus der Fachrichterbetei-ligung ergibt.

237   *Organisatorische Fragen* beziehen sich auf die Binnenstruktur des Gerichts. Hier scheint es, dass die Gerichte vor allem im Aussenver-hältnis immer versierter werden, die Sprache anderer Rationalitäten für ihre Kommunikation zu nutzen, um ihre eigenen Botschaften ad-ressatengerecht formulieren zu können. Im Innenverhältnis dominiert nach wie vor die juristisch-richterliche Rationalität, und zwar auch in

---

[326] Damit ist noch nichts darüber ausgesagt, ob in solchen Fällen auch die Ab-gabe eines Fachrichtervotums Sinn macht. Vgl. dazu MOSIMANN (2015b), Rz. 81.

Fragen der Organisation, die nicht unmittelbar mit der Rechtsprechungsfunktion verbunden sind. Ähnlich wie Expertenorganisationen (wie z.B. Spitäler, Universitäten, Anwaltskanzleien) erscheinen Gerichte aus betrieblicher Perspektive als sich selbst organisierende Organisationen, in denen ein Grossteil der Entscheidungen weitgehend dezentral verteilt in der Organisation gefällt werden. Potenzielle Konflikte werden so weit als möglich vermieden, indem beispielsweise zwischen den Abteilungen «klare Zuständigkeitsbereiche» definiert werden, in denen es keiner Abstimmung mit anderen Expertinnen und Experten bedarf. Konflikte zwischen Expertinnen und Experten (hier die Richterinnen und Richter) und anderen Organisationsmitgliedern werden nicht selten hierarchisch geklärt, indem die Expertinnen und Experten die Entscheidungshoheit für sich beanspruchen bzw. das Gesetz ihnen diese Rolle zuweist. Der Diskurs unter den Expertinnen und Experten ist ein autopoietischer, von juristischem Fachwissen getriebener, der Nicht-Expertinnen und Nicht-Experten per se ausschliesst. Den für das Management Verantwortlichen steht oft nur die Gestaltung des Kontexts zur Verfügung, um auf die Organisation Einfluss zu nehmen.[327] Aus betriebswirtschaftlicher Sicht wären für die Organisation der Gerichte Massnahmen zu fordern, die das Bewusstsein für unterschiedliche Rationalitäten schärfen und bei Organisationsfragen die situationsadäquate Entscheidungspraxis (im Sinne des strategischen Managements) durchsetzen. Es geht darum, organisatorische Themen mit einer betrieblichen Rationalität wahrzunehmen und zu bearbeiten, während die juristischen Themen der Rechtsprechung mit juristischer Rationalität angegangen werden.

Aus der Untersuchung der *Fachrichterbeteiligung* ergeben sich folgende Schlussfolgerungen für die Justizorganisation: Sobald sich der Gesetzgeber dafür entscheidet, Fachrichterinnen und Fachrichter an der Rechtsprechung mitwirken zu lassen, sind diverse verfassungsrechtliche Vorgaben zu beachten. Ihr Umfang hängt im Wesentlichen davon ab, welche Rolle den Fachrichterinnen und Fachrichtern zugedacht ist. Sollen die sachverständigen Gerichtsmitglieder in erster Linie dazu beitragen, über die Abgabe förmlicher Fachrichtervoten oder als gerichtsinterne Sachverständige externe Gutachten zu ersetzen (*Gutachterfunktion*) oder sollen sie das Gericht lediglich befähi-

238

---

[327] Vgl. GÜNDÜZ/SCHEDLER (2014), S. 60 f.

gen, einfache Fragen zum Sachverhalt oder der Angemessenheit eines Entscheids durch interne Abklärungen rasch und unbürokratisch zu erledigen (*Beraterfunktion*)? Sollen sie dem Gericht behilflich sein, kompetente externe Sachverständige zu finden, Gutachtensfragen auszuarbeiten und die von externen Sachverständigen erstellten Gutachten zu überprüfen («*Übersetzer*»*funktion*) oder sollen sie als Vergleichsvermittlerinnen bzw. -vermittler den Abschluss von Vergleichen fördern (*Mediationsfunktion*)[328] oder kraft ihrer fachlichen Autorität die Akzeptanz für die gerichtliche Beurteilung (*Legitimationsfunktion*) erhöhen? Von der ihnen zugedachten Rolle und der ihnen zugewiesenen Aufgaben hängt ferner die Regelung des Auswahlverfahrens, der Rechtsstellung, des Einsatzes der sachverständigen Gerichtsmitglieder im konkreten Einzelfall (Fallzuteilung und Spruchkörperbildung) und des Umfangs der Parteirechte ab. Als Beurteilungsmassstab dienen dabei die unterschiedlichen Teilgehalte des Rechts auf den verfassungsmässigen Richter und des Anspruchs auf rechtliches Gehör. Zur Verwirklichung der mit dem Anspruch auf den gesetzlichen Richter und dem justizbezogenen Legalitätsprinzip verfolgten Anliegen (Sicherstellung der institutionellen Unabhängigkeit, Vorhersehbarkeit, Gleichbehandlung, demokratische Legitimation und Rechtssicherheit) ist zudem zu fordern, das die Art und der Umfang der Fachrichterbeteiligung umfassend und mit einem hinreichenden Grad an Bestimmtheit rechtssatzmässig normiert werden. Die Grundzüge der Fachrichterbeteiligung gehören dabei in ein Gesetz im formellen Sinn.

239   Die Ausgangslage der beiden Perspektiven ist also eine unterschiedliche: Während in der Organisation von einer Multirationalität ausgegangen werden muss, die zu bewältigen ist, wird bei Fachrichterinnen und Fachrichtern im Spruchkörper primär die Interdisziplinarität als Herausforderung empfunden. Beides erfordert ein Bewusstsein für die Unterschiede der eigenen Position im Verhältnis zur legitimen anderen, beides wird durch eine robuste persönliche Beziehung erleichtert, und in beiden Fällen ist wohl das gemeinsam zu erreichende Ziel ein wesentlicher Erfolgsfaktor.

---

[328] Vgl. BGE 139 III 457 E. 4.4.2.

6.3.2 Weiterer Forschungsbedarf

Die vorliegende Arbeit zeigt auf, dass die Existenz und das 240
fruchtbare Zusammenwirken unterschiedlicher Rationalitäten und
Disziplinen für das Funktionieren des Gerichts von elementarer Bedeutung sind. Wenn auch die Kernfunktion des Gerichts in der Rechtsprechung liegt, so gewinnt es dennoch an Wirkung, wenn es auf der
Klaviatur der multiplen Rationalitäten zu spielen vermag.

Zwischen den beiden Teilforschungsprojekten besteht aus juristi- 241
scher Perspektive ein entscheidender Unterschied: Während der Gesetzgeber bei der Fachrichterbeteiligung ausdrücklich eine interdisziplinäre Zusammensetzung vorschreibt, tut er das bei der Gerichtsverwaltung nicht, sondern verhindert den Pluralismus durch enge rechtliche Vorgaben. Um die Management-Perspektive der Gerichte zu stärken, müssten auch die entsprechenden Funktionen und ihre Rationalitäten aufgewertet werden. Durchaus möglich wäre es, auch die Gene-
ralsekretärinnen und Generalsekretäre vom Parlament (bzw. vom
Wahlvolk) wählen zu lassen und ihnen dann in der Justizverwaltung
mehr Mitsprache einzuräumen. Vielleicht ergibt sich daraus gar eine
Indifferenzzone für die Richterinnen und Richter, die aus rein organisatorischen Fragen besteht, und in denen die Generalsekretärin oder
der Generalsekretär den Pluralismus innerhalb der Verwaltung sicher-
stellen und zum Einsatz bringen kann. Die Richterinnen und Richter
würden dadurch in ihrer administrativen Aufgabe entlastet, was eine
Konzentration auf das eigentliche «Kerngeschäft», die Rechtsprechung, erlaubte.

Für künftige Forschung wäre es interessant zu untersuchen, wie 242
Einzelpersonen, die mehrere Rollen zu erfüllen haben mit solchen
Funktionsdilemmas umgehen und welche organisationalen Konsequenzen sich daraus ergeben. Darüber hinaus wäre es wünschenswert,
wenn sich künftige Forschung damit befassen würde, welche organisationalen Rahmenbedingungen gewährleistet sein müssen, damit
Gerichte trotz des Vorhandenseins unterschiedlicher Erwartungen
handlungsfähig bleiben und wie die Co-Existenz multipler Rationalitäten gar zur Erweiterung der organisationalen Handlungsfähigkeit
und damit zur Legitimationssicherung beitragen könnte.

243   Die Untersuchung des Fachrichtertums beschränkt sich auf die Behandlung *rechtlicher* Fragestellungen in Zusammenhang mit einer Fachrichterbeteiligung. Die Mitwirkung von Fachrichterinnen und Fachrichtern an der Rechtsprechung wurde hingegen nicht empirisch untersucht. Im Zentrum weiterer Untersuchungen könnte deshalb die Frage stehen, ob und inwiefern eine Fachrichterbeteiligung *tatsächlich* dazu beiträgt, die Qualität und die Akzeptanz der Rechtsprechung zu erhöhen und die Gerichtsverfahren zu beschleunigen.[329]

---

[329] Vgl. zu einer empirischen Rechtsprechungsanalyse im streitigen Verwaltungsverfahren TANQUEREL/VARONE/BOLKENSTEYN/BYLAND (2011), S. 1 ff.

7   Kultur (Teilprojekt 5)

Lorenzo G. De Santis, Yves Emery, Lorenzo Egloff

7.1   Einleitung

Seit Anfang der 1990er Jahre wird die Managementpraxis in   244
der öffentlichen Verwaltung international stark vom Trend des New
Public Management (NPM) beeinflusst[330]. Die Ideen dieser Bewegung
entstammen im Wesentlichen der Welt des Marktes und sollen Wirtschaftlichkeit und Effizienz in der öffentlichen Verwaltung steigern.
In der Schweiz hat diese Entwicklung nunmehr auch die Justiz erreicht,[331] mit einer Verspätung von rund 10 Jahren gemessen an den
ersten Experimenten anderer staatlicher Organisationen[332]. Die jüngs-
ten Reformen des Justizwesens gehen auf die Änderung der Bundesverfassung von 1999 zurück.[333] Damals sollten das Bundesgericht
entlastet und die Ausgaben der Kantone im Justizbereich gesenkt werden.[334] Heute diskutieren das Bundesgericht und die kantonalen Gerichte über die Einführung statistischer Erhebungen in die Justizverwaltung sowie über Zielsetzungen und Leistungsindikatoren für Gerichte.[335] Zwar finden die Prinzipien des NPM auf die Steuerung der
Gerichte in mehreren Kantonen (Aargau, Bern, Genf, Graubünden,
Luzern)[336] Anwendung; die Mehrheit der kantonalen Gesetzgeber hat
sich allerdings gegen eine Umsetzung solcher Rezepturen entschlos-
sen,[337] was auf erste Widerstände gegen das NPM schliessen liess.

---

[330] POLLITT/BOUCKAERT (2011).
[331] KETTIGER (2003); LIENHARD/KETTIGER/WINKLER (2012), S. 18 und 37.
[332] GIAUQUE/EMERY (2008).
[333] ASSEMBLÉE FÉDÉRALE (1999).
[334] Art. 191b, Abs. 2, ebd.
[335] TRIBUNAL FÉDÉRAL (2014).
[336] LIENHARD et al. (2012), S. 37 und 63; namentlich im Hinblick auf die für
       2017 geplante Einführung des neuen Führungsmodells für die Bundesverwal-
       tung (NFB).
[337] LIENHARD et al. (2012).

245   Das New Public Management hat sich in der Verwaltung in vielerlei Hinsicht sowohl als technisches als auch kulturelles Projekt entwickelt.[338] Die Instrumente und Techniken des NPM vermitteln neue Werte, die kulturelle Umwälzungen herbeiführen können: Folgt man der Logik des NPM, brauchen die Gerichte eine stärker unternehmerisch ausgerichtete Kultur – eine, die auf Leadership, Risikobereitschaft, Ergebnisorientierung und Konkurrenz setzt und auf dieser Basis organisatorische Innovationen hervorbringt.[339] Die neuen Trends entsprechen mithin nicht a priori der Funktionsweise der Gerichte. Somit stellt sich die grundsätzliche Frage, ob sie mit den Prinzipien und Werten der dritten Gewalt und ihrer Beschäftigten vereinbar sind.

246   Die Verwaltung[340] des Justizwesens ist untrennbar mit der rechtsprechenden Tätigkeit verbunden,[341] wirken doch Verwaltungsentscheide unweigerlich auf die Arbeit der Gerichtsakteurinnen und -akteure[342] und *in fine* auf die Qualität der Rechtsprechung ein. Daher ist es wichtig, dass eine (potentielle) Einführung managementorientierter Logiken und Instrumente in die Judikative erforscht wird – dies umso mehr, als viele Juristinnen und Juristen als Justizakteurinnen und -akteure den Methoden des NPM kritisch gegenüber stehen[343], und es überdies ein Schlüsselfaktor für das Gelingen jeder Reform ist, dass eine Kultur akzeptiert wird, die die Grundsätze der Reform hochhält.[344] Diese Kultur wird vorliegend definiert als «un système de per-

---

[338] SCHEDLER/PROELLER (2007).
[339] DENHARDT/DENHARDT (2003).
[340] «Verwaltung», «Leitung» und «Management» werden synonym verwendet. Sie bezeichnen, a distinguo der juristischen Arbeit der Gerichte, die Gesamtheit der Methoden und Techniken, die deren strategische Führung (Strategie, Ziele, Evaluationssysteme und Controlling), Organisation (Struktur, Aufgabenteilung, Definition der Zuständigkeiten, Arbeitsumfang, Qualitätssysteme), Ressourcenmanagement für die juristische Tätigkeit (personelle und finanzielle Ressourcen, Informationen, Gebäude etc.) sowie die operative Administration der Aktivitäten eines Gerichts betreffen (z. B. Einberufung, Organisation der Gerichtsverhandlungen); LIENHARD et al. (2012).
[341] EICHENBERGER (1986), S. 32; LANGBROEK (2011); allgemein zur Justizverwaltung siehe Ziffer 1.1.2.
[342] CADIET (2011).
[343] BEZES/DEMAZIÈRE/LE BIANIC/PARADEISE/NORMAND/BENAMOUZIG/PIERRU/ EVETTS (2011).
[344] KOCI (2007); OSTROM/HANSON/OSTROM/KLEIMAN (2005).

ceptions, de significations et de croyances au sujet de l'organisation, qui facilite la création de sens commun parmi un groupe de personnes partageant des expériences et qui guide le comportement individuel au travail».[345]

Kommt hinzu, dass Managementtechniken die Justiz tendenziell «*ent-spezifizieren*»[346] – sie also in eine «produktive» Organisation wie andere Organisationen auch verwandeln – mit tiefgreifenden Folgen für die Ansprüche, der sich das Justizwesen vonseiten der beteiligten Parteien gegenübersieht (Bürgerinnen bzw. Bürger, Rechtsuchende, Rechtsanwältinnen bzw. -anwälte, Medien etc.). Zügige Verfahren und Fristen sind der Justiz seit Beginn der Moderne ein Anliegen.[347] Heute besteht als Folge der steigenden Fallzahlen eine Tendenz zur Beschleunigung durch schnellere und vereinfachte Verfahren.[348] Diese grundlegende Entwicklung kann die – bislang wenig erforschte[349] – Kultur der Judikative einschneidend verändern, mit immer komplexeren Werten. 247

Nachdem die Justiz nach Mintzberg mit einer professionellen Bürokratie verglichen werden kann, deren Kultur im Allgemeinen von Ethik und professionellen Werten geprägt ist,[350] ist es denkbar, dass sich die Kultur des dominierenden Berufsstandes, der Richterschaft, den managementorientierten Initiativen entgegenstellt. Umso mehr, als der Widerstand der Magistratinnen und Magistraten gegen Reformen wächst, wenn diese Fragen der Organisation und Führung betreffen, die sich ihnen entziehen[351]. 248

---

[345] BLOOR/DAWSON (1994), S. 276; «System von Wahrnehmungen, Bedeutungen und Überzeugungen bezüglich Fragen der Organisation, das in einer Gruppe von Personen, die dieselbe Erfahrung teilen, die Schaffung eines Gemeinschaftssinns fördert und das Verhalten der Individuen bei der Arbeit prägt».

[346] VIGOUR (2006).

[347] Siehe BECCARIA (2009); siehe auch Ziffer 3.2.1.

[348] FABRI/LANGBROEK (2000b) mit Hinweis auf Christophe Tchakaloff.

[349] Mit Ausnahme einiger vor allem amerikanischer Studien: CHURCH (1985); OSTROM/OSTROM/HANSON/KLEIMAN (2005); LEPORE/METALLO/AGRIFOGLIO (2012); BROWN (2006).

[350] PICHAULT/NIZET (2013).

[351] CARBONI (2012).

249   Seit dem Aufkommen des NPM müssen sich indessen auch die Justizakteurinnen und -akteure anderer westlicher Länder mit der Einführung neuer organisatorischer Massstäbe auseinandersetzen. So scheint die Politik in Europa bei der Bereitstellung von Investitionen Gerichte zu bevorzugen, die sich um Effizienzsteigerung bemühen.[352]

250   Die neuen Werte und Führungsmodalitäten des NPM, in dessen Optik das Justizwesen im Dienst der Öffentlichkeit steht,[353] sind zwar nicht darauf ausgerichtet, die Zweckbestimmung der Justiz zu ändern oder deren Unabhängigkeit in Frage zu stellen, doch können sie grundlegend auf ihre Legitimität und die Qualitäten einer «guten Justiz» einwirken,[354] – beispielsweise indem sie die Aufmerksamkeit (der Beschäftigten) auf bislang in den Gerichtssälen wenig beachtete Begriffe wie Wirtschaftlichkeit und Effizienz oder auf die Qualität der Dienstleistungen für Rechtsuchende richten. In der Schweiz kann man zwar derzeit nicht von einem solchen Szenario ausgehen, doch scheint in den helvetischen Gerichten eine kulturelle Veränderung in Gang gekommen zu sein.[355]

251   Die Interaktion zwischen der Kerntätigkeit der Justiz als solche und dem Management der Gerichte ist offenbar um einiges komplexer als erwartet.[356] Auch Forschende, die das Gerichtsmanagement dem Prozess der Rechtsfindung unterordnen, räumen ein, dass Verwaltungsentscheide die Rechtspflege in nicht zu vernachlässigender Weise beeinflussen können[357] und die Grenzen zwischen den beiden bisweilen unscharf sind. In diesem Zusammenhang ist es von zentraler Bedeutung, dass die kulturelle Öffnung der Justizakteurinnen und

---

[352] FABRI/LANGBROEK (2000a).

[353] BOILLAT/LEYENBERGER (2008), GUIGOU/ANTON/BREDIN/BURGELIN/COULON/FRISON-ROCHE/GICQUEL/HAENEL/LONGO/MANDELKERN/MATTEI/MESSIER/NALLET/PHILLIPS/SAUVÉ/TRUCHE/TRUCHET (1998).

[354] Auf den Begriff der «guten Justiz» wird zurückgegriffen um einzuschätzen, welche Bedeutung managementorientierte Werte in der Schweizer Justiz erlangt haben. Der Raum, den die Aussagen zum Management im Diskurs der Justizakteurinnen bzw. -akteure einnehmen, wenn sie zu dessen Qualität befragt werden, ergibt ein gutes Bild, wie stark das NPM in der Justiz Fuss gefasst hat.

[355] EMERY/DE SANTIS (2014).

[356] AMRANI-MEKKI (2008); LIENHARD/BOLZ (2001); VAUCHEZ (2008).

[357] POLTIER (2012/3).

-akteure insgesamt (allen voran der Richterschaft) gegenüber den managementorientierten Massstäben des NPM und deren mögliche Interaktion mit den Werten der Justiz, resp. die Integration in die Werte des Rechtswesens untersucht wird.[358]

7.2 Forschungsarbeiten

7.2.1 Kulturelle Empfänglichkeit der Organisationen der Schweizer Judikative für die Werte des Public Managements

7.2.1.1 Zielsetzung

Ziel der vorliegenden Forschung ist es, die Qualitäten einer guten Justiz in der Schweiz, wie sie von den verschiedenen Akteurinnen und Akteuren der Institution des Rechtswesens im weiten Sinn (Richterinnen bzw. Richter, Laienrichterinnen bzw. Laienrichter, Staatsanwältinnen bzw. Staatsanwälte, Politikerinnen bzw. Politiker, Gerichtsschreibende, Sekretärinnen bzw. Sekretäre) definiert werden, zu ermitteln und zu prüfen, ob diese mit den von der Management-Welt (NPM) vermittelten Werten vereinbar sind – und gegebenenfalls, auf welche Weise sie miteinander in Einklang gebracht werden können (Hybridisierung, Dominanz des einen über das andere etc.). Die Fragestellung ist umso mehr gerechtfertigt, als sich die Politik beim Versuch, Reformen im Zusammenhang mit Lehre und Philosophie des NPM umzusetzen, in vielen Sektoren – so auch in der Justiz[359] – Widerständen und kollektiven Mobilisierungen gegenübersieht, und das NPM «die Beschäftigten für die interne Kultur der Organisationen gewinnen» will.[360] Mit Bezug auf die Institution der Justiz sprechen manche sogar von der Einführung einer «neuen Logik»,[361] die neue

252

---

[358] PRIGIONI (2014).
[359] BEZES et al. (2011).
[360] BEZES et al. (2011), «susciter l'adhésion des professionnels aux cultures internes des organisations».
[361] FRYDMAN (2011).

Werte und Erwartungen, ja selbst neue Legitimationssphären im Sinn von Boltanski und Thévenot vermittelt.[362]

253   Die Resultate dieser Studie sind in zwei Teilabschnitte gegliedert: der erste ist den qualitativen Resultaten gewidmet; es folgt ein zweiter statistischer Teil, wobei die qualitativen Ergebnisse als Quelle für die Entwicklung der quantitativen Erhebung dienten.

7.2.1.2 Qualitative Untersuchung

254   Es wurden 18 Interviews mit Richterinnen und Richtern sowie Managerinnen und Managern durchgeführt, bevor weitere Akteurinnen und Akteure in die Analyse einbezogen wurden. Insgesamt wurden 81 semi-strukturierte Befragungen in erst- und zweitinstanzlichen Gerichten in Zivil- und Strafsachen sowie Verwaltungsverfahren von neun Kantonen[363] der drei Sprachregionen der Schweiz ausgewertet. Es wurden sowohl gerichtsinterne Akteurinnen und Akteure (Richterschaft und Management) als auch ihre externen Partnerinnen und Partner (Politik, Anwaltschaft, Journalismus) befragt.[364] Die Auswahl[365] umfasste gleich viele Richterinnen und Richter mit und ohne Verwaltungsverantwortung.

---

[362] BOLTANSKI/THÉVENOT (1991); Erläuterungen dazu siehe Ziffer 7.2.1.2.

[363] Im Zentrum der Forschung stehen, primär aus sprachlichen Gründen, die lateinischen Kantone (Freiburg, Genf, Jura, Neuenburg, Tessin, Waadt und Wallis). Die Deutschschweizer Kantone Luzern und Schaffhausen wurden zum Vergleich einbezogen.

[364] Es wurden Gespräche mit weiteren Akteurinnen und Akteuren (Gerichtsschreibenden, administrativem Personal, Staatsanwältinnen bzw. Staatsanwälten, nicht-professionellen Richterinnen bzw. Richtern, Forschenden) geführt; mithin wurde beschlossen, diese nicht zu berücksichtigen, sowohl weil die ausgewählten Akteurinnen bzw. Akteure am repräsentativsten erschienen als auch aus praktischen Gründen (Dauer der Analyse).

[365] Als Begrenzung der Studie ist zu nennen, dass die Auswahl nicht repräsentativ ist und die Befragungen einmalig stattfanden, wodurch eine zeitliche Analyse der Entwicklung mit Bezug auf die Erwartungen nicht möglich war.

Die Interviews wurden nach der induktiven Methode geführt[366] und 255
fortgesetzt, bis die Argumente erschöpft waren; sie dauerten jeweils
rund eine Stunde. Ziel war es, die wichtigsten Erwartungen an eine
gute Justiz wie auch die wichtigsten Hindernisse für ein Justizmanagement zu ermitteln.[367] Die aufgezeichneten Gespräche wurden
transkribiert und mit der Applikation NVivo 10 kodiert. Die Ge-
sprächspassagen wurden in 26 *Knoten* eingeteilt,[368] wobei jeder Knoten für ein Argument steht, das die Befragten als wichtig für eine gute
Justiz erachteten oder als Hindernis für das Justizmanagement sahen.

In der Folge wurden die Knoten nach der Häufigkeit ihrer Nennung 256
durch die Befragten eingestuft (je mehr Nennungen durch eine Gruppe, umso mehr «+», jeweils proportional zur Anzahl der Akteurinnen
und Akteure einer Gruppe; siehe Anhang 4). Die Häufigkeit der Nennungen als Proxy entspricht der Bedeutung, die ein Argument für die
einzelnen Gruppen von Akteurinnen und Akteuren hat. Bei 81 Befragten schien eine Unterteilung in fünf Gruppen angemessen (siehe Anhang 4).

Um die zugrunde liegenden Bewertungen für die einzelnen Erwar- 257
tungen zu eruieren, greift die Studie auf die von Boltanski und Thévenot (1991) entwickelte Typologie der Welten zurück,[369] die idealtypi-
sche Universen zur Referenz machen, auf welche sich die Akteurinnen
und Akteure beziehen, wenn sie ihre Handlungsweise im kollektiven
Kontext rechtfertigen. Es wurden vier Welten berücksichtigt, die für
die Klassifizierung der Resultate relevant schienen[370]:

---

[366] STRAUSS/CORBIN (2004).
[367] MARTINEAU (2005).
[368] Ursprünglich wurden 35 Knoten definiert, in der Folge jedoch nur jene berücksichtigt, die von mindestens zwei Gruppen von Akteurinnen bzw. Akteuren, unter anderem den Richterinnen und Richtern, genannt wurden. der Knoten «Qualität» wurde nicht berücksichtigt, weil der Begriff zu vage und von
den diversen Akteurinnen bzw. Akteuren sehr unterschiedlich definiert wurde. Hingegen wurden weitere Knoten berücksichtigt, um die Offenheit und
die Widerstände gegenüber Managementpraktiken zu analysieren, die allenfalls eingeführt werden sollen.
[369] BOLTANSKI/THÉVENOT (1991).
[370] Wie schon im Teilprojekt «Prozesse» (Ziffer 6.2.1) wird die institutionelle
Perspektive gewählt, um die Kultur der Justiz zu erfassen. Auch wenn Unterschiede bestehen, kann die wie zuvor umrissene Management-Logik der

	Industrielle Welt	Welt des Gemeinwesens / staatsbürgerliche Welt	Welt des Marktes	Häusliche / familiäre Welt
Gemeinsames übergeordnetes Prinzip	Effizienz und «funktioneller» Nutzen	Repräsentative kollektive Organe	Konkurrenz und Warenwert	Persönliche Beziehungen, Hierarchie, Tradition
Kurze Beschreibung des Bereichs	Von Maschinen inspiriert, im Zentrum: funktioneller Nutzen, gute Organisation, Professionalität, Optimierung der Ressourcen	Ausdruck des demokratischen Handelns, durch Gesetzgebung legitimiert, basierend auf der sinnbildlichen Figur der Staatsbürgerin bzw. des Staatsbürgers	Ausgerichtet auf den Markt, auf Konkurrenzmechanismen rund um potentielle Kunden, auf Ertragswerte	Von der Familie inspiriert, im Zentrum: wohlwollende Beziehungen im Rahmen einer kollektiven Einheit, eines Milieus

Abbildung 5: Typologie der Welten

258   Am NPM inspirierte Reformen wurden bereits verschiedentlich nach diesem Ansatz untersucht, wobei die Forschenden jeweils die direkte Konfrontation zwischen der Welt des Gemeinwesens (Webersches Bürokratiemodell) und der Marktwelt suchten, und Letztere als Spiegelung einer Management-Logik sahen.[371] Die beiden Welten können mithin durchaus miteinander in Einklang gebracht werden dank eines von den Autoren «Kompromiss» genannten Prozesses, in dessen Verlauf die Akteurinnen und Akteure übereinkommen «en recherchant l'intérêt général, c'est-à-dire non seulement l'intérêt des parties prenantes mais aussi l'intérêt de ceux qui ne sont pas directe-

---

Markt- und der Industriewelt zugeordnet werden, während die bürokratische Logik dem Gemeinwesen und der häuslich familiären Welt näher ist. Die Logik der Justiz, wie zuvor definiert, wäre nach Boltanski und Thévenot primär dem Gemeinwesen zuzuordnen, nach der vorliegenden Studie mit einer Offenheit gegenüber den anderen Welten, was eine «hybride» Kultur zur Folge hat.

[371]   Siehe diesbezüglich: GIAUQUE/CARON (2005); RONDEAUX (2011).

ment touchés par l'accord».[372] Der Kompromiss kommt den Autoren zufolge auf der Grundlage eines «principe de rang supérieur» (höherrangigen Prinzips) zustande, das eine Annäherung der a priori gegensätzlich erscheinenden Welten ermöglicht. Die Ergebnisse des Teilprojekts «Prozesse»[373] zeigen ebenfalls, dass die unterschiedlichen Logiken nebeneinander bestehen können, ohne gezwungenermassen miteinander in Konflikt zu geraten. In diesem Fall besteht die Lösung darin, dass «agents de changement» (Agenten der Veränderung) oder «Übersetzer» zwischen den institutionellen Logiken vermitteln[374], wobei die vorliegenden Ergebnisse, wie vorgängig ausgeführt, mit dieser Sichtweise übereinstimmen.

Anders als einige der vorerwähnten Studien (z.B. Giauque/Caron) 259 scheinen die Resultate der ersten beiden Analysen auf eine gewisse Kongruenz der Erwartungen hinzuweisen. Die Ergebnisse zeigen, dass mindestens die Hälfte der Erwartungen an die gute Justiz der Richterschaft und den Gerichtsmanagerinnen und -managern gemeinsam ist und die von den beiden Gruppen[375] am meisten erwähnten Erwartungen mit den Ideen des NPM vereinbar sind. Erwartungen, die einzig die Richterinnen und Richter hegen, beziehen sich auf «menschliche» Aspekte der Justiz (*humane Justiz, volksnah, individuell, aufmerksam*), während die ausschliesslich von Managerseite genannten Ansprüche auf die Funktionsweise der Justiz und eine Logik der «Kundenorientierung» Bezug nehmen (*pragmatisch, effizient, finanziell und lokal zugänglich*).[376] Eine weitere einzig von den Richterinnen und Richtern genannte Kategorie von Erwartungen (*gerecht, unparteiisch, zur Schlichtung orientiert, gleiche Behandlung*) fokussiert auf das

---

[372] BOLTANSKI/THÉVENOT (1991) (1987), S. 225-226; «indem das gemeinsame Interesse gesucht wird, also nicht nur das Interesse der beteiligten Parteien, sondern auch das Interesse derer, die nicht direkt von der Vereinbarung betroffen sind».

[373] Siehe Ziffer 6.2.1.

[374] EICHER/SCHEDLER (2012a).

[375] *Schnell, kundenorientiert, zugänglich für Öffentlichkeit und Medien, unabhängig, transparent.*

[376] EMERY/DE SANTIS (2014).

«Kerngeschäft» der Justiz, das auch verfassungsrechtliche Garantien bietet.[377]

260   Bei der Ausweitung der vorliegenden Studie auf die Befragung weiterer Akteurinnen und Akteure der Schweizer Justiz (Richterschaft und Gerichtsmanagement, aber auch Politik, Anwaltschaft und Journalismus) zeigen sich relativ ähnliche Erwartungen, die ebenfalls mit den Ansprüchen des NPM vereinbar sind[378], auch wenn sich die Befragten in den meisten Fällen auf die Welt des Gemeinwesens beziehen. Es folgt die Marktwelt, auf die öfter Bezug genommen wird als auf die Welt der Industrie[379] (im Gegensatz zu anderen Studien mit Beschäftigten im öffentlichen Sektor in der Schweiz)[380], was den Eindruck untermauert, dass die hybride post-bürokratische Kultur[381] bei der erst- und zweitinstanzlichen Richterschaft des Landes sehr präsent ist.

261   Die beiden meistgenannten Erwartungen sind bei ausnahmslos allen Gruppen von Akteurinnen bzw. Akteuren identisch (schnell und kommunikativ, siehe Anhang 4). Zudem sind die neun von der Richterschaft meistgenannten Erwartungen auch für alle anderen befragten Gruppen ein Thema. Insgesamt wird nicht weniger als die Hälfte aller Erwartungen von sämtlichen Akteurinnen bzw. Akteuren genannt. Bei den Unterschieden überrascht nicht, dass Gerichtsmanagerinnen und -manager am meisten Gewicht der Kundenorientierung beimessen, hingegen eher selten auf ein Attribut zu sprechen kommen, das für die Richterinnen und Richter essenziell ist: die Unabhängigkeit. Anwältinnen und Anwälte plädieren erwartungsgemäss für eine einfache und pragmatische Justiz,[382] insbesondere mit Bezug auf die Verfahren. Wie Politikerinnen und Politiker sowie Journalistinnen und Journalis-

---

[377] T OPHINKE (2013).

[378] Wenn es um die gute Justiz geht, berufen sich die Richterinnen und Richter am meisten auf die folgenden sechs Erwartungen: *schnell, kommunikativ, unabhängig, zugänglich, einfach und pragmatisch, transparent.*

[379] D E S ANTIS (2015).

[380] E MERY /W YSER /M ARTIN /S ANCHEZ (2008); E MERY /M ARTIN (2010).

[381] E MERY (2013).

[382] Eine einfache, pragmatische, nicht zu formalistische Justiz wird definiert als «eine Justiz, die nicht zu sehr auf Regeln *herumreitet*. Sie muss *intelligent* sein und die Verfahren wenn nötig anpassen», siehe Anhang 4.

ten kommen sie öfter als Rechtsprechende auf Items wie «Transparenz» oder «menschliche, volksnahe Justiz» zu sprechen. Das Anliegen einer «effizienten und wirksamen Justiz» wiederum wird öfter von externen Akteurinnen bzw. Akteuren wie Anwältinnen und Anwälten oder Journalistinnen und Journalisten ins Spiel gebracht, was überraschen mag, sind es doch die Magistraten, die aus diesen Werten Legitimität schöpfen.[383] Die Journalistinnen und Journalisten folgen der öffentlichen Meinung und sprechen öfter als alle anderen Gruppen Erwartungen wie Strenge oder die Legitimität von Gerichtsentscheiden durch Laienrichterinnen und Laienrichter an.

Wenn Richterinnen und Richter mit oder ohne Managementverantwortung miteinander verglichen werden, fällt auf, dass etwa 70 Prozent der Erwartungen von beiden Gruppen genannt werden, diese hier also weitgehend homogen sind. Dies könnte der Überdeterminierung durch die angestammte Berufskultur[384] gegenüber der Kultur des Managements geschuldet sein, geht es hier doch um Expertinnen und Experten, die ihre Funktion als Rechtsprechende besonders hoch halten und ihr mit oder ohne Managementfunktion den Vorrang geben. 262

In diesem Zusammenhang lohnt es sich, auf die Aussagen in den Befragungen zurückzukommen, um auf einige Hindernisse aufmerksam zu machen, die die Gesprächspartner direkt oder indirekt mit einer «Vermanagerisierung» der Justiz in Verbindung bringen. Obwohl die Vision einer „guten" Justiz ziemlich kohärent zu sein scheint, sind konkrete Argumente gegen diese Managerialisierung in Betracht zu ziehen. Da ist einmal die Feststellung, Management und Verwaltung stellten gegenüber dem Recht «eine niedrigere Kunst» und ein Modephänomen dar (etwas, das wieder verschwindet). Management sei für die Institution der Justiz («die ja keine Schuhfabrik ist») nicht geeignet. Managementmassstäbe würden zu einer simplen Gleichstellung der Gerichte mit Unternehmen der Industrieproduktion führen, die indessen keineswegs miteinander vergleichbar seien. Demselben Muster folgt die Aussage, das Vokabular des Managements sei für die Judikative nicht geeignet: Begriffe wie Produktivität, Kunden, Produkte fänden in der Tätigkeiten eines Gerichts keine Entsprechung. 263

---

[383] VIGOUR (2008).
[384] EXWORTHY/HALFORD (1999).

Spezifischer ist die Feststellung, Management sei nicht angebracht, weil seine wichtigsten Begriffe/Konzepte aus den folgenden Gründen nicht auf die Handlungen der Judikative anwendbar seien – das Argumentarium:

- Ziele: Die Judikative funktioniert nicht nach Zielen, sie muss die Fälle behandeln, die ihr vorgelegt werden, unter Wahrung des Rechts.

- Kennzahlen: Ungeeignet, weil eine «Messung» der Tätigkeit irreführend und ausschliesslich quantitativ ist, während in der Arbeit des Gerichts, resp. der Richterinnen und Richter die Qualität wesentlich ist und man «Indikatoren alles aussagen lassen kann». Die Ermittlung und Verwaltung von Kennzahlen nimmt gemessen an ihrem effektiven Nutzen unverhältnismässig viele Ressourcen in Anspruch.

- Kundinnen und Kunden: Für die Justiz besonders unpassend, denn Kundin bzw. Kunde sein bedeutet, dass man die Wahl hat und sich nach einem bestimmten Qualitätsniveau ausrichten kann; ganz anders das *der Gerichtsbarkeit unterworfene Individuum*, das aufgrund von Demokratie und Verfassung das gleiche Leistungsniveau erwarten kann wie jede andere Bürgerin bzw. jeder andere Bürger, der es mit der Justiz zu tun bekommt. Im Übrigen sind Justiz und Parteien nicht auf demselben Niveau: «[...] die «Kunden» sind keine freiwilligen Vertragspartner, die auf gleicher Augenhöhe mit der Justiz stehen». Zudem wird hervorgehoben, dass «Management nicht den Kunden dient», somit nichts zur Qualität der gesprochenen Urteile beiträgt.

- Produkte: Es wird ähnlich argumentiert wie bei den Kundinnen und Kunden, «wir müssen kein Produkt verkaufen, uns ist im besten Fall viel mehr daran gelegen, dass die Kundschaft schrumpft...».

- Rechenschaft/Haftbarkeit: Richterinnen und Richter sind dem Rechtverpflichtet, doch sie müssen keine Rechenschaft ablegen, niemandem, nicht einmal den Kolleginnen und Kollegen: «Ein Richter, der sein Urteil gefällt hat, ist mit sich selbst im Reinen, er muss sich nicht rechtfertigen». In diesem Zusammenhang gilt es zu beachten, dass das Gericht / die Richterin bzw. der Richter kein Feedback für die geleistete Arbeit erhält (es sei denn auf dem Umweg eines Rechtsmittels).

– Budget: Schwierig umzusetzen, denn «wir müssen behandeln, was kommt», im *Budgetrahmen* sieht man daher keinen Sinn.

– Chefin bzw. Chef/Hierarchie: Richterinnen und Richter haben keine eigentliche Chefin bzw. keinen eigentlichen Chef, der sie führt; gibt es sie bzw. ihn doch (zum Beispiel in der Person der Gerichtspräsidentin bzw. des Gerichtspräsidenten), kann sie bzw. er weder Befehle erteilen noch die Arbeit kontrollieren: «Was erlauben Sie sich, sich in die Angelegenheiten meiner Sekretärin einzumischen, das geht nur mich etwas an». Die Autonomie und Unabhängigkeit der Richterinnen und Richter (siehe oben), ihr Individualismus, wenn es um die eigenen Arbeitsmethoden geht, und ihr im Allgemeinen starker Charakter sind weitere Elemente, die gegen eine Chefin bzw. einen Chef sprechen: «In der Justiz hat man es mit Königen zu tun, die sich schwer tun, jemandem nachzugeben». Ausserdem könnte die Einführung von Managementtechniken die Vertrauensbasis erschüttern und sie durch eine Herrschaft der Anweisungen und Kontrollen ersetzen. Oder auch: «So lange es läuft, gibt es keinen Grund einzugreifen».

– Team: Das Team, das in der heutigen Management-Praxis einen angestammten Platz hat, stösst sich am legendären Individualismus des Richterstandes.

– Bewertungen *(Anreize):* Gibt es nicht, und sie sind nicht geeignet für die Funktionsweise der Justiz.

Zudem wird hervorgehoben, dass Managerinnen bzw. Manager 264 dort, wo sie eingesetzt worden sind, «die Tätigkeit der Richterinnen und Richter nicht kennen und nicht verstehen», zu einer Form der Technokratisierung beitragen, die die Arbeit des Gerichts tendenziell entpersonalisiert und entmenschlicht, dazu führen, dass die Richterschaft, wenn sie die wichtigsten Managementaufgaben an das Management delegiert, sich nicht mehr verantwortlich fühlt («die Generalsekretäre übernehmen die Probleme, um die sich die Richter nicht kümmern wollen»). Den Managerinnen und Managern schlägt grundlegendes Misstrauen seitens der Richterschaft entgegen, insbesondere dort, wo Letztere nicht in die Entscheidungen einbezogen ist; wo das

Management hingegen als *Funktion* gilt, welche die Richterinnen und Richter abdecken müssen, hört man, sie könnten schwerlich beide Rollen (Richterin bzw. Richter wie Managerrolle) korrekt erfüllen.

265   Die Gesprächspartnerinnen und Gesprächspartner betonen, die Justiz sei im Allgemeinen ein konservatives Milieu, in bestimmten Zügen mit der öffentlichen Verwaltung vergleichbar, und setze sich aus Individualisten und starken Persönlichkeiten zusammen – wodurch die Justiz keinen guten Boden für Management-Praktiken biete.

266   Ob die den vorliegenden quantitativen Befragungen entnommen Argumente einer breit angelegten statistischen Analyse standhalten, soll mit der nachstehenden quantitativen Untersuchung überprüft werden.

7.2.1.3 Quantitative Untersuchung

267   Die wie vorgängig beschrieben in der qualitativen Phase ermittelten Qualitäten (und einige weitere, die der Fachliteratur entnommen wurden – für eine umfassende Aufstellung siehe Anhang 5) wurden den beteiligten Parteien der Justiz in jenen Kantonen vorgelegt, wo bereits die Befragungen durchgeführt wurden. Die Teilnehmenden wurden nach der Bedeutung (Wichtigkeit) befragt, die sie den einzelnen Qualitäten[385] auf der Likert-Skala[386] beimessen, sowie danach, wie es in ihren Augen im eigenen Kanton um diese Aspekte bestellt ist.[387] Die Unterschiede zwischen den beiden Einschätzungen (Erwartungen – Wahrnehmung der Realität) zeigten, bei welchen

---

[385] Die vierzig Qualitäten, die den Befragten vorgelegt wurden, und die entsprechenden deskriptiven Statistiken sind in Beilage 2 vorgestellt. Die Beteiligten wurden gebeten, die einzelnen Qualitäten im Rahmen ihrer Haupttätigkeit zu bewerten.

[386] Die Frage lautete: «Wie wichtig sind Ihrer Meinung nach die unten aufgelisteten Eigenschaften der Justiz?» Gemäss der folgenden Skala: 1=überhaupt nicht wichtig, 2=eher unwichtig, 3=weder – noch, 4=eher wichtig, 5=sehr wichtig.

[387] Die Frage lautete: «Inwiefern beschreiben die folgenden Eigenschaften die Justiz Ihres Kantons?» Gemäss der folgenden Skala: 1=gar nicht einverstanden, 2=eher nicht einverstanden, 3=weder – noch, 4=eher einverstanden, 5=völlig einverstanden.

Items sich die wichtigsten unbefriedigten Erwartungen der Befragten ansiedeln. Zu diesem Zweck wurde über 7'000 Akteurinnen und Akteuren der Schweizer Justiz in elektronischer Form einen Fragebogen zugestellt. Es gingen 1'513 Antworten ein, von welchen 1'448[388] vollständig und verwendbar waren, was einer Rücklaufquote von insgesamt rund 20 Prozent entspricht. Da die Rücklaufquoten von Kanton zu Kanton stark variierten (zwischen 10 Prozent und 46 Prozent), wurden die Resultate, um sie zu vergleichen, gewichtet.

Die Daten wurden in der Folge mit der Applikation SPSS 21 verarbeitet. Um die Anzahl der zu analysierenden Qualitäten zu reduzieren, wurde zunächst eine Hauptkomponentenanalyse[389] der Resultate für die beigemessene Bedeutung[390] der 40 vorgeschlagenen Items erstellt. Es resultierten acht Faktoren, von denen sechs mit Cronbachs Alpha>0.6 beibehalten wurden.[391] Für die einzelnen Faktoren werden Items mit einer *Factor Loading* (Sättigung) von mindestens 0,1 Prozent je Faktor berücksichtigt.[392] Die Faktoren wurden als abhängige Variable in multiplen Regressionsanalysen untersucht, um festzustellen, welche unabhängigen Variablen sie bedeutsam beeinflussen. Das Interesse galt insbesondere den Variablen der einzelnen Rollen (Richterinnen bzw. Richter, Managerinnen bzw. Manager, Anwältinnen bzw. Anwälte, Gerichtsschreibende, Sekretärinnen bzw. Sekretäre, Laienrichterinnen bzw. Laienrichter, Staatsanwältinnen bzw. Staatsanwälte), wobei die Effekte der untersuchten Variablen mit Hilfe von

268

---

[388] Fehlermarge: +/-0.1 Prozent, Vertrauensintervall 99 Prozent.

[389] N=1'044. Da die Daten nicht der Gaussschen Kurve folgen, wurde die Faktorenanalyse mit der Extraktionsmethode der ungewichteten kleinsten Quadrate (ULS) wiederholt, siehe DURAND (2003). Die resultierenden Werte dürfen als identisch bezeichnet werden: einzig die Faktoren 2 und 6 weichen etwas ab, korrelieren aber bei 0.962, resp. 0.978 mit den hier präsentierten Faktoren. Für weitere Angaben zu den statistischen Daten siehe Anhang 5.

[390] Es wird auf die Bedeutung (oder die Erwartungen) zurückgegriffen, um die Kultur der einzelnen Akteurinnen bzw. Akteure zu definieren.

[391] Cronbachs Alpha wird als Masszahl für die zu berücksichtigenden Faktoren verwendet. Im Allgemeinen wird ein Grenzwert von 0,7 angenommen, der in der Literatur jedoch weitgehend [SCHMITT (1996); CORTINA (1993); TAVAKOL/DENNICK (2011); PETERSON (1994); CHO/KIM (2015)] als willkürlich betrachtet wird und nicht durch empirische Studien bestätigt ist.

[392] Diese Wahl geht auch auf die Tatsache zurück, dass kein Item die Konzepte von mehr als einem Faktor mit einer Sättigung>0.5 widerspiegelt.

soziodemografischen Parametern kontrolliert wurden (Alter, Geschlecht, Managementdiplom, Kantone der Romandie versus andere Kantone, Urbanität). Sodann wurden aufgrund der Stimmigkeit zwischen den einzelnen Elementen (*Person-Culture Fit*)[393] sowie den dominanten Erwartungen an eine gute Justiz die institutionelle Kultur und allfällige Subkulturen gemäss den berücksichtigen unabhängigen Variablen definiert.

269   Die Ergebnisse der Faktorenanalyse[394] werden in den Anhängen vorgestellt.[395] Anhang 6 enthält die acht in der Faktorenanalyse berücksichtigten Faktoren sowie die jeweils erklärte Varianz. Mit Hilfe dieser Ergebnisse kann die Dimensionen definiert werden, die den Akteurinnen und Akteuren des Schweizer Rechtswesens zufolge einer guten Justiz zugrunde liegen. Die sechs hier berücksichtigten Dimensionen (Faktoren), die jeweils unter eine Überschrift gestellt werden, sowie ihre 28 entsprechenden Items sind die Folgenden (α=Cronbachs Alpha, M=Mittel, N=Anzahl Beobachtungen):

1. Die *«partnerschaftliche, verlässliche»* Justiz: wahrt das Amtsgeheimnis, begegnet Rechtsuchenden und Beklagten höflich und respektvoll, gewährt gleiche Behandlung, ist vertrauenswürdig, nimmt Klägerin bzw. Kläger und Beklagte ernst (α=0.78, M=4.57, N=1'360). Die meisten Items entstammen der Welt des *Gemeinwesens*.

2. Eine *«in die Gesellschaft integrierte, kundenfreundliche»* Justiz: ist menschlich und volksnah, aufmerksam, kommunikativ (Medien, Öffentlichkeit), auch Nicht-Juristinnen bzw. Nicht-Juristen sprechen Recht (α=0.72, M=3.47, N=1'297). Die meisten Items entstammen der Welt des *Gemeinwesens*.

---

[393] VIGODA-GADOT/MEIRI (2008).

[394] Die Literatur unterscheidet zwischen Hauptkomponenten- und Faktorenanalyse COSTELLO/OSBORNE (2005). Aus praktischen Gründen werden die beiden Bezeichnungen hier gleichwohl synonym verwendet.

[395] Da im Bartlett-Test Werte bei $p < 0.001$ als signifikant gelten, kann darauf geschlossen werden, dass es positive Korrelationen zwischen den Variablen gibt, während ein KMO-Index von 0.921 statistisch akzeptabel ist und die Faktoren somit verlässliche Messgrössen sind.

3. Eine «*Justiz, die zugänglich ist, easy, schlank und leistungs-stark*»: ist einfach und pragmatisch, schnell, verständlich (klar begründete Entscheide), transparent und offen gegenüber der Gesellschaft, gleicht entstandenen Schaden wirksam aus (α=0.67, M=4.20, N=1'340). Die Items dieses Faktors sind Hybridisierungen der *Industrie- und der Marktwelt*.

4. Eine «*ergebnisorientierte und wirkungsvolle*» Justiz: ist streng (bei den Sanktionen), einschüchternd, wirksam gegen Rückfälle (Strafsachen), kostet die Steuerzahlerin bzw. den Steuerzahler wenig (Prozent des Staatsbudgets) (α=0.68, M=3.38, N=1'310). Die meisten Items beziehen sich auf die *häusliche/familiäre Welt*.

5. Eine «*kompetente, gut bestückte und funktionale*» Justiz: verfügt über genügend Personal, ist gut ausgerüstet (Infrastruktur), verfügt über kompetente Mitarbeitende, arbeitet wirtschaftlich und ist gut organisiert (α=0.7, M=4.42, N=1'402). Dieser Faktor setzt sich mehrheitlich aus Items der *Industriewelt* zusammen.

6. Eine Justiz, die «*frei von Druck und gerecht*» ist: ist unparteiisch, nicht willkürlich, unabhängig, nicht bestechlich[396] (α=0.62, N=1'356, M=4.83). Die meisten Items entstammen der Welt des *Gemeinwesens*.

Die Merkmale der guten Justiz verteilen sich somit auf acht Faktoren (wovon sechs berücksichtigt werden), die circa 51 Prozent der Varianzen erklären. Die (nach M) wichtigsten Faktoren bestätigen den deskriptiven Teil der quantitativen Analyse: Die wichtigsten Faktoren bestehen aus «klassischen» Items für die Justiz (Faktoren 6 und 1), die

270

---

[396] Unter Ausschluss der Items «unparteiisch» und «nicht bestechlich» erhält man α=0.67, jedoch waren diese beiden Items in den Augen der Befragten sehr wichtig, weshalb sie beibehalten wurden. Um eine Verfälschung der Resultate zu vermeiden, wird in der Literatur davon abgeraten, Items auszuschliessen, nur um ein höheres Cronbachs Alpha zu erzielen; RAYKOV (2008); RAYKOV (2007), zitiert von CHO KIM (2015).

vorliegend dem «Gemeinwesen»[397] nach Boltanski und Thévenot (1991) zugeordnet werden.

271   Die Resultate weisen darauf hin, dass die Schweizer Justiz nach wie vor von den Erwartungen der dominanten Gruppe[398] (Richterschaft)[399] geprägt ist, nachdem die nicht-gerichtlichen Akteurinnen und Akteure sich auf die Führungsposition der richterlichen Logik eingestellt haben dürften. Die Resultate beschreiben eine Begriffswelt, die über Management-Ansätze hinausreicht und die traditionelle «art judiciaire» privilegiert, die wieder (oder weiterhin) die Führungsposition einnimmt.[400] Vielleicht kommt hier auch eine Form der *Kolonisierung* des Managements durch den Richterstand zum Ausdruck[401], wobei der hybride Charakter der Faktoren der Analyse betont werden muss, die sowohl auf die traditionell bürokratische Welt als auch die Welten des Marktes, der Industrie und der Familie verweisen. In diesem Fall soll die Hybridisierung auch auf Magistratinnen und Magistraten zurückgehen, die Elemente der managementorientierten Logik herausgreifen, um «das Bild der Justiz»[402] zu verändern, als eine Art Übersetzerinnen und Übersetzer im soziologischen Sinn des Worts.[403]

272   Um festzustellen, welche Variablen die den einzelnen Faktoren zugeordneten Resultate signifikant beeinflussen, werden die Faktoren als abhängige Variable in multiple Regressionen eingeführt (Regressionstabellen bei den Autoren erhältlich). Das Interesse gilt der Bedeutung, die die Befragten den einzelnen Faktoren einräumen, zumal diese als Proxy für die Justizkultur der verschiedenen Akteurengruppen eingesetzt werden. Die Richterschaft wurde als Basispopulation gewählt, weil sie die zentralen Akteurinnen und Akteure der Justiz sind, um anschliessend der Frage nachzugehen, ob die für sie eruierten Resultate von den Ergebnissen für die anderen Befragten (Verwalterinnen

---

[397]   Die der Welt des Gemeinwesens zugeordneten Items sind in sechs Faktoren vertreten, am stärksten jedoch in den Faktoren 1 und 6, wo sie 83 Prozent resp. 75 Prozent stellen.

[398]   BLOOR/DAWSON (1994); SCHEIN (1992).

[399]   EICHER/SCHEDLER (2012a).

[400]   VAUCHEZ/WILLEMEZ (2007).

[401]   FERLIE/GERAGHTY (2007).

[402]   VIGOUR (2006).

[403]   AKRICH/CALLON/LATOUR (2006).

bzw. Verwalter, Sekretärinnen bzw. Sekretäre, Anwältinnen bzw. Anwälte, Laienrichterinnen bzw. Laienrichter, Staatsanwältinnen bzw. Staatsanwälte, Gerichtsschreibende) abweichen. Die Ergebnisse zeigen, dass es bei fünf von sechs Faktoren signifikante Abweichungen zwischen den Ergebnissen für die Richterschaft auf der einen und die übrigen Justizakteurinnen bzw. -akteure auf der anderen Seite gibt, dass die Antworten der Richterinnen und Richter jedoch in den meisten Fällen (58 Prozent)[404] nicht signifikant von den anderen Akteurinnen und Akteuren abweichen, was die schon vorgängig beobachtete Kongruenz der Erwartungen bestätigt. Am nächsten scheint die Kultur der Richterschaft, um auch auf diese Frage einzugehen, den beiden Gruppen der Gerichtsschreibenden und Staatsanwältinnen bzw. Staatsanwälte zu sein. Dies erklärt sich dadurch, dass die drei Gruppen im Herzen der Justiz tätig sind, dort, wo Recht gesprochen wird. Die Gerichtsschreibenden tauschen sich im Rahmen der Gerichtsverfahren täglich mit der Richterschaft aus, während die Staatsanwältinnen und Staatsanwälte auch selbst richten, ihre Urteile jedoch in einem anderen Rahmen fällen.

Es gibt auch Unterschiede. Interessant ist zum Beispiel die Tatsache, dass dort, wo es bedeutende Differenzen zwischen den Antworten der Richterschaft und der anderen Akteurinnen und Akteure gibt, Erstere den Faktoren in der Regel weniger Bedeutung beimisst, woraus man folgern kann, dass sie weniger hohe Erwartungen hegt. Dafür gibt es zwei Erklärungen: Bei den Items, auf die die Richterinnen und Richter direkt Einfluss nehmen können (wie menschliche Justiz, aufmerksam und kommunikationsbereit), dürften sie (die «Anbieter») relativ zufrieden sein, während sich die anderen Akteurinnen und Akteure (die «Abnehmer») einen noch umfassenderen «Service» wünschen. Die zweite Erklärung ist, dass die Items der Marktwelt, der industriellen und der häuslichen Welt nicht Teil der Kultur der Magistratinnen bzw. Magistraten und somit für sie schlicht nicht prioritär sind. 273

---

[404] Nur 15 der 36 Termini sind signifikant (6 Faktoren x 6 Rollen: Laienrichterinnen bzw. Laienrichter, Staatsanwältinnen bzw. Staatsanwälte, Anwältinnen bzw. Anwälte, Verwalterinnen bzw. Verwalter, Gerichtsschreibende und Sekretärinnen bzw. Sekretäre).

274   Bei den Faktoren, die für die Richterinnen und Richter signifikant wichtiger sind, wurde festgestellt, dass diese sich primär aus Items der Welt des Gemeinwesens zusammensetzen, die sich ausserdem direkt auf die Rechtsprechung beziehen (Unparteilichkeit, Unabhängigkeit, Bestechlichkeit usw.). Dasselbe gilt für weitere Akteurinnen und Akteuren, namentlich der Rechtsanwaltschaft. Dies bestätigt, dass bei der Evaluation der Qualitäten einer guten Justiz ausschlaggebend ist, ob die Befragten eine Funktion im Herzen des Rechtswesens einnehmen.

275   Wird verglichen, wie die Justizakteurinnen und -akteure und wie das Volk das Rechtswesen wahrnehmen, fällt auf, dass die Perzeption der erstgenannten Gruppe systematisch positiver ausfällt. Dies bestärkt die eingangs formulierte Hypothese zu den Erwartungen: Institutionsexterne Akteurinnen und Akteure sehen die Justiz in der Regel kritischer als solche, die täglich in ihrem Rahmen tätig sind. Dies wird durch ein Phänomen innerhalb der Gruppe der Justizakteurinnen bzw. -akteure untermauert: Richterinnen und Richter sind mit der aktuellen Situation der Justiz (Erwartungen und Perzeptionen weichen weniger voneinander ab) tendenziell zufriedener als die anderen Akteurinnen bzw. Akteure (Laienrichterinnen bzw. Laienrichter, Managerinnen bzw. Manager, Gerichtsschreibende, Sekretärinnen bzw. Sekretäre und Anwältinnen bzw. Anwälte). Allerdings: Bei der Frage nach der Gesamteinschätzung der Justiz gibt es keine signifikanten Unterschiede zwischen der Schweizer Bevölkerung und den Justizakteurinnen bzw. -akteure. Alle haben ein relativ positives Bild der Justiz, die sie mit einer Note zwischen «mittelmässig» und «gut» bewerten[405].

276   Vergleicht man auf derselben Basis Akteurinnen und Akteure mit (oder mit ehemaliger) und solche ohne Managementverantwortung, zeigt sich, dass diese Unterscheidung keine signifikanten Resultate erbringt (eine Abweichung erfolgt nur beim Faktor 4[406], den die Befragten mit Verwaltungsverantwortung erstaunlicherweise als weniger wichtig einstufen als jene ohne eine solche Erfahrung). Dasselbe Phä-

---

[405] Die Frage lautete: «Insgesamt ist das Bild, das ich von der Justiz meines Kantons habe: 1=sehr schlecht, 2=schlecht, 3=mittelmässig, 4=gut, 5=sehr gut». Bei den Justizakteurinnen bzw. -akteure liegt der Mittelwert bei 3.68, bei der Bevölkerung bei 3.65, ohne signifikanten Unterschied aufgrund von $p < 0.05$.

[406] Faktor 4 steht für eine «ergebnisorientierte, wirksame Justiz».

nomen zeigt sich, wenn die Antworten der Richterschaft mit und ohne Verantwortung im Management verglichen werden. Mit anderen Worten: Wird an einem Schweizer Gericht eine Managementverantwortung wahrgenommen, verändert dies die Erwartungen gegenüber einer guten Justiz nicht.

Unter der Bezeichnung «Juristen» wurde vorliegend auch eine   277
Gruppe von Akteurinnen und Akteuren definiert, die direkt ins «Gerichtsverfahren» involviert sind, also Richterschaft, Gerichtsschreibende und Staatsanwältinnen bzw. Staatsanwälte. Diese Gruppe zeigt Abweichungen gegenüber den anderen Akteurinnen und Akteuren bei den Faktoren 2, 3, 4 und 6. Die Juristinnen und Juristen schätzen die Faktoren 2, 3 und 4 weniger wichtig, den Faktor 6 hingegen wichtiger ein als die anderen Akteurinnen bzw. Akteure. Dies überrascht nicht, da Faktor 6 die «klassischen» Items enthält (Unparteilichkeit, Unabhängigkeit usw.), die sozusagen im Herzen des Juristinnen- bzw. Juristenberufs angesiedelt sind, während die anderen Faktoren eher die Perspektive der «Kunden» oder Rechtsuchenden widerspiegeln.

Es wurde auch untersucht, ob es tendenziell Unterschiede zwischen   278
der Gruppe der Richterinnen und Richter und jener der Managerinnen und Manager gibt. Hier zeigen sich ebenfalls signifikante Abweichungen bei den Faktoren 2, 4 und 6, doch sind diese von anderer Art. Wie die standardisierten Beta-Koeffizienten der letzten Variablen in der Tat aufzeigen, sind die Faktoren 2 und 4 den Richterinnen und Richtern weniger wichtig als den Managerinnen und Managern; umgekehrt ist es beim Faktor 6. Somit bestätigt sich, dass es Unterschiede gibt, insgesamt jedoch Kongruenz vorherrscht (50 Prozent der Faktoren sind ohne abweichende Bewertungen von Richter- und Managergruppe, während die [durchschnittlichen] Abweichungen bei den anderen 50 Prozent nicht extrem sind).[407] Wie im vorangehenden Kapitel aus-

---

[407] Aus den deskriptiven Statistiken geht hervor, dass sich die Einstufung der Wichtigkeit für die einzelnen Faktoren gleich bleibt, unabhängig davon, ob das Interesse auf Richterinnen bzw. Richter, Managerinnen bzw. Manager oder die Justizakteurinnen bzw. -akteure gesamthaft fokussiert. Wichtigste Faktoren in abnehmender Rangfolge: 6, 1, 5, 3, 2, 4. Bei den Faktoren mit signifikant unterschiedlichen Mittelwerten für Richterinnen bzw. Richter und Managerinnen bzw. Manager liegen diese bei 3.45 vs. 3.65 (Faktor 2), 3.08 vs. 3.6 (Faktor 4), 4.89 vs. 4.68 (Faktor 6).

geführt und bereits bei den Befragungen festgestellt wurde, zeigt sich allerdings bei Fragestellungen mit Bezug auf die eigene Funktion eine Überdeterminierung durch die Berufskultur. In der Tat scheinen Richterinnen und Richter «klassischen» Qualitäten wie Unabhängigkeit oder Unparteilichkeit (Faktor 6) mehr Bedeutung beizumessen, während Managerinnen und Manager die Ergebnis- und Kundenorientierung höher bewerten (Faktoren 2 und 4) – und somit, wie andere Studien ebenfalls feststellen, Qualitäten, die perfekt der Stossrichtung des NPM entsprechen[408].

279   Im Allgemeinen ist zu beobachten, dass zwei Drittel der Gruppen[409] den diversen Items in ihren Antworten keine signifikant unterschiedliche Bedeutung zuordnen. Dies untermauert die Vorstellung einer weitgehend homogenen, aber hybriden Schweizer Justizkultur, da sich mehrere «Welten» in ihr zusammenfinden. Allerdings scheinen sich die Faktoren nicht alle gleich zu verhalten. Während die Kongruenz bei den Faktoren 1, 3 und 5 hoch ist, ist der Konsens bei den Faktoren 2, 4 und 6 geringer. Um diese Unterschiede zu erklären, werden sich kommende Studien einer eingehenden Untersuchung der Ursachen annehmen müssen.

7.2.1.4 Kritische Würdigung

280   Aufgrund der Befragungen der qualitativen Phase schienen die Werte und Erwartungen der beteiligten Parteien relativ konvergent und mit dem NPM vereinbar zu sein.[410] Die Analysen der Fragebögen hingegen (deskriptive Statistiken[411]) zeigte, dass die Teilnehmenden bei den wichtigsten Qualitäten für eine gute Justiz zu traditionellen Werten tendierten (wie Unabhängigkeit, Unparteilichkeit, Gleichheit, Aufrichtigkeit, Vertrauen), die dem Gemeinwesen im Sinn von Boltanski und Thévenot (1991) näher zu sein scheinen als dem NPM. Die dominierende Logik der Justiz wurde bereits im Teilprojekt «Prozesse» hervorgehoben. Um die Differenz zwischen den Resultaten der

---

[408] BRADLEY/PARKER (2006).
[409] Die vorliegende Analyse stützt sich auf die Resultate einer MANOVA-Analyse ab, die aus praktischen Gründen hier nicht ausgeführt werden.
[410] Siehe DE SANTIS (2015).
[411] Siehe Anhang 5.

qualitativen und quantitativen Phasen zu erklären, wird von der Hypothese ausgegangen, dass die soziale Erwünschtheit bei den persönlichen Befragungen eine Rolle spielte. Den Justizakteurinnen und -akteuren war bewusst, dass sie von Mitgliedern einer Forschergruppe befragt werden, die zum Thema Public Management forscht und an einem Projekt zum «Justizmanagement» arbeitet. In der Annahme, dass dies von ihnen erwartet wird, dürften sie daher öfter Managementfragen angesprochen haben. Bei der anonymen Beantwortung der Fragebögen hingegen kommt zum Ausdruck, dass den Teilnehmenden Themen des Gemeinwesens am wichtigsten sind. Aber auch die unterschiedlichen Stichproben können als Erklärung herangezogen werden: Um eine für die Schweizer Justiz repräsentative Auswahl sicherzustellen, wurden in der quantitativen Phase Akteurinnen und Akteure einbezogen, die in der ersten Phase fehlten[412], was sich allenfalls auf die Ergebnisse ausgewirkt hat. Eine dritte plausible Erklärung ist, dass die Befragten in der quantitativen Studie, wo ihnen alle Vorschläge vorgelegt wurden, die Bedeutung der Verwaltungsaspekte gegenüber den «klassischen» Werten der Justiz relativiert haben. In der qualitativen Phase hingegen, wo die Justizakteurinnen und -akteure die einzelnen Qualitäten nicht zum Vergleich vorgelegt bekamen, wurden spontan jene Bereiche angesprochen, mit denen die Befragten am unzufriedensten sind (Verwaltungsbereiche), nicht jene, die ihrer Meinung nach am wichtigsten sind (die traditionellen Attribute der Justiz).

Bei Managementbelangen klaffen Stellenwert und Perzeption der 281
realen Zustände am stärksten auseinander (Personalmangel, Effizienz, Geschwindigkeit, Wirtschaftlichkeit und gute Organisation etc.) – wohl auch mit Blick auf die Reformen, die in anderen westlichen Ländern umgesetzt werden, um Legitimität und Effizienz des Justizwesens zu stärken.[413] Mit anderen Worten und wie schon in anderen Studien festgestellt, werden vor allem für diesen Bereich Verbesserungen erwartet.[414] Auch wenn die Einschätzung der an der Studie Beteiligten dahin geht, dass die für eine gute Justiz wichtigsten Werte jenen des «klassischen» bürokratischen Modells am nächsten kommen, kann somit davon ausgegangen werden, dass die Justizakteurin-

---

[412] Verwaltungspersonal, Staatsanwälte und Laienrichter.
[413] VIGOUR (2008).
[414] OSTROM/HANSON/KLEIMAN (2005).

nen und -akteure für die vom NPM gestellten Ansprüche an das Management durchaus empfänglich sind. Sie würden sich vielmehr wünschen, dass diesen Werten im eigenen Kanton mehr Beachtung geschenkt wird. Dies ist umso mehr von Interesse, wenn man weiss, dass das NPM sich aus einer Kritik an den Grundsätzen der öffentlichen Verwaltung entwickelt hat.[415]

7.2.2 Management der Judikative am Beispiel des Schweizerischen Bundesgerichts

7.2.2.1 Methodik der Forschungsarbeit

282   Wie die Untersuchung bezüglich der Kultur der erst- und zweitinstanzlichen Gerichte[416] erfolgt auch die Forschungsarbeit zum Bundesgericht in zwei Zeitabschnitten. Sie besteht zunächst in einer qualitative Studie auf der Grundlage einer Dokumentenanalyse (historische und juristische Texte des obersten Gerichtshofs der Schweiz, Rechtsakte im Zusammenhang mit dem Bundesgericht, Dokumentation der wichtigsten Reformprojekte und CV der aktuellen und früheren Richterinnen und Richter) und halb-strukturierte Interviews mit mehreren Bundesrichterinnen und Bundesrichtern, administrativen Kadern, eidgenössischen Parlamentarierinnen und Parlamentariern und am Bundesgericht akkreditierten Journalistinnen und Journalisten.

283   In der Folge flossen die zentralen Aussagen aus diesen Gesprächen in einen Fragebogen ein, der den Bundesrichterinnen und -richtern (38), der Gesamtheit des Personals des Bundesgerichtes (322), den in der Gerichtskommission und den Subkommissionen der Geschäftsprüfungskommission beratenden eidgenössischen Parlamentarierinnen und Parlamentariern (35), den am Bundesgericht akkreditierten Journalistinnen und Journalisten (56) sowie den Anwältinnen und Anwäl-

---

[415] BEZES (2007).
[416] Siehe Ziffer 7.2.1.

ten[417] (102) vorgelegt wurde. Ziel war es, die Bedeutung, die diese beteiligten Gruppen dem Bundesgericht beimessen, sowie deren Perzeption des obersten Gerichts zu ermitteln. Die Resultate dieser Untersuchung werden erst nach Redaktionsschluss vorliegen.

7.2.2.2 Resultate der qualitativen Analyse

Aus der Untersuchung zeigt sich ein Bild des Bundesgerichts, das seit seiner Gründung chronisch überlastet und falsch belastet ist. Die Richterschaft ist zu sehr mit weniger wichtigen Angelegenheiten beschäftigt, die andere übernehmen könnten, während sie für wichtige Geschäfte zu wenig Zeit hat.   284

Was Herkunftsregion, Sprache und professionellen Werdegang betrifft, ist das Profil der Bundesrichterschaft seit 1848 durch Diversität geprägt. Die (juristische) Ausbildung hingegen ist sehr homogen, und die grosse Mehrheit der Richterinnen und Richter (circa 70 Prozent) war bereits vor Eintritt ins Bundesgericht in der Judikative tätig. Das Richterprofil hat sich indessen im Laufe der Zeit dahingehend verändert, dass die Politikerinnen und Politiker im Richtergewand der Anfangszeit durch Juristinnen und Juristen ersetzt wurden.   285

Die Richterschaft und das Kader des Bundesgerichts, die eidgenössischen Parlamentarierinnen und Parlamentarier wie auch die akkreditierten Journalistinnen und Journalisten sind mehrheitlich der Meinung, dass sich die wichtigsten Ansprüche an eine gute Justiz im Laufe der Zeit nicht verändert haben. In den Interviews wurden die folgenden Attribute am meisten genannt: Unabhängigkeit, juristische und menschliche Kompetenz, Effizienz und Zügigkeit, Vorbildcharakter und Vertrauenswürdigkeit, Unparteilichkeit. Einzig Transparenz und Kommunikation wurden von einigen Magistratinnen und Magistraten als neue Attribute bezeichnet.   286

Die qualitative Untersuchung zeigt auf, dass Gesetzgeber und Richterschaft die Bedeutung des Managements im Bundesgericht anerkennen (die Reformen wurden recht gut aufgenommen) und Ma-   287

---

[417] Es sind Anwältinnen und Anwälte, die mehr als 50 Fälle vor dem Bundesgericht vertreten haben, wovon mindestens 5 unter dem alten Verfahrensgesetz (OG) und 5 unter dem BGG.

nagementbelange ganz gut akzeptieren. Aus der Untersuchung kann auch auf einen möglichen Einfluss europäischer Qualitätskriterien[418] auf die Definition einer qualitativ hochstehenden Schweizer Justiz geschlossen werden. Sowohl in den Berichten als auch den Arbeiten im Rahmen der Umsetzung des Neuen Führungsmodells für die Bundesverwaltung (NFB) hat das Bundesgericht Qualitätskriterien der CEPEJ übernommen (Einführung juristischer Statistiken, Performanz-Indikatoren, Effizienzkonzept usw.). Die Mehrheit der Befragten ist der Meinung, dass das Bundesgerichtsgesetz (BGG) eine der wichtigsten Reformen darstellt und die Richterschaft, um ihre Funktion angemessen wahrnehmen zu können, Managementarbeiten auf ein Minimum reduzieren sollte. Der Mehrheit der Bundesrichterinnen und -richter zufolge hat die eigene Berufsgruppe die auf eine Verbesserung der Rechtsprechungsprozesse ausgerichteten Reformen weitgehend akzeptiert, es wird aber auch zum Ausdruck gebracht, dass nicht alle Abteilungen nach dem gleichen Muster arbeiten. Die Parlamentarierinnen und Parlamentarier wie auch die Journalistinnen und Journalisten legten nur lückenhafte Kenntnisse über die Verantwortlichkeiten im Managementbereich des Bundesgerichts an den Tag, namentlich was die Kompetenzen der Führungsorgane und des Generalsekretärs anbelangt.

288   Die Abteilungen des Bundesgerichts scheinen (teilweise) heterogene Arbeitspraktiken entwickelt zu haben. Die Kultur scheint aus mehreren Sub-Kulturen zusammengesetzt, die sich an den einzelnen Standorten des Bundesgerichts zum Teil unabhängig entwickeln. Diese Hypothese soll in der quantitativen Analyse vertieft werden. Insgesamt kann aufgrund der Dokumentenanalyse, der einbezogenen Fachliteratur[419] und der Interviews festgestellt werden, dass sich die Reformen auf Effizienzsteigerungen im Prozess der Rechtsprechung konzentrieren – zum Beispiel über die Neuorganisation des Gerichts mit kleineren Kollegien oder die Einführung von Entscheidungen auf dem Zirkularweg und durch Einzelrichterinnen und Einzelrichter – und dass sie gut aufgenommen werden.

---

[418]   Siehe CEPEJ (2008b).
[419]   KEEL (2014), AERSCHMANN (2014).

Indes fiel es den beteiligten Parteien schwer, sich zur künftigen   289
Entwicklung der Ansprüche an eine gute Justiz letzter Instanz zu äus-
sern. Einige Richterinnen und Richter bezeichneten gleichwohl drei
Elemente als neu: die Geschwindigkeit, mit der Geschäfte zu Ende
gebracht werden, die Führungskompetenzen der Richterschaft und das
wachsende Bedürfnis der externen Akteurinnen und Akteure nach
Transparenz (Kommunikation). Laut der neusten Literatur sind die
beiden erstgenannten auch die derzeit gängigsten Charakteristika.[420]
Wenn es um die Attribute des guten Richters oder der guten Justiz
ging, nannten die beteiligten Parteien unabhängig von der bekleideten
Funktion dieselben Erwartungen. Es ist daher denkbar, dass die Entwicklung des Managements im Bundesgericht eher auf dessen Geschichte und Rolle zurückgeht[421] als auf den Einfluss seiner Mitglieder
resp. auf deren persönliche Eigenheiten.

Eine andere Erklärung ist, dass die Erwartungen der beteiligten ex-   290
ternen Parteien einem Idealbild der letztinstanzlichen Justiz entsprechen, das nicht mit der Realität übereinstimmt.[422] Dieses idealisierte
Konstrukt könnte sich bei allen externen Parteien wiederfinden, was
erklären würde, dass sie ähnliche Erwartungen an das Bundesgericht
hegen.

Diese Elemente werden in der quantitativen Analyse wieder aufge-   291
nommen und vertieft.

7.3   Würdigung

7.3.1   Folgerungen für das Justizmanagement

Die wichtigsten Ergebnisse dieser Studie können in *drei*   292
Punkten zusammengefasst werden. Angesichts der hybriden Kultur,
die im Justizwesen vorzuherrschen scheint, ist *erstens* entscheidend,
dass eine Harmonisierung der diversen Befindlichkeiten, Vorstellun-

---

[420] AERSCHMANN (2014).
[421] DYEVRE (2010).
[422] Siehe AERSCHMANN (2014).

gen und zugrundeliegenden Werte gelingt — insbesondere jener Werte, die sich auf die Rechtsprechungsprozesse und die Justizkultur im
Allgemeinen auf der einen Seite und des Gerichtsmanagements auf
der anderen Seite beziehen. Nur wenn Vereinbarungen oder Kompromisse[423] geschlossen werden, kann es gelingen, die verschiedenen
Welten im Hinblick auf eine gute Justiz miteinander in Einklang zu
bringen. Erst wenn bestehende Hindernisse abgebaut sind, wird man
einschätzen können, wie gross die potentielle Unterstützung für Managementpraktiken ist. Es müssen «principes de rang supérieur»[424]
(höherrangige Prinzipien) gefunden und von den Übersetzerinnen und
Übersetzern[425] als Verbindungs-Akteure auch vertreten werden. Sie
stellen die Verbindung zwischen dem Netz der Juristinnen und Juristen und jenem der Managerinnen und Manager an den Gerichten her,
erleichtern dadurch die Verständigung zwischen den Individuen und
wirken zugunsten des (allgemeinen) Interesses der Rechtsuchenden
ein. Zum Beispiel ist ein «Management-Tandem» mit Generalsekretärin oder Generalsekretär (oder anders bezeichneten Berufsleuten im
Bereich Leitung und Administration) und Gerichtspräsidentin oder
Gerichtspräsident vorstellbar, die, wie bereits einige Kantone belegen,
vernünftig miteinander funktionieren können, wenn die Kompetenzen
klar definiert sind und ein kontinuierlicher Dialog aufrecht erhalten
wird[426]. Die Gerichtsmanagerin bzw. der Gerichtsmanager mit juristischem Hintergrundsollte mindestens über eine Weiterbildung im Management auf der Stufe eines Zertifikatlehrgangs (CAS) verfügen.
Unterstützt von Arbeitsgruppen mit Vertreterinnen und Vertretern der
diversen Funktionen am Gericht haben die Tandems die Aufgabe, eine
Vision/Charta zu definieren, welche die in der vorliegenden Studie
erfassten Qualitäten der guten Justiz widerspiegeln, und die Ziele und
Indikatoren für deren Umsetzung festzulegen. Auf diese Weise können die Qualitäten operativ werden, wobei die Umsetzung durch geeignete Evaluationssysteme von einem Monitoring begleitet werden
müsste. Auch die institutionelle Kommunikation müsste sich an diesen Dimensionen orientieren und ausformuliert werden, zum Beispiel

---

[423] AMBLARD/BERNOUX/HERREROS/LIVIAN (1996).
[424] BOLTANSKI/THÉVENOT (1987).
[425] AKRICH et al. (2006).
[426] PRIGIONI (2014).

mit einer *Charta der beteiligten Parteien* des Gerichts. Darin werden die Qualitäten einer guten Justiz festgehalten, zu welchen sich das Gericht verpflichtet und welche regelmässig evaluiert werden. Um diesen ersten Punkt abzuschliessen, soll hervorgehoben werden, wie wichtig es bei der Umsetzung von (Management-)Reformen ist, dass – so früh wie möglich – alle beteiligten Parteien einbezogen werden. Nur so kann vermieden werden, dass die eine oder andere Partei der Reform ablehnend gegenüber steht.

Aus der Studie ergibt sich eine *zweite Folgerung* für das Justizmanagement in der Schweiz: Wo die Justizakteurinnen und -akteure am wenigsten zufrieden sind, sind Managementfragen betroffen. Wie auch andere Studien aufzeigen,[427] ist es durchaus denkbar, dass die Akteurinnen und Akteure der Schweizer Justiz eine unternehmerischere/wirtschaftlichere Kultur entwickeln wollen, ihnen dies jedoch wegen systeminhärenter Hindernisse nicht gelingen kann (insbesondere Befürchtungen, die Managementabläufe und -instrumente seien ungeeignet für die Tätigkeit der Justiz). Daher wäre es ratsam, die in diesem Sinn bremsenden Elemente des Systems zu überdenken, um dort Verbesserungen anzubringen, wo wahrgenommene Realität und beigemessener Stellenwert am stärksten auseinanderklaffen, indem die Arbeitsprozesse analysiert und qualitative Bewertungskriterien eingeführt werden. Auf diese Weise kann den Kritiken begegnet werden, die den reduktiven Charakter der aktuellen, rein quantitativen Indikatoren kritisieren. Mitunter sind auch nicht alle Beteiligten mit dem Managementansatz vertraut, dem im Übrigen oft Stereotypen anhängen. In diesem Fall ist Aufklärungsarbeit zu leisten mit dem Ziel, dass sich die lokalen Akteurinnen und Akteure Managementinstrumente zu eigen machen, um sie den Bedürfnissen und Eigenheiten ihrer Abteilungen/Gerichte anzupassen.[428] Zu begrüssen wäre in jedem Fall eine *kontextualistische*[429] Betrachtungsweise, die *Inhalt* und *Kontext* berücksichtigt sowie einen progressiven und den diversen Interessen der beteiligten Parteien angemessenen *Veränderungsprozess* begünstigt,

293

---

[427] Ostrom/Ostrom/Hanson/Kleiman (2007).
[428] Prigioni (2014).
[429] Pichault (2007).

damit Misserfolge als Folge von Inkohärenzen, wie sie Pichault identifizierte, vermieden werden können[430].

294   *Drittens* kann festgestellt werden, dass die internen Justizakteurinnen bzw. -akteure und insbesondere die Juristinnen und Juristen, die der Kerntätigkeit der Institution am nächsten sind, die Realitäten positiver sehen als die externen Akteurinnen bzw. Akteure (insbesondere Anwältinnen und Anwälte). Am wichtigsten wäre eine verstärkte Umsetzung von Begegnungen/Diskussionen/Partnerschaften/Foren/Veranstaltungen zu Fragestellungen und unterschiedlichen Auffassungen der internen und externen Akteurinnen und Akteure der dritten Gewalt. Dies wäre der Schweizer Justiz förderlich, indem es die Basis schafft, dass alle Beteiligten ihren Bedürfnissen Gehör verschaffen und mit der Umsetzung der wichtigsten Massnahmen der Verbesserungsprozess eingeläutet wird. Denkbar sind auch Ad-Hoc-Kommissionen nach dem Modell eines erweiterten Justizrats mit internen und externen Akteurinnen und Akteuren, die jeweils spezifische Themen vertreten und deren Aufgabe es ist, Lösungen zu finden, wo divergierende Sichtweisen Probleme bereiten. In der Literatur, die hier gut bestückt ist, wird betont, wie wichtig es für die öffentlichen Organisationen im Allgemeinen ist, die beteiligten Parteien auf operativer Ebene (Koproduktionsprozess im weiten Sinn) wie auch in der Governance besser zu integrieren. Der Justizrat weist in diese Richtung. Mit einer solchen Öffnung zu einer erweiterten Governance dürfte, ganz in der Tradition helvetischer Reformprozesse, eine zwar langsame, aber tiefgreifende kulturelle Entwicklung einsetzen.[431] Dies ist ein Garant für eine Judikative auf der Höhe der anstehenden Herausforderungen, die sich unter Wahrung der Grundlagen ihrer demokratischen Legitimität den gesellschaftlichen Tendenzen des 21. Jahrhunderts stellt.

---

[430] PICHAULT (2007).
[431] EMERY/GIAUQUE (2012).

7.3.2 Weiterer Forschungsbedarf

In der Schweizer Justiz scheint eine Hybridisierung der Bü-   295
rokratie- und Managementmodelle absehbar, wie sie bei den Eliten der
öffentlichen Verwaltung auf Bundesebene beobachtet werden kann.[432]
Diese Annahme sollte durch weitere Studien überprüft werden. Für
eine solche Hybridisierung sind Vereinbarungen und Kompromisse
erforderlich[433], die in der Justiz, zusammen mit Verhandlungen, «die
wesentlichen Managementinstrumente» darstellen[434].

Offen ist die Form, die eine entsprechende Koexistenz der ma-   296
nagement- und juristizorientierten Werte annehmen wird. Werden die
Richterinnen und Richter einen Teil ihrer Entscheidungsmacht delegieren, nach einem Modell mit Alter Ego oder dem Einbezug von
Expertinnen und Experten? Oder werden sie aus einer Verteidigungs-
haltung heraus versuchen, das Management zu kolonialisieren[435], indem sie die Managementinstrumente umwandeln, sie «justizialisie-
ren», ein Modell des «Richter-Managers» vorziehen[436]?

Es gilt zu beachten, dass das vorliegende Modell der multiplen Re-   297
gressionen nur einen relativ kleinen Teil der Varianz der verschiedenen Faktoren erklärt (zwischen 6 Prozent und 13 Prozent ungefähr);
eine Verzerrung durch nicht berücksichtigte Variablen ist wahrscheinlich. In künftigen Forschungsprojekten zur Justizkultur wird man nach
weiteren Erklärungsvariablen suchen müssen.

Die durchgeführten Untersuchungen wurden zudem ein einziges   298
Mal in einem gegebenen Kontext durchgeführt und beschränkten sich
auf 9 der 26 Schweizer Kantone. Eine vertiefte Untersuchung der
vermuteten kulturellen Ähnlichkeit zwischen französisch- und
deutschsprachigen Vertreterinnen und Vertretern von Richterschaft
und Management wäre ein lohnendes Forschungsfeld. Die vorliegende
Studie hat die französische Schweiz in den Mittelpunkt gestellt. Die
Beobachtungen zur deutschen Schweiz beziehen sich auf lediglich

---

[432] EMERY/GIAUQUE/REBMANN (2014).
[433] AMBLARD et al. (1996).
[434] GALLAS (1976), S.39.
[435] FERLIE/GERAGHTY (2007).
[436] PRIGIONI (2014).

zwei Kantone, die als Kontrollgruppe dienten. Erst aufgrund einer in diesem Sinn vertiefenden Studie wird sich erweisen, ob es in der schweizerischen Justiz allenfalls einen „Röstigraben" gibt, wie dies teilweise vermutet wird:[437] dass die (Schweizer) Justiz von der administrativen Kultur des Landes geprägt ist.

299 Schliesslich wird zu prüfen sein, ob sich die Feststellungen auf der Zeitachse bestätigen und in einem für die Schweiz repräsentativeren Kontext, wenn nicht im internationalen Vergleich, als gültig erweisen.

---

[437] LANGBROEK (2000).

8 Gesamtwürdigung und Ausblick

Andreas Lienhard, Daniel Kettiger

8.1 Einleitung

Die Forschungsfrage, welche das Gesamtprojekt umspannt, 300
lautete wie folgt: «Wie ist die Justizorganisation optimal auszugestalten, um die Rechtsprechung nachhaltig zu gewährleisten?». Diese
Fragestellung wurde in den verschiedenen Teilprojekten und im Querschnittsprojekt spezifiziert und führte dort zu den einzelnen Forschungsfragen. Zum Schluss geht es nun darum, *übergreifende Forschungserkenntnisse* im Hinblick auf die Beantwortung der umspannenden Frage aufzuzeigen.

Grundlagen für die nachfolgende Darstellung der Erkenntnisse 301
sind:

- die ausgewiesenen Forschungsergebnisse aus den einzelnen
  Teilprojekten sowie des Querschnittsprojekts;

- die Diskussion und Reflexion von durch die Gesamtprojektleitung erstellten Ergebnisthesen mit allen Projektbeteiligten
  (Teilprojektleitende, Doktorierende, Beiratsmitglieder);

- die Erkenntnisse aus weiteren Tätigkeiten im Rahmen des Forschungsprojekts (insbesondere Publikationstätigkeiten gemäss
  Anhang 2).

Darauf aufbauend werden anschliessend zudem bedeutende The- 302
men für weitere Forschungsarbeiten aufgezeigt. Eine Reflexion vor
dem Hintergrund der Grundannahmen einerseits und der internationalen Entwicklungen des Justizmanagements andererseits schliessen die
Gesamtwürdigung ab.

8.2 Übergreifende Forschungserkenntnisse

8.2.1 Justizmanagement in der pluralistischen Justizorganisation

303 Die Untersuchungen zeigen aus mehreren Perspektiven und Disziplinen die unterschiedlichen Rationalitäten (bzw. «Welten») in der Justiz auf: juristische Rationalität, Managementrationalität und kaufmännisch bürokratische Rationalität (industrielle Welt, Welt des Gemeinwesens, Welt des Marktes, häusliche/familiäre Welt). Die grössten Divergenzen bestehen zwischen Akteurinnen und Akteuren der Rechtsprechung einerseits und Akteurinnen und Akteuren des Justizmanagements andererseits. Tendenziell stehen Personen aus der Rechtsprechung Instrumenten des Justizmanagements eher kritisch gegenüber. Allerdings ergibt die Untersuchung beim Bundesgericht, dass die Richterschaft die Bedeutung des Managements im Bundesgericht anerkennt und Managementbelange sowie auf eine Verbesserung der Rechtsprechungsprozesse ausgerichtete Reformen akzeptiert. Eine gegenseitige Sozialisierung innerhalb der Gerichtsorganisation ist möglich; es lässt sich eine Hybridisierung beobachten. Dies kann mit sozialen Aktivitäten (z.B. Begegnungen) und sozialem Austausch (z.B. Foren) gefördert werden. Es kann weiter die Anforderung abgeleitet werden, dass Juristinnen und Juristen, welche Justizmanagement-Funktionen übernehmen, über eine Weiterbildung in (Public) Management verfügen sollten.

304 Ist vorgesehen, dass Fachrichterinnen und Fachrichter an der Rechtsprechung mitwirken, sind diverse verfassungsrechtliche Vorgaben zu beachten. Gegenstand und Umfang dieser Vorgaben hängen im Wesentlichen davon ab, welche Rolle den Fachrichterinnen und Fachrichtern zugedacht ist. So kann hinsichtlich der Fachrichterbeteiligung namentlich zwischen Gutachterfunktion, Beraterfunktion, Vermittlerfunktion, Mediationsfunktion und Legitimationsfunktion unterschieden werden.

8.2.2 Justizmanagement im Kontext des gewaltenteiligen Staatsverständnisses

Die Schweiz kennt in relativ singulärer Weise (aber ebenso 305
wie teilweise die USA) ein Wiederwahlverfahren für Richterinnen und
Richter (in der Regel Parlaments- oder Volkswahl); einzig im Kanton
Freiburg sind keine Wiederwahlen vorgesehen. Vor dem Hintergrund
der richterlichen Unabhängigkeit ergibt sich aus mehreren Untersuchungen die Problematik eines solchen Verfahrens. Ein anderes System mit fester Amtsdauer und rechtsstaatlich ausgestalteten Abberufungsmechanismen (hinreichender Rechtsschutz) könnte eine Alternative sein. Im Weiteren bestehen Erkenntnisse dahingehend, dass Professionalität und Sachkunde parlamentarischer Kommissionen für eine
Wahl durch Parlamente sprechen, eine Volkswahl hingegen die Beurteilung der Unabhängigkeit der Gerichte von der Politik positiv beeinflusst.

Justizräte sind eine mögliche, aber keine notwendige Organisati- 306
onsform der Aufsicht über die Gerichte, zumal eine parlamentarische
Oberaufsicht ohnehin besteht. Hinsichtlich Richterwahlen kann damit
eine Entpolitisierung und hinsichtlich Abberufungen ein rechtsstaatlicher Gewinn verbunden sein. Im Übrigen, insbesondere hinsichtlich
des Budget- und Berichterstattungsprozesses an der Schnittstelle zwischen Justiz und Parlament, sind Justizräte grundsätzlich entbehrlich.

Statistiken haben für das Justizmanagement seit Anfang des 307
19. Jahrhunderts weitgehend unverändert eine wichtige Bedeutung, als
Vergleichs-, Aufsichts- und Führungsinstrument − aber auch als Vertrauens- und Legitimationsgrundlage. Es besteht die Vermutung, dass
Führungspersonen in der Justiz auf bestimmte quantitative Angaben
angewiesen sind. Die Parlamente verlangen − insbesondere in Phasen
von Vertrauenskrisen − von den Gerichten immer mehr und immer
detailliertere statistische Daten. Die Untersuchungen zeigten aber
auch, dass statistische Erhebungen die rechtlichen Komponenten der
Justizarbeit zu wenig beachten. Eine zu starke Priorisierung eines
quantitativen Ansatzes führt zu einer eingeschränkten Perspektive des
Gerichtswesens. Als Antwort auf eine solche Priorisierung wurde
öfters Widerstand der Richterschaft beobachtet. Gerichtsstatistiken
sind hinsichtlich personalisierter Daten von Richterinnen und Richtern

Grenzen gesetzt; diese ergeben sich im Wesentlichen aus dem Persönlichkeitsschutz (Datenschutz) und in bestimmten Konstellationen (wenn die Rechtsprechungsfunktion in sachfremder Weise beeinflusst werden könnte) aus der richterlichen Unabhängigkeit. Bereits seit dem 19. Jahrhundert werden indessen eine Vereinheitlichung und damit eine bessere Vergleichbarkeit von Gerichtsstatistiken angestrebt.

308 Bezüglich des Legalitätsprinzips ergeben sich für das Justizmanagement die folgenden neuen Erkenntnisse:

- Die Grundzüge der Spruchkörperbildung bedürfen einer hinreichenden Abstützung in einem Rechtserlass. Einerseits muss die Zuweisung von Fällen an einen bestimmten Spruchkörper abstrakt geregelt und nachvollziehbar sein (Grundsatz des gesetzlichen Richters), andererseits bedürfen auch Abweichungen von dieser Zuweisung – diese bedürfen eines sachlichen Grunds – im Einzelfall einer klaren Regelung.

- Der Inhalt der Geschäftsberichte der Gerichte – insbesondere der zwingende Mindestgehalt – sollte in einem Rechtssatz festgelegt sein.

8.2.3 Justizmanagement im Dienste der Rechtsprechung

309 Es besteht die überwiegende Auffassung, dass Justizmanagement primär oder ausschliesslich dem effektiven Rechtsschutz (insbesondere dem Anspruch auf einen zeit- und sachgerechten Entscheid in einem fairen Verfahren) dienen soll. Diese Auffassung lässt sich bis in das 19. Jahrhundert zurückverfolgen. Dabei kommt der Verfahrensgeschwindigkeit ein herausragender Stellenwert zu. Insofern besteht zwischen Justizmanagement und Rechtsschutz kein grundsätzliches Spannungsverhältnis. Hinsichtlich einzelner Teilbereiche können indessen Gegensätzlichkeiten bestehen:

- Justizmanagement bewegt sich im institutionellen Spannungsverhältnis zwischen Rechenschaftspflicht (accountability) und Schutz der Unabhängigkeit (independence). Das Optimum an effektivem Rechtsschutz wird dann erreicht, wenn die beiden

Prinzipien sich in der Balance befinden. Mithin schliessen sich Justizmanagement und richterliche Unabhängigkeit nicht grundsätzlich aus.
– Justizmanagement bewegt sich im Spannungsverhältnis zwischen Quantität und Qualität der Justizleistung. Rasche Urteile (im Sinne des Beschleunigungsgebots) und viele Urteile (im Sinne der Effizienz) stellen nicht auch formell (im Sinne der Verfahrensgarantien) und materiell (im Sinne der materiellen Richtigkeit) gute Urteile dar. Auch hier gilt es durch Management eine Balance zwischen den divergierenden verfassungsrechtlichen Anforderungen zu finden.

Eine systematische Geschäftslastbewirtschaftung ist als Element des Justizmanagements verfassungsrechtlich geboten (insb. Rechtsschutzanspruch, Beschleunigungsgebot, Rechtsgleichheit); dies gilt insbesondere für grössere Justizbehörden mit mehreren Abteilungen. Dabei ist allerdings der Persönlichkeitsschutz (Datenschutz) der Richterschaft zu wahren und es ist darauf zu achten, dass die richterliche Unabhängigkeit nicht beeinträchtigt wird. Für Geschäftslaststudien zeigen sich drei Methoden als zielführend: Messung mittels Zeiterfassung, Schätzung mittels schriftlicher Umfrage oder Delphi-Befragung oder Methodenkombination. Die quantitativen Erhebungen der Arbeitslast bedürfen ergänzender qualitativer Analysen, idealerweise einer Kombination mit einer Organisationsanalyse. Die erhobenen Werte der Arbeitslast sind periodisch zu aktualisieren, soweit sie nicht ohnehin permanent erfasst werden. Bei Geschäftslaststudien und im Rahmen der Geschäftslastbewirtschaftung muss überdies dem Aspekt der Qualität der Rechtsprechung (Verfahrens- und Urteilsqualität) hinreichende Beachtung geschenkt werden.

Angehörige der Justiz befürworten grundsätzlich ein qualitativ gutes Arbeiten in der Rechtsprechung und damit auch Qualitätsentwicklung im Justizbereich. Andererseits stehen sie traditionellen betriebswirtschaftlichen Qualitätsmanagementsystemen (insbesondere Total Quality Management, TQM) skeptisch gegenüber. Qualitätsentwicklungs- und -sicherungssysteme für Gerichte müssen deshalb den besonderen Eigenheiten und Anforderungen der Justiz Rechnung tragen. Die Eigeninitiative der Justiz ist dabei ein wichtiger Faktor. In diesem

310

311

Sinne entstehen Qualitätsentwicklungsinstrumente mit qualitativem Ansatz wie etwa Qualitätszirkel oder Standortgespräche.

312   Dem Wissensmanagement im Allgemeinen und dem Wissensaustausch unter den Richterinnen und Richtern im Besonderen kommt für eine konsistente Rechtsprechung – und damit für das Vertrauen in die Gerichtsbarkeit – hohe Bedeutung zu. Wider Erwarten kommt der Informations- und Kommunikationstechnologie (IKT) als Wissensmanagement-Instrument nur dann eine Unterstützungsfunktion zu, wenn die Richterinnen und Richter ohnehin bereit sind, ihr Wissen zu teilen. Massgeblich für einen erfolgreichen Wissensaustausch sind ausschliesslich soziale Faktoren, insbesondere das Bestehen eines sozialen Netzes und gegenseitiges Vertrauen innerhalb des Gerichts.

8.2.4   Justizmanagement im Kontext zur (Medien-) Gesellschaft

313   Es bestehen in der Schweiz im Hinblick auf das *Selbstverständnis der Justiz* nur wenige und eher schwach ausgeprägte *sprachregionale Unterschiede*. In der Westschweiz ist beispielsweise die Offenheit gegenüber Justizmanagement geringer als in der Deutschschweiz. Demgegenüber wird in den Westschweizer Kantonen der richterlichen Unabhängigkeit ein höheres Gewicht beigemessen. Interessant ist in diesem Zusammenhang, dass sich nur in den Westschweizer Kantonen das Aufsichtsmodell mit Justizräten findet.

314   Insgesamt ist das Vertrauen der Bevölkerung in die Gerichte (des Bundes und der Kantone) hoch. Bei der Einschätzung des Vertrauens und stärker noch bei der Einschätzung der Gleichbehandlung durch die Gerichte und der Beurteilung der Unabhängigkeit der Gerichte lassen sich je nach Kanton deutliche Unterschiede in den durchschnittlichen Beurteilungen erkennen.

315   Von der Transparenz über die Justiztätigkeit durch Statistiken ist die Transparenz über die Gerichtstätigkeit durch Öffentlichkeit der Urteile zu unterscheiden. Diese ist nicht nur verfassungsrechtlich geboten, sondern scheint ebenfalls die Legitimation und das Vertrauen in die Justiz zu erhöhen.

Die Untersuchung bestätigt, dass der Kommunikation der Gerichte   316
in zweifacher Hinsicht eine wesentliche Bedeutung zukommt:

- Eine professionelle *Kommunikation nach aussen* bezüglich der
  Rechtsprechungstätigkeit aber auch bezüglich organisatorischen
  Belangen erhöht die Transparenz und stärkt damit das Vertrau-
  en in die Justiz. Durch eine proaktive Kommunikation lässt sich
  teilweise auch einer negativen Medienberichterstattung zur Gerichtstätigkeit und damit einer Schwächung des Vertrauens ent-
  gegenwirken.

- Eine *adäquate Kommunikation nach innen* kann das Vertrauen
  innerhalb der Gerichte stärken und damit zu einer Hybridisierung der Rationalitäten sowie zum verstärkten Wissensaustausch beitragen.

8.3   Forschungsbedarf

8.3.1   Besondere Fragen der Justizorganisation

Ausgestaltung der kantonalen Gerichtsorganisation: Eine   317
spezifische Analyse der Ausgestaltung der kantonalen Gerichtsorganisation sowie der Aufsicht und daraus ableitbare Grundlagen für eine
Angleichung der Best Practice könnte für die Entwicklung des Justizmanagements weiterführend sein.

Justizräte: Justizräte sind in der Schweiz eine relativ junge Institu-   318
tion und es bestehen kaum Erfahrungen hinsichtlich der Wirkungsweise und der Wirkungen von Justizräten. Insbesondere stellt sich auch
die Frage, ob sich die Legitimation der Gerichte durch Justizräte optimieren lässt. Die Wirkungsweise von Justizräten im schweizerischen
Justizsystem bedarf deshalb einer Evaluation.

Ablauforganisation: Die bisherigen Forschungsarbeiten befassten   319
sich schwergewichtig mit der Aufbauorganisation der Gerichte. Die
Kenntnisse über die Abläufe (Kernprozesse, Managementprozesse,
Unterstützungsprozesse) sind noch relativ bescheiden. Von besonderem Interesse könnten beispielsweise Forschungsarbeiten im Bereich

Case (Flow) Management oder Justice Chains (beispielsweise polizeiliche Ermittlung > Staatsanwaltschaft > Gerichte) sein. Interessant wären in diesem Zusammenhang ferner Forschungsarbeiten hinsichtlich der Bezüge zwischen Organisations-, Prozess- und Ergebnisqualität.

8.3.2 Einsatz besonderer Kategorien von Gerichtspersonen

320   *Fachrichtereinsatz:* Bisher nur wenig erforscht ist der Nutzen des Fachrichtereinsatzes für die Qualität der Rechtsprechung.

321   *Einsatz von Nebenamtlichen Richterinnen und Richter:* Bisher nur wenig erforscht ist der Nutzen des Einsatzes von Nebenamtlichen Richterinnen und Richtern für die Qualität der Rechtsprechung.

322   *Einzelrichtereinsatz:* Es besteht ein Trend zum vermehrten Einsatz von Einzelrichterinnen und Einzelrichtern. Es fehlen aber Kenntnisse über die Auswirkungen des Einzelrichtereinsatzes, namentlich hinsichtlich der Einheitlichkeit der Rechtsprechung. Weiter zu klären wäre auch, ob und wie gross der Effizienzgewinn durch Einzelrichtereinsatz ist.

323   *Einsatz von Gerichtsschreibenden:* Ein grosser Teil der Arbeitslast der Gerichte wird durch Gerichtsschreibende bewältigt. Es stellen sich mithin verschiedene juristische und verwaltungswissenschaftliche Fragen der Arbeitsorganisation und der Arbeitsteilung, namentlich auch die Frage des optimalen Verhältnisses der Anzahl Gerichtsschreibende pro Richterin bzw. Richter.

8.3.3 Umgang mit unterschiedlichen Rationalitäten

324   *Hybridisierung von Rationalitäten:* Es wäre interessant, in einem Längsschnittvergleich aufzuzeigen, wie sich die in dieser Studie aufgezeigte Hybridisierung der Bürokratie- und Managementrationalitäten entwickeln wird.

Bildungsforschung im Bereich der Justizakteurinnen und Justizak- 325
teure: In der Justiz tätige Personen sehen sich nicht nur mit verschiedenen Rationalitäten (Welten), sondern auch mit besonderen beruflichen Anforderungen konfrontiert. Es stellt sich daher die Frage, welche Befähigungen dies erfordert und was dies für die Aus- und Weiterbildung von Gerichtspersonen bedeutet.

8.3.4 Qualität und die Frage ihrer Messbarkeit

Legitimation durch Zahlen: Näher zu erforschen wären 326
Gründe für das nachgewiesene hohe Vertrauen in Zahlen als Legitimationsgrundlage.

Leistungsmessung und -beurteilung: Die Frage ob und gegebenen- 327
falls wie Leistungen der Gerichte bzw. ihrer Akteurinnen und Akteure
gemessen und beurteilt werden können, ist erst in Ansätzen erschlos-
sen. Während gewisse Vorstellungen über quantitative Indikatoren
bestehen, besteht namentlich Unklarheit darüber, was qualitativ ein
sogenanntes «gutes Urteil» ist.

Wirkungsweise von unterschiedlichen Ansätzen der Qualitätssiche- 328
rung und -entwicklung: Es bestehen grundsätzlich kaum vergleichende wissenschaftliche Studien zur Wirksamkeit von Qualitätssiche-
rungs- und –entwicklungssystemen; dies gilt insbesondere für die
Justiz. Es wäre eine Studie zu konzipieren, mit welcher die Wirksamkeit von Managementansätzen und «weichen» Ansätzen zur Verbesserung der Qualität verglichen wird.

8.3.5 Justiz und ihre Interdependenzen mit anderen Systemen

Auswirkungen der Justiztätigkeit auf die Wirtschaft und Ge- 329
sellschaft: Über die Bezüge zwischen Justizmanagement und guter
Justiz einerseits sowie wirtschaftlicher und gesellschaftlicher Entwicklung andererseits ist noch wenig bekannt. Sowohl hinsichtlich der

Datengrundlagen als auch hinsichtlich der Methodik stellen sich in diesem Forschungsfeld besondere Herausforderungen.

330   *Gerichtsbarkeit und Anwaltschaft:* Sowohl das Berufsbild der Gerichtspersonen wie auch das Berufsbild der Anwältinnen und Anwälte sind im Wandel. In der Schweiz noch wenig erforscht ist die Interaktion zwischen Anwaltschaft und Gerichtspersonen. Aus der Sicht der Qualität interessiert die Akzeptanz der Justiz bei der Anwaltschaft. Aus einer breiteren Sicht des Justizmanagements könnte interessieren, ob nicht generell durch die Ausgestaltung der Interaktionsprozesse (beispielsweise hinsichtlich eJustice) ein Qualitäts- und Effizienzgewinn resultieren könnte.

8.4   Reflexion

8.4.1   Die Ergebnisse im Lichte der Grundannahmen

331   Das Projekt ging beim Beginn von *grundlegenden Thesen* aus (nachfolgend in kursiver Schrift wiedergegeben).[438] Es gilt somit, die Forschungsergebnisse auch im Lichte dieser Grundannahmen zu reflektieren.

Grundannahme: Die gesellschaftlichen Anforderungen an die Justiz unterscheiden sich in der Schweiz im geografischen Kontext (Stadt-Land, Sprachregionen, etc.) erheblich.

332   Bei Befragungen von Personen ausserhalb der Justiz wurden primär das Vertrauen in die Justiz und Einschätzungen bezüglich der Unabhängigkeit der Gerichte und der Gleichbehandlung durch die Gerichte abgefragt. Die Anforderungen, welche die Gesellschaft bzw. unterschiedliche gesellschaftliche Gruppen an die Gerichtsbarkeit stellen, wurden nur vereinzelt und indirekt erhoben. Mithin lassen sich keine gefestigten Aussagen zu dieser Grundannahme machen. Hinsichtlich der gesellschaftlichen Anforderungen und Ansprüche an die Justiz besteht weiterhin Forschungsbedarf.

---

[438] Siehe Ziffer 1.2.3.

Erhärtet festgestellt werden kann, dass die schweizerische Bevöl-   333
kerung die Gerichte unterschiedlich oft in Anspruch nehmen. Die
Kantone unterscheiden sich deutlich hinsichtlich des Anteils Personen,
die Kontakte mit den Gerichten hatten. Während in Genf 44 Prozent
angeben, bereits mit einem Gericht zu tun gehabt zu haben, liegt dieser Wert im Kanton Zug bei nur 14 Prozent – die Inanspruchnahme
gerichtlicher Leistungen ist in den französischsprachigen Kantonen
deutlich höher als in den deutschsprachigen Kantonen, die italienische
Schweiz liegt im Mittelfeld.[439]

Weiter bestehen Anhaltspunkte dafür, dass sich – zumindest bezo-   334
gen auf das Bundesgericht – die Anforderungen an eine gute Justiz im
Laufe der Zeit nicht verändert haben. Zudem bestehen Anhaltspunkte,
dass gerichtsexterne Akteurinnen und Akteure der Justiz (z.B. Anwältinnen und Anwälte, akkreditierte Medienschaffende) hinsichtlich der
Serviceleistungen von Gerichten noch Optimierungspotenzial orten,
dies namentlich auch hinsichtlich Transparenz und Kommunikation.

*Grundannahme: Die Gesamtorganisation, die Binnenorganisation
und die Kultur der Justizbehörden in der Schweiz ist historisch gewachsen und unterscheidet sich im geografischen Kontext (Stadt-
Land, Sprachregionen, etc.) erheblich.*

Entgegen den Grundannahmen bestehen in der Schweiz im Hin-   335
blick auf das Selbstverständnis der Justiz nur wenige und eher
schwach ausgeprägte sprachregionale Unterschiede.[440] Es gilt allerdings, diese Forschungsresultate in vertiefenden Studien noch zu verifizieren.

Als Ergebnis zeigt sich weiter, dass der historischen Dimension der   336
Justizkultur und des Justizmanagements bisher zu wenig Beachtung
geschenkt wurde. Es konnte aufgezeigt werden, dass das Effizienzdenken und die Statistiklastigkeit der Rechenschaftsberichte («Legitimation durch Zahlen») ihre Wurzeln im 19. Jahrhundert haben und
durch das System und die Kultur des schweizerischen politischen Systems geprägt sind.[441] Zu untersuchen wäre noch, welche grossen theo-

---

[439] Schwenkel/Rieder (2014), Rz. 20 f.
[440] Ausführlich oben Ziffer 8.2.4.
[441] Ausführlich oben Ziffer 8.2.2.

retischen und historischen Strömungen die Schweizer Justiz beeinflussten und ob (sprach-)regionale Unterschiede bestehen.

Grundannahme: Es besteht – auch innerhalb der gleichen Justiz-
behörden – kein einheitliches Richterbild.

337   Die Untersuchungen zeigen, dass innerhalb der und zwischen den
in der Rechtsprechung tätigen Personengruppen der Gerichte (Richterinnen und Richter, Gerichtsschreibende) weitgehend einheitliche
Rationalitäten vorherrschen, gleiche Grundwerte geteilt werden und
dementsprechend auch ein einheitliches Selbstbild besteht. Akteurinnen und Akteure der Rechtsprechung einerseits und Akteurinnen und
Akteure des Justizmanagements andererseits weisen aber erkennbar
unterschiedliche Rationalitäten auf und teilen andere Grundwerte hinsichtlich «guter Justiz».[442] Die gerichtsinterne Kultur ist mithin oft
hybrid, was sich noch verstärken dürfte (Durchdringung der Kultu-
ren).

338   Es bestehen Anhaltspunkte dafür, dass sich an grösseren Gerichten
bezogen auf Abteilungen oder Standorte Subkulturen bilden.

Grundannahme: Die Bewältigung von laufend steigenden Anforde-
rungen, denen die Justiz ausgesetzt ist, erfordert mittelfristig zwingend
ein Justizmanagement.

339   Es zeigte sich verschiedentlich, dass die Justiz eines Managements
bedarf und dass bestimmte Managementinstrumente die Rechtsprechungsfunktion der Gerichte (als «Kerngeschäft» der Justiz) unterstützen können.[443] Gleichzeitig besteht die überwiegende Auffassung,
dass Justizmanagement primär oder ausschliesslich dem effektiven
Rechtsschutz dienen soll.[444] Die Erkenntnis, dass bestimmte Fragestellungen des Justizmanagements bereits im 19. Jahrhundert bestanden,
wirft die Frage auf, ob der Ruf nach vermehrtem Justizmanagement
nur auf den gegenwärtigen raschen Wandel von Gesellschaft und
Technologie[445] sowie die grösseren Reorganisationen in der schweizerischen Justiz der letzten Jahre zurückzuführen ist oder ob nicht auch

---

[442] Ausführlich oben Ziffer 8.2.1.
[443] Ausführlich oben Ziffer 8.2.3.
[444] Siehe Ziffer 8.2.3.
[445] KETTIGER (2003), S. 9 ff.; siehe auch Ziffer 1.1.2.

in der Justiz – wie in jeder Organisation – ein bestimmtes Mass an adäquatem Management eine organisationale Grundanforderung darstellt.

Bestimmte Elemente bzw. Instrumente des Justizmanagements – beispielsweise die Geschäftslastbewirtschaftung[446] – sind nicht nur sachlich erwünscht sondern verfassungsrechtlich geboten.

340

Grundannahme: Das Management von Gerichten und anderen Justizbehörden muss den besonderen gesellschaftlichen Funktionen und staatsrechtlichen Rahmenbedingungen der Justiz (dritte Gewalt) sowie der besonderen Arbeitsweise und beruflichen Prägung ihrer Angehörigen Rechnung tragen, wenn es akzeptiert und erfolgreich sein will.

Diese Grundannahme wurde verschiedentlich und aus der Sicht unterschiedlicher wissenschaftlicher Disziplinen bestätigt; präzisierend gilt es anzumerken, dass sie sich nicht nur auf das Management *von* Gerichten sondern auch auf das Management *in* Gerichten bezieht[447].

341

Grundannahme: Obwohl die Arbeit der Justiz durch Verfahrensrecht geprägt und im Ablauf bestimmt ist, besteht in der Optimierung der Prozesse im betriebswirtschaftlichen Sinn ein Potenzial zur Optimierung der Effizienz und der Qualität der Justizarbeit.

Die Forschungsarbeiten befassten sich in verschiedener Weise mit Konzepten und Instrumenten, die der Optimierung der Kern-, Management- und Unterstützungsprozesse an den Gerichten und damit der Optimierung der Justizgewährleistung dienen können – von der Geschäftslastbewirtschaftung bis zu Qualitätssystemen. Die Arbeiten beschränkten sich aber weitgehend darauf, das theoretische Potenzial und die notwendigen Anpassungen des betriebswirtschaftlichen Instrumentariums an die besonderen Anforderungen der Justiz aufzuzeigen. Die Wirksamkeit von Instrumenten des Justizmanagements hinsichtlich der Prozessoptimierung wurde nicht untersucht. Diese Grundannahme muss somit in der näheren Zukunft durch Evaluationen ex post noch verifiziert bzw. falsifiziert werden. Damit solche Forschung möglich wird, ist es wichtig, im Rahmen von Reformpro-

342

---

[446] Siehe Ziffer 4.3.1.
[447] Hinsichtlich der beiden Dimensionen des Justizmanagements siehe Ziffer 1.1.2.

jekten der Justiz jeweils den Zustand vor der Einführung neuer Instrumente des Justizmanagements zu erfassen und festzuhalten.

*Grundannahme: Durch Optimierung des Ressourceneinsatzes las-
sen sich der Output und die Qualität der Justiz steigern.*

343 Es besteht zwar aus einer theoretischen Sicht die Vermutung, dass
diese Grundannahme stimmen könnte; aber auch hier gilt es die
Grundannahme durch Evaluationen des Managementinstrumentariums
ex post zu verifizieren bzw. falsifizieren.

8.4.2 Relevanz im internationalen Kontext

344 Die «Grundlagen guten Justizmanagements in der Schweiz»
– wie das vorliegende Forschungsprojekt bezeichnet wurde – basieren
zu einem ganz wesentlichen Teil auf *internationalen Quellen,* was die
einzelnen Arbeiten sowie auch die vorliegende Zusammenfassung der
Erkenntnisse zeigen: Schon das Literaturverzeichnis der vorliegenden,
die Forschungsergebnisse zusammenfassenden Publikation[448] wie
auch die im Verlauf dieses Projekts entstandene Bibliographie zur
Justizforschung[449] sind eindrückliche Belege dafür. Dass Untersuchungsgegenstand, Zielsetzung und Fragestellung dieses im Kern auf
die schweizerische Justiz fokussierte Forschungsprojekt eine *internationale Relevanz* aufweist, zeigt sich überdies in weiteren Bereichen.
Nachstehend werden exemplarisch einige Bezüge besonders hervorgehoben.

345 Auf der gesamteuropäischen Ebene befasst sich namentlich die
Commission européenne pour l'efficacité de la justice (CEPEJ) des
Europarates mit Fragen des Justizmanagements. Die CEPEJ untersucht insbesondere Fragen bezüglich der Justizorganisation, der Qualität der Justiz, der zeitgerechten Urteilsfindung, der Leistungsmessung
sowie der Evaluation von Justizsystemen – Themenbereiche wie sie
auch Gegenstand des vorliegenden Forschungsprojekts waren. Mit
Georg Stawa (Präsident der CEPEJ), Jaques Bühler (Präsident der

---

[448] Siehe Anhang 2.
[449] www.justizforschung.ch/index.php/homepage/bibliographie-zur-justizfor-
schung (Stand: 30.11.2015).

Working Group on judicial time management der CEPEJ) und François Paychère (Präsident der Working Group on quality of justice der CEPEJ) sind gleich drei am vorliegenden Forschungsprojekt Beteiligte zugleich in dieser internationalen Organisation tätig. Der dadurch möglich gewordene Wissensaustausch war ein bedeutender Erfolgsfaktor für die Forschungsarbeiten.

Die *European Group of Public Administration (EGPA)* ist eines 346 der bedeutenden Forschungsnetzwerke in Europa im Bereich der Verwaltungswissenschaft und des Managements öffentlicher Institutionen. Im Rahmen des vorliegenden Forschungsprojekts wurde innerhalb der EGPA die neue Permanent Study Group «Justice and Court Administration» gegründet.[450] Die Forschungsgruppe führte anlässlich der jährlichen Konferenzen der EGPA in verschiedenen Städten Europas (Bergen, Edinburgh, Speyer, Toulouse) Veranstaltungen zu unterschiedlichen Themen des Justizmanagements durch, wie Qualitätsmanagement, Geschäftslastbewirtschaftung, Alternative Streitbeilegungsmechanismen (ADR), Social Media oder Informations- und Kommunikationstechnologie (IKT). Forschende wie auch Richterinnen und Richter und Angehörige der Justizverwaltung aus unterschiedlichen Ländern – auch aussereuropäischen wie aus den USA, Kanada oder Australien – präsentierten ihre Erkenntnisse und stellten sich dem Diskurs.[451] Die Study Group wird sich in den kommenden Jahren mit weiteren Themen wie Access to Justice (bspw. unter den Aspekten von Legal Aid und Gender), Konsistenz der Rechtsprechung, Performance Management, Responsive Justiz, eJustice und Justizkooperationen befassen.[452]

Forschung, Wissenstransfer und Praxiserfahrung weltumspannend 347 zu ermöglichen, ist die Intention der *International Association for*

---

[450] www.iias-iisa.org/egpa/groups/permanent-study-groups/psg-xviii-justice-and-court-administration/ (Stand: 30.11.2015).

[451] Die jeweiligen Berichterstattungen von Doktorierenden dieses Forschungsprojekts zu den Konferenzen in der Schweizer Richterzeitung «Justice – Justiz – Giustizia» finden sich unter: www.justizforschung.ch/index.php/homepage/egpa-study-group (Stand: 30.11.2015).

[452] www.iias-iisa.org/egpa/wp-content/uploads/program-2015-2019-Studygroup-Justice-and-Court-Administration_def.pdf (Stand: 30.11.2015).

Court Administration (IACA).[453] An der 2014 in Sydney durchgeführten Konferenz nahmen rund 250 Vertreterinnen und Vertreter aus Justiz, Verwaltung und Wissenschaft teil und es waren rund 40 Länder präsent. Themenbereiche waren insbesondere die Gerichtsbarkeit im sich wandelnden Umfeld, Gerichtsorganisation und -führung, Performanz und Evaluation, eJustice sowie Zugang zu Gerichten und Alternative Streitbeilegung.[454] Dabei hat sich gezeigt, dass die Gerichtsbarkeit *weltweit vor sehr ähnlichen Herausforderungen* steht und deshalb internationale Institutionen eine ideale Plattform für den Wissensaustausch und die Weiterentwicklung der Justizadministration sind. Ein wichtiges Gefäss ist dabei das *International Journal for Court Administration (IJCA)*, das elektronisch verfügbar und allgemein zugänglich ist.[455]

348   Im Bestreben, das Justizmanagement laufend zu optimieren, hat das International Consortium for Court Excellence das *International Framework for Court Excellence* entwickelt. Es befasst sich mit zentralen Bereichen des Justizmanagements wie Organisation und Führung, Managementprozesse, Ressourcen, Planung, Zugang und Zufriedenheit sowie Vertrauen.[456] Das Framework soll laufend optimiert werden. Im Rahmen der entsprechenden Arbeiten wurde auch eine Delegation des vorliegenden Forschungsprojekts einbezogen. Auch wenn dieses Managementtool nicht tel quel auf die schweizerische Justiz übertragen werden kann, zeigt sich doch eine erhebliche Übereinstimmung zwischen diesem Framework und den im Verlauf dieses Forschungsprojekts bearbeiteten Themenbereichen.

349   Damit ergibt sich, dass das mit «Grundlagen guten Justizmanagements in der Schweiz» bezeichnete Forschungsprojekt über die für die schweizerische Justiz gewonnenen Erkenntnisse hinaus auch den *Anschluss an die internationale Forschungsgemeinschaft und Praxis* und dort vielfältige Beachtung gefunden hat. Die im Rahmen des Forschungsprojekts bearbeiteten Themenbereiche des Justizmanagements sind auch *international relevant* – sie sind in einem gewissen Sinne *ubiquitär*. Justizforschung wird inskünftig denn auch noch vermehrt

---

[453] www.iaca.ws/ (Stand: 30.11.2015).
[454] Siehe im Einzelnen LIENHARD (2014a).
[455] www.iacajournal.org (Stand: 30.11.2015).
[456] www.courtexcellence.com/ (Stand: 30.11.2015).

im *internationalen Verbund* erfolgen – zu ähnlich sind die noch bestehenden Forschungslücken und zu ähnlich ist auch der Bedarf der Justiz, diese sukzessive zu schliessen.

Literaturverzeichnis

Abrams, Lisa C./Cross, Rob/Lesser, Eric/Levin, Daniel Z. (2003). Nurturing interpersonal trust in knowledge-sharing networks. The Academy of Management Executive, 17(4), S. 64-77.

Aerschmann, Stephan (2014). Der ideale Richter: Schweizer Bundesrichter in der medialen Öffentlichkeit (1875-2010). Zürich: Chronos.

Aeschlimann, Arthur (2008). Justizreform 2000 – Das Bundesgericht und sein Gesetz. Schweizerisches Zentralblatt für Staats- und Verwaltungsrecht (ZBl), 109/2008, S. 397 ff.

Aeschlimann, Arthur (2010). Gutachten zuhanden der Staatspolitischen Kommission des Urner Landrats betreffend die Geschäftsführung des Obergerichts des Kantons Uri. Bern.

Akrich, Madelaine/Callon, Michel/Latour, Bruno (2006). Sociologie de la traduction: textes fondateurs. Paris: Presses des MINES.

Almond, Gabriel A./Verba, Sidney (1989) [1965]. The civic culture: political attitudes and democracy in five nations. Newbury Park, CA: Sage.

Amblard, Henri/Bernoux, Philippe/Herreros, Gilles/Livian, Yves-Frédéric (1996). Les nouvelles approches sociologiques des organisations. Paris: Le Seuil.

Amoos, Piguet (2013). L'élection partisane des juges – une entorse au principe de la separation des pouvoirs? Justice – Justiz – Giustizia, 2013/1.

Amrani-Mekki, Soraya (2008). Le principe de célérité. Revue française d'administration publique, 125(1), S. 43-53.

Andersen Business Consulting (2002). Erarbeitung eines Systems der Personalbedarfsberechnung für den richterlichen, staats- (amts-) anwaltlichen und Rechtspflegerdienst in der ordentlichen Gerichtsbarkeit. Endgutachten 2002.

Anderson, Christopher J./Blais, André/Bowler, Shaun/Donovan, Todd/Listhaug, Ola (2007). Losers' consent: elections and democratic legitimacy. Oxford: Oxford University Press.

Apistola, Martin (2010). Towards a Preliminary Knowledge Management Reasoning System to Improve Consistency of Sentencing. In: Mommers, Laurens/Franken, Hans/van den Herik, Jaap/van der Klaauw, Franke/Zwenne, Gerrit-Jan (Hrsg.). Het binnenste buiten: Liber amicorum ter gelegenheid van het emeritaat van prof. dr. Aernout H.J. Schmidt, hoogleraar Recht en Informatica te Leiden. Leiden: eLaw, S. 205-220.

Assemblée Fédérale (1999). Arrêté fédéral relatif à la réforme de la justice.

Bandli, Christoph (2007). Die Rolle des Bundesverwaltungsgerichts. In: Tschannen, Pierre (Hrsg.). Neue Bundesrechtspflege: Auswirkungen der Totalrevision auf den kantonalen und eidgenössischen Rechtsschutz, BTJP 2006. Bern: Stämpfli, S. 195 ff.

Baumann, Felix (2011). Das Grundrecht der persönlichen Freiheit in der Bundesverfassung unter besonderer Berücksichtigung der geistigen Unversehrtheit. Zürich/Basel/Genf: Schulthess.

Beccaria, Cesare (2009). Dei delitti e delle pene (1764). ENS Editions.

Bell, John (2006). Judiciaries within Europe. Cambridge: Cambridge University Press.

Benesh, Sara C. (2006). Understanding public confidence in American courts. The Journal of Politics, 68(3), S. 697-707.

Berger, Peter L./Luckmann, Thomas (2004). Die gesellschaftliche Konstruktion der Wirklichkeit. Frankfurt am Main: Fischer.

Berlit, Uwe (2002). Richterliche Unabhängigkeit und Organisation effektiven Rechtsschutzes im «ökonomisierten» Staat. In: Schulze-Fielitz, Helmut/Schütz, Carsten (Hrsg.). Justiz und Justizverwaltung zwischen Ökonomisierungsdruck und Unabhängigkeit. Berlin: Duncker und Humblot, S. 135 ff.

Besharov, Marya L./Smith, Wendy K. (2014). Multiple Institutional Logics in Organizations: Explaining Their Varied Nature and Implications. The Academy of Management Review, 39(3), S. 364-381.

Bezes, Philippe (2007). Construire des bureaucraties wébériennes à l'ère du New Public Management? Critique internationale, 35(2), S. 9-29.

Bezes, Philippe/Demazière, Didier/Le Bianic, Thomas/Paradeise, Catherine/Normand, Romuald/Benamouzig, Daniel/Pierru, Frédéric/Evetts, Julia (2011). New Public Management et professions dans l'État: au-delà des oppositions, quelles recompositions? Sociologie du travail, 53(3), S. 293-348.

Binder, Anja M. (2014). Die Kognition des Bundesverwaltungsgerichts bei Prozessen mit fachtechnischen Fragen. Justice – Justiz – Giustizia, 2014/3.

Bjørnøy, Kari J./Oftedahl, Ivar (2008). Kvalitetsarbeid I Domstolene, Rapport fra studiepermisjon. DAs rapportserie (2).

Blomgren, Maria/Waks, Caroline (2015). Coping with contradictions: hybrid professionals managing institutional complexity. Journal of Professions and Organization, 2(1), S. 78-102.

Bloor, Geoffrey/Dawson, Patrick (1994). Understanding Professional Culture in Organizational Context. Organization Studies, 15(2), S. 275-295.

Boillat, Philippe/Leyenberger, Stéphane (2008). L'administration et l'évaluation du service public de la justice, vu du conseil de l'Europe. Revue française d'administration publique, 125(1), S. 55-66.

Boltanski, Luc/Thévenot, Laurent (1987). Les économies de la grandeur. Gap: Presses Universitaires de France.

Boltanski, Luc/Thévenot, Laurent (1991). De la justification: Les économies de la grandeur. Paris: Gallimard.

Bradley, Lisa/Parker, Rachel (2006). Do Australian public sector employees have the type of culture they want in the era of new public management? Australian Journal of Public Administration, 65(1), S. 89-99.

Brown, Karen J. (2006). Court Culture: Measuring and Analysing the Impact of Judicial/Administrative Culture in the 16th Judicial Circuit Court. Kansas City, MO: Institute for Court Management.

Brunner, Stephan C. (2010). Persönlichkeitsschutz bei der behördlichen Information der Öffentlichkeit von Amtes wegen: Ein Leitfaden. Schweizerisches Zentralblatt für Staats- und Verwaltungsrecht (ZBl), 111/2010, S. 595 ff.

Bucher, Patrick (2015). Das Fachrichtervotum im Zivilprozess und in der Verwaltungsrechtspflege. Justice – Justiz – Giustizia, 2015/4.

Bührmann, Andrea D./Schneider, Werner (2008). Vom Diskurs zum Dispositiv: Eine Einführung in die Dispositivanalyse. Bielefeld: transcript.

Bundesministerium für Justiz (2013). Kurzinformation der Abt. Pr 6 des österreichischen BM für Justiz zur Personalanforderungsrechnung (PAR).

Cabrera, Elisabeth F./Cabrera, Angela (2005). Fostering knowledge sharing through people management practices. International Journal of Human Resource Management, 16(5), S. 720-735.

Cadiet, Loïc (2011). La théorie du procès et le nouveau management de la justice: processus et procédure. In: Frydman, Benoît/Jeuland, Eammanuel (Hrsg.). Le nouveau management de la justice et l'indépendance des juges. Paris: Dalloz.

Calame, Thierry/Hess-Blumer, Andri/Stieger, Werner (Hrsg.) (2013). Patentgerichtsgesetz (PatGG): Kommentar. Basel: Helbing Lichtenhahn.

Caldeira, Gregory A. (1986). Neither the purse nor the sword: Dynamics of public confidence in the Supreme Court. The American Political Science Review, 80(4), S. 1209-1226.

Caldeira, Gregory A./Gibson, James L. (1992). The etiology of public support for the Supreme Court. American Journal of Political Science, 36(3), S. 635-664.

Carboni, Nadia (2012). Il New Public Management nel Settore Giudiziario. Istituto di Ricerca sui Sistemi Giudiziari - Consiglio Nazionale delle Ricerche, S. 5-14.

Casanovas, Pompeu/Poblet, Marta/Casellas, Núria/Contreras, Jesus/Benjamins, Richard V./Blazquez, Mercedes (2005). Supporting newly-appointed judges: a legal knowledge management case study. Journal of Knowledge Management, 9(5), S. 7-27.

Casey, Pamela (1998). Defining optimal court performance: The trial court performance standards. Court Review, 35, S. 24-29.

Caylor, Steven (2000). Measuring the Need for Judges: Rationalizing the Allocation of Judicial Resources. Institut for Court Management.

CEPEJ (2008a). European Judicial System (Edition 2008): Efficency and Quality of Justice. Strasbourg: Council of Europe Publishing.

CEPEJ (2008b). Lignes directrices de la CEPEJ en matière de statistiques judiciaires. Strasbourg: Commission européenne pour l'efficacité de la justice (CEPEJ).

CEPEJ (2012). Evaluation report on European judicial systems (completed version). www.coe.int/t/dghl/cooperation/cepej/evaluation/2012/Rapport_en.pdf. (Stand: 30.11.2015).

Cho, Eunseong/Kim, Seonghoon (2015). Cronbach's Coefficient Alpha: Well Known but Poorly Understood. Organizational Research Methods, 18(2), S. 207-230.

Chow, Wing S./Chan, Lai S. (2008). Social network, social trust and shared goals in organizational knowledge sharing. Information & Management, 45, S. 458-465.

Christensen, Peter H. (2007). Knowledge sharing: moving away from the obsession with best practices. Journal of Knowledge Management, 11(1), S. 36-47.

Church, Thomas W. (1985). Examining Local Legal Culture. American Bar Foundation Research Journal, 10(3), S. 449-518.

Colliard, Anne (2009). Le Conseil de la magistrature dans le canton de Fribourg: ses fondements, ses compétences et ses activités. Justice – Justiz – Giustizia, 2009/2.

Contini, Francesco/Mohr, Richard (2007). Reconciling independence and accountability in judicial systems. Utrecht Law Review, 3(2), S. 26-43.

Cortina, Jose M. (1993). What is coefficient alpha? An examination of theory and applications. Journal of Applied Psychology, 78(1), S. 98-104.

Costello, Anna B./Osborne, Jason W. (2005). Best practices in exploratory factor analysis: four recommendations for getting the most from your analysis. Practical Assessment, Research & Evaluation, 10(7), S. 1-9.

Council for the Judiciary (2013). The financing system of the Netherlands judiciary. The Hague: Council for the Judiciary.

Dalton, Russell J. (2007). Democratic challenges, democratic choices: The erosion of political support in advanced industrial democracies. Oxford: Oxford University Press.

De Leeuw, Edith D./Hox, Joop J./Dillman, Don A. (Hrsg.) (2008). International Handbook of Survey Methodology. New York, NY: Psychology Press, S. 56-77.

De Santis, Lorenzo G. (2015). Une justice plus commerciale qu'industrielle? Comparaison des attentes d'une «bonne justice» en Suisse. Canadian Journal of Law and Society / La Revue Canadienne Droit et Société, 30(3), S. 421-443.

Deloitte (2009). Endgutachten Fortschreibung der Personalbedarfsberechnung für alle Berufsgruppen des richterlichen und nichtrichterlichen Dienstes PEBB§Y I, PEBB§Y II und PEBB§Y Fach, PEBB§Y Fortschreibung 2008.

Denhardt, Janet V./Denhardt, Robert B. (2003). The New Public Service: Serving, Not Steering. Armonk, NY: M.E. Sharpe.

Desrosières, Alain (2005). Die Politik der grossen Zahlen: Eine Geschichte der statistischen Denkweise. Berlin: Springer.

Di Federico, Giuseppe (Hrsg.) (2005). Recruitment, professional evaluation and career of judges and prosecutors in Europe: Austria, France, Germany, Italy, the Netherlands and Spain. Bologna: Lo Scarabeo.

Douglas, John W. (2007). Examination of NCSC Workload Assessment Projects and Methodology: 1996-2006. National Center for State Courts.

Durand, Claire (2003). L'analyse factorielle et l'analyse de fidélité: notes de cours et exemples. Montréal: Université de Montréal, S. 1-25.

Dyevre, Arthur (2010). Unifying the field of comparative judicial politics: towards a general theory of judicial behaviour. European Political Science Review, 2(2), S. 297-327.

Egli, Gotthard (1912). Die Entwicklung der Gerichtsverfassung in Luzern. Luzern: Räber.

Ehrenzeller, Bernhard/Ludewig-Kedmi, Revital (Hrsg.) (2006). Moraldilemmata von Richtern und Rechtsanwälten. St. Gallen: Dike.

Ehrenzeller, Bernhard/Schindler, Benjamin/Schweizer, Rainer J./Vallender, Klaus A. (Hrsg.) (2014). Die schweizerische Bundesverfassung: St. Galler Kommentar (3. Aufl.). Zürich/St. Gallen: Dike. Zürich/Basel/Genf: Schulthess.

Eichenberger, Kurt (1986): Justizverwaltung. In: Aargauischer Juristenverein (Hrsg.). Festschrift für den Aargauischen Juristenverein – 1936-1986. Aarau: Sauerländer, S. 31 ff.

Eicher, Angela/Schedler, Kuno (2012a). Management responses to multiple rationalities in courts – A Review. Paper präsentiert an der EGPA Annual Conference, Bergen, September 2012.

Eicher, Angela/Schedler, Kuno (2012b). Management Responses to Multiple Rationalities in Courts – A Review. International Journal for Court Administration (IJCA), S. 20-34.

Eicher, Angela/Schedler, Kuno (2014). Co-Existing Logics in Court Administration: Micro-Level Substantiations of Institutional Pluralism. Paper präsentiert an der EGPA Annual Conference, Speyer, September 2014.

Emery, Yves (2013). Gestion publique des ressources humaines: Introduction. In: Ladner, Andreas/Chappelet, Jean-Loup/Emery, Yves/Knoepfel, Peter/Mader, Luzius/Soguel, Nils/Varone, Frédéric (Hrsg.). Manuel d'administration publique suisse. Lausanne: Presses polytechniques et universitaires romandes.

Emery, Yves/De Santis, Lorenzo G. (2014). What Kind of Justice Today? Expectations Of 'Good Justice': Convergences And Divergences Between Managerial And Judicial Actors And How They Fit

Within Management-Oriented Values. International Journal for Court Administration (IJCA), 6(1), S. 63-75.

Emery, Yves/Giauque, David (2012). Motivations et valeurs des agents publics à l'épreuve des réformes. Laval: PUL.

Emery, Yves/Giauque, David/Rebmann, Frédéric (2014). The slow transformation of the Swiss federal administrative elites. International Review of Administrative Sciences, 80(4), S. 687-708.

Emery, Yves/Martin, Noemi (2010). Le service public au XXIème siècle: Identités et motivations au sein de l'après-fonctionnariat. Paris: L'Harmattan & Schulthess Editions.

Emery, Yves/Wyser, Carole/Martin, Noemi/Sanchez, Joelle (2008). Swiss public servants' perceptions of performance in a fast-changing environment. International Review of Administrative Sciences, 74(2), S. 307-234.

Epiney, Astrid (2011). § 9 Allgemeine Grundsätze. In: Belser, Eva Maria/Epiney, Astrid/Waldmann, Bernhard (Hrsg.). Datenschutzrecht: Grundlagen und öffentliches Recht. Bern: Stämpfli, S. 510 ff.

Eppler, Martin (2007). Knowledge Communication Problems between Experts and Decision Makers: An Overview and Classification. The Electronic Journal of Knowledge Management, 5(3), S. 291-300.

Exworthy, Mark/Halford, Susan (1999). Professionals and the New Managerialism in the Public Sector. Buckingham: Open University Press.

Fabri, Marco (Hrsg.) (2007). Information and Communication Technologies for the Public Prosecutor's Office Clueb. Bologna: Clueb.

Fabri, Marco/Contini, Francesco (2001). Justice and Technology in Europe: How ICT Is Changing the Judicial Business. The Hague: Kluwer Law International.

Fabri, Marco/Jean, J.P./Langbroek, Philip M./Pauliat, Hélène (Hrsg.) (2005). L'administration de la justice en Europe et l'évaluation de sa qualité. Paris: Montchrestien.

Fabri, Marco/Langbroek, Philip (2000a). Developing a Public Administration Perspective on Judicial Systems in Europe. In: Fabri, Marco/Langbroek, Philip (Hrsg.). The Challenge of Change for Judicial Systems: Developing a Public Administration Perspective. Amsterdam: IOS Press.

Fabri, Marco/Langbroek, Philip M. (Hrsg.) (2000b). The Challenge of Change for Judicial Systems: Developing a Public Administration Perspective. Amsterdam: IOS Press.

Falk, Ulrich (2008). Das Fehlurteil in der deutschen Öffentlichkeit. In: Luminati, Michele/Falk, Ulrich/Schmoeckel, Mathias (Hrsg.). Mit den Augen der Rechtsgeschichte: Rechtsfälle – selbst-kritisch kommentiert. Zürich: Lit, S. 461-491.

Feller, Reto (2010). Gerichtsschreiberinnen und Gerichtsschreiber am Berner Verwaltungsgericht. In: Herzog, Ruth/Feller, Reto (Hrsg.). Bernische Verwaltungsgerichtsbarkeit in Geschichte und Gegenwart: 100 Jahre Verwaltungsgericht des Kantons Bern. Bern: Geiger AG, S. 281 ff.

Feller-Länzlinger, Ruth/Haefeli, Ueli/Rieder, Stefan/Biebricher, Martin/Weber, Karl (2010). Messen, werten, steuern: Indikatoren – Entstehung und Nutzung in der Politik, TA-SWISS-Studie TA-54/2010. Bern: TA-SWISS.

Ferlie, Ewan/Geraghty, Keith J. (2007). Professionals in Public Service Organizations: Implications for Public Sector «Reforming». In: Ferlie, Ewan/Lynn, Laurence E./Pollitt, Christopher (Hrsg.). The Oxford Handbook of Public Management. Oxford: Oxford University Press.

Finanzdirektion des Kantons Bern (2001). Fachbericht «NEF und Gerichte». Schlussbericht vom 20. August 2001.

Flango, Victor E./Ostrom, Brian J. (1996). Assessing the Need for Judges and Court Support Staff. National Center for State Courts.

Foss, Nicolai J./Minbaeva, Dana B./Pedersen, Torben/Reinholt, Mia (2009). Encouraging knowledge sharing among employees: How job design matters. Human Resource Management, 48(6), S. 871-893.

Foucault, Michel (1981). Archäologie des Wissens. Frankfurt am Main: Suhrkamp.

Freymann, Hans-Peter/Geib, Stefan (2014). Geschäftsverteilungsmodell für die Zukunft? Deutsche Richterzeitung, 11/2014, S. 372-377.

Frydman, Benoît (2007). L'évolution des critères et des modes de contrôle de la qualité des décisions de justice. Série des Working Papers du Centre Perelman de philosophie du droit, 4/2007.

Frydman, Benoît (2011). Le management comme alternative à la procédure. In: Frydman, Benoît/Jeuland, Emmanuel (Hrsg.). Le nouveau management et l'indépendance des juges. Paris: Dalloz.

Gabriel, Oscar W. (2008). Politische Einstellungen und politische Kultur. In: Gabriel, Oscar W./Kropp, Sabine (Hrsg.). Die EU-Staaten im Vergleich. Wiesbaden: VS Verlag für Sozialwissenschaften, S. 181-214.

Gallas, Geoff (1976). The conventional wisdom of state court administration: A critical assessment and an alternative approach. The Justice System Journal, S. 35-55.

Galliker, Hans-Rudolf (2013). Staat und Verwaltung – Aufbau, Ausbau und Reformen. In: Staatsarchiv des Kantons Luzern (Hrsg.). Der Kanton Luzern im 20. Jahrhundert: Raum und Bevölkerung, Staat und Politik, Wirtschaft, Band 1. Zürich: Chronos, S. 157-185.

Gass, Stephan (2007). Wie sollen Richterinnen und Richter gewählt werden? Wahl und Wiederwahl unter dem Aspekt der richterlichen Unabhängigkeit. AJP 2007, S. 593 ff.

Giauque, David/Caron, Daniel J. (2005). L'identité des agents publics à la croisée des chemins: de nouveaux défis pour les administrations publiques. Paper präsentiert an der EGPA Annual Conference, Bern, August/September 2005.

Giauque, David/Emery, Yves (2008). Repenser la gestion publique: Bilan et perspectives en Suisse. Lausanne: Presses Polytechniques et Universitaires Romandes.

Gibson, James L. (2006). Judicial institutions. In: Rhodes, Roderick A. W./Binder, Sarah A./Rockman, Bert A. (Hrsg.). The Oxford handbook of political institutions. Oxford: Oxford University Press, S. 514-534.

Gibson, James L./Caldeira, Gregory A. (2009). Citizens, courts, and confirmations; positivity theory and the judgements of the American people. Princeton, NJ et al.: Princeton University Press.

Gottschalk, Petter (2007). Knowledge Management Systems in Law Enforcement: Technologies and Techniques. Hershey: Idea Group Publishing.

Graf Kielmansegg, Sebastian (2012). Grundrechte im Näheverhältnis. Tübingen: Mohr Siebeck.

Gramckow, Heike (2012). Estimating Staffing Needs in the Justice Sector. Justice and Development Working Paper Series, 19/2012.

Greenwood, Royston/Raynard, Mia/Kodeih, Farah/Micelotta, Evelyn R./Lounsbury, Michael (2011). Institutional Complexity and Organizational Responses. The Academy of Management Annals, 5(1), S. 317-371.

Gross, Thomas (1999). Das Kollegialprinzip in der Verwaltungsorganisation, Habilitation Heidelberg. Tübingen: Mohr Siebeck.

Guarnieri, Carlo/Pederzoli, Patrizia (2002). The Power of Judges. Oxford: Oxford University Press.

Guigou, Elisabeth/Anton, Gilbert/Bredin, Jean-Denis/Burgelin, Jean-François/Coulon, Jean-Marie/Frison-Roche, Marie-Anne/Gicquel, Jean/Haenel, Hubert/Longo, Giovanni/Mandelkern, Dieudonné/Mattei, Jean-Pierre/Messier, Jean-Marie/Nallet, Henri/Phillips, Nicholas/Sauvé, Jean-Marc/Truche, Pierre/Truchet, Didier (1998). Le service public de la justice. Paris: Odile Jacob.

Gündüz, Ali A./Schedler, Kuno (2014). Managerial challenges and tasks in multirational organizations. International Public Management Review, 15(2), S. 58-76.

Hansen, Morten T./Nohriam, Nitin/Tierney, Thomas J. (1999). What's Your Strategy for Managing Knowledge? Harvard Business Review, S. 1-11.

Harkness, Janet A. (2008). Comparative Survey Research: Goals and Challenges. In: de Leeuw, Edith D./Hox, Joop J./Dillman, Don A. (Hrsg.). International Handbook of Survey Methodology. New York, NY: Psychology Press, S. 56-77.

Hayo, Bernd/Voigt, Stefan (2008). The Relevance of Judicial Procedure for Economic Growth. CESifo Working Paper No. 2514, December 2008.

Heer, Marianne (Hrsg.) (2008). Der Richter und sein Bild. Schriften der Stiftung für Weiterbildung schweizerischer Richterinnen und Richter, Band 11. Bern: Stämpfli.

Heintz, Bettina (2007). Zahlen, Wissen, Objektivität: Wissenschaftssoziologische Perspektiven. In: Mennicken, Andrea/Vollmer, Hendrik (Hrsg.). Zahlenwerk: Kalkulation, Organisation und Gesellschaft. Wiesbaden: Verlag für Sozialwissenschaften, S. 65-85.

Heintz, Bettina (2008). Governance by Numbers: Zum Zusammenhang von Quantifizierung und Globalisierung am Beispiel der Hochschulpolitik. In: Folke Schuppert, Gunnar/Voßkuhle, Andreas (Hrsg.). Governance von und durch Wissen. Baden-Baden: Nomos, S. 110–128.

Heintz, Bettina (2010). Numerische Differenz: Überlegungen zu einer Soziologie des (quantitativen) Vergleichs. Zeitschrift für Soziologie, 3, S. 162-181.

Heintz, Bettina (2012). Welterzeugung durch Zahlen: Modelle politischer Differenzierung in internationalen Statistiken, 1848–2010. In: Bohn, Cornelia/Schubbach, Arno/Wansleben, Leon (Hrsg.). Welterzeugung durch Bilder. Sonderband der Zeitschrift Soziale Systeme. Stuttgart: Lucius & Lucius, S. 7-39.

Hendriks, Paul (1999). Why share knowledge? The influence of ICT on the motivation for knowledge sharing. Knowledge and process management, 6(2), S. 91-100.

Henkes, André (2014). Wer will was von der Justiz? Über Glaube, Hoffnung und Realität im Gerichtswesen. Niedersächsischen Richterbund 19. Juli. www.nrb-info.de/main/view/article/wer-will-was-von-der-justiz-ueber-glaube-hoffnung-und-realitaet-im-gerichtswesen//topic/67/ (Stand: 30.11.2015).

Heydebrand, Wolf V./Seron, Carroll (1990). Rationalizing Justice: The Political Economy of Federal District Courts. Albany, NY: State University of New York Press.

Hoffmann-Riem, Wolfgang (2000). Gewaltenteilung – mehr Eigenverantwortung für die Justiz? DRiZ 2000, S. 18 ff.

Hoffman-Riem, Wolfgang (2001). Modernisierung von Recht und Justiz. Frankfurt a.M.: Suhrkamp.

Hol, Anthony/Loth, Marc (2004). Reshaping Justice: Judicial Reform and Adjudication in the Netherlands. Maastricht: Shaker Publishers.

Hollander-Blumoff, Rebecca E. (2011). The psychology of procedural justice in the federal courts. Hastings Law Journal, 63, S. 127-178.

Hooghe, Marc/Zmerli, Sonja (2011). Introduction: The context of political trust. In: Zmerli, Sonja/Hooghe, Marc (Hrsg.). Political trust: Why context matters. Colchester: EPCR Press, S. 1-13.

Hox, Joop J. (2002). Multilevel analysis: techniques and applications. Mahwah, NJ: Lawrence Erlbaum.

Huber, Max (1991). Zur Geschichte des Luzerner Obergerichts. In: Hausheer, Heinz (Hrsg.). Richter und Verfahrensrecht: 150 Jahre Obergericht Luzern, Festgabe. Bern: Stämpfli, S. 5-71.

Hürlimann, Brigitte (2013). Die Crux mit den Laienrichtern. NZZ vom 27. Juni 2013.

Hürlimann, Brigitte (2015a). Kein Jekami beim Richten. NZZ vom 17. August 2015. www.nzz.ch/meinung/kein-jekami-beim-richten-1.18597449 (Stand: 30.11.2015).

Hürlimann, Brigitte (2015b). Laienrichter sollen abgeschafft werden. NZZ vom 17. August 2015. www.nzz.ch/zuerich/an-den-zuercher-bezirksgerichten-gibt-es-keine-laienrichter-mehr-1.18597343 (Stand: 30.11.2015).

Huysman, Marleen H./De Wit, Dirk (2004). Practices of managing knowledge sharing: towards a second wave of knowledge management. Knowledge and process management, 11(2), S. 81-92.

Jonski, Kamil/Mankowski, Daniel (2014). Is Sky The Limit? Revisiting 'Exogenous Productivity Of Judges' Argument. International Journal for Court Administration (IJCA), 6(2), S. 53-72.

Jost, Hans U. (1995). Von Zahlen und Macht: Statistiker, Statistik und politische Autoritäten in der Schweiz, 18. bis 20. Jahrhundert, Studie aus Anlass des Jubiläums 75 Jahre VSSA. Bern: Verband schweizerischer statistischer Ämter.

Kägi, Oskar W. (1937). Zur Entstehung, Wandlung und Problematik des Gewaltenteilungsprinzipes. Zürich: A. G. Gebr. Leemann & Co.

Kälin, Walter/Rothmayr, Christine (2006). Justiz. In: Klöti, Ulrich/Knoepfel, Peter/Kriesi, Hanspeter/Linder, Wolf/Papadopoulos, Yannis/Sciarini, Pascal (Hrsg.). Handbuch der Schweizer Politik (4. Aufl.). Zürich: Verlag Neue Zürcher Zeitung, S. 177-200.

Keel, Madeleine (2014). Die Leitungsstrukturen der Justiz im Bund und in ausgewählten Kantonen – Eine Studie im Spannungsfeld von Führung und verfassungsrechtlichen Prinzipien, Dissertation. Universität St. Gallen.

Kelleher, Christine A./Wolak, Jennifer (2007). Explaining public confidence in the branches of state government. Political Research Quarterly, 60(4), S. 707-721.

Kettiger, Daniel (2003). Wirkungsorientierte Verwaltungsführung in der Justiz: Ausgangslage – Entwicklungen – Thesen. In: Kettiger, Daniel (Hrsg.). Wirkungsorientierte Verwaltungsführung in der Justiz – ein Balanceakt zwischen Effizienz und Rechtsstaatlichkeit. Bern: SGVW, S. 9-32.

Kettiger, Daniel (2005). Swiss Courts Move toward an Outcome Orientation. Paper präsentiert an der EGPA Annual Conference, Bern, August/September 2005.

Kettiger, Daniel/Lienhard, Andreas (2011). Keine Absage an ein zeitgemässes Justizmanagement. Justice – Justiz – Giustizia, 2011/2.

Kiener, Regina (1997). Aspekte der parlamentarischen Justizaufsicht im Kanton Bern. BVR 1997, S. 385 ff.

Kiener, Regina (2001). Richterliche Unabhängigkeit: Verfassungsrechtliche Anforderungen an Richter und Gerichte. Bern: Stämpfli.

Kiener, Regina (2008). Verfahren der Erneuerungswahl von Richterinnen und Richtern des Bundes. Gutachten vom 28. Januar 2008 im Auftrag der Gerichtkommission der Vereinigten Bundesversammlung, VPB 2008.26, S. 350 ff.

Kiener, Regina (2012). Judicial Independence in Switzerland. In: Seibert-Fohr, Anja (Hrsg.). Judicial Independence in Transition. Heidelberg u.a.: Springer, S. 403 ff.

Kiener, Regina (2014). Verantwortlichkeit von Richterinnen und Richtern. Justice – Justiz – Giustizia, 2014/4.

Kiener, Regina/Kälin, Walter (2013). Grundrechte (2. Aufl.). Bern: Stämpfli.

Kieser, Rudolf (2013). Wandel und Konstanz in der ersten Instanz – Eindrücke von 22 Jahren Gerichtspräsidium in Zürich. Justice – Justiz – Giustizia, 2013/4.

Kim, Soonhee/Lee, Hyangsoo (2006). The Impact of Organizational Context and Information Technology on Employee Knowledge-Sharing Capabilities. Public Administration Review, 66(3), S. 370-385.

Kiss, Christina (1993). Justizverfassung des Kantons Basel-Landschaft. Basel: Helbing Lichtenhahn.

Kiss, Christina/Koller, Heinrich (2008). Kommentar zu Art. 188 BV. In: Ehrenzeller, Bernhard/Mastronardi, Philippe/Schweizer, Rainer J./Vallender, Klaus A. (Hrsg.). Die Schweizerische Bundesverfassung: Kommentar (St. Galler Kommentar) (2. Aufl.). Zürich/ St.Gallen: Dike/Schulthess.

Kleiman, Matthew/Lee, Cynthia G./Ostrom, Brian J. (2013). Workload Assessment: A Data-driven Management Tool for the Judicial Branch. In: The Council of State Governments (Hrsg.). The Book of the States 2013. The Council of State Governments.

Klopfer, Rainer (2005). Vom Richter zum Justizmanager. NZZ vom 20. Juni 2005, S. 35.

Klopfer, Rainer (2007). Management in der Justiz – Richterbild im Wandel. Justice – Justiz – Giustizia, 2007/2.

Koci, Martin (2007). Culture and Public Management Reform: A Review and Research Agenda on the Basis of Experiences in Switzerland. In: Schedler, Kuno/Proeller, Isabella (Hrsg.). Cultural Aspect of Public Management Reform. Oxford: Elsevier.

Koopmans, Tim (2003). Courts and Political Institutions: A Comparative View. Cambridge: Cambridge University Press.

Kotzian, Peter (2011). Conditional Trust: The role of individual and system-level features for trust and confidence in institutions. Zeitschrift für Vergleichende Politikwissenschaft, 5(1), S. 25-49.

Kunitz, Stephen J. (2004). Social capital and health. British Medical Bulletin, 69(1), S. 61-73.

Land, Frank (2009). Knowledge Management and the Management of Knowledge. In: King, William R. (Hrsg.). Knowledge Management and Organizational Learning: Annals of Information Systems (Vol. 4). Pittsburgh, PA: Springer, S. 15-25.

Langbroek, Philip M. (2000). Reinventing the Least Dangerous Branch of Government: Judicial Independence and the Accountability for the Administration of Justice, Courts and Judges in the Netherlands. In: Fabri, Marco/Langbroek, Philip M. (Hrsg.). The Challenge of Change for Judicial Systems: Developing a Public Administration Perspective. Amsterdam: IOS Press.

Langbroek, Philip M. (2009). Administering Courts and Judges: Rethinking the tension between accountability and independence of the judiciary. Utrecht: Utrecht University, S. 1-32.

Langbroek, Philip M. (2010) (Forschungsleiter). Quality Management in Courts And in the Judicial Organisations in 8 Council of Europe Member States: A qualitative inventory to hypothesise factors for success or failure, CEPEJ studies. Strasbourg: CEPEJ.

Langbroek, Philip M. (2011). Towards a socially responsive judiciary? Judicial independence and accountability in the constitutional contexts of Italy, the USA and Netherlands. In: Frydman, Benoît/Jeuland, Emmanuel (Hrsg.). Le nouveau management de la justice et l'indépendance des juges. Paris: Dalloz.

Langbroek, Philip M./Fabri, Marco (2007). The Right Judge for each Case: A comparative study of case assignment and impartiality in 6 European countries. Antwerp: Metro: Intersentia.

Langbroek, Philip M./Mahoney, Barry (2008). The Importance of Effective Court Administration. International Journal of Court Administration (IJCA), 1(1), S. 1 f.

Lazega, Emmanuel/Mounier, Lise/Snijders, Tom A.B./Tubaro, Paola (2012). Norms, status and the dynamics of advice networks: A case study. Social Networks, 34(3), S. 323-332.

Leifer, Richard/Delbecq, Andre (1978). Organizational/Environmental interchange: A model of boundary spanning activity. Academy of Management Review, 3(1), S. 40-50.

Lengwiler, Martin (2006). Risikopolitik im Sozialstaat: Die schweizerische Unfallversicherung 1870–1970. Köln: Böhlau.

Lengwiler, Martin (2011). Praxisbuch Geschichte: Einführung in die historischen Methoden. Zürich: Orell Füssli.

Lepore, Luigi/Metallo, Concetta/Agrifoglio, Rocco (2012). Court Management in the Justice System: A Performance Evaluation Model. Paper präsentiert an der EGPA Annual Conference, Bergen, September 2012.

Lewis, Jenny M./Ricard, Lykke Margot (2014). Innovation capacity in the public sector: Structures, networks and leadership. Rotterdam: Erasmus University.

Lichtsteiner, Hans/Gmür, Markus/Giroud, Charles/Schauer, Reinbert (2015). Das Freiburger Management-Modell für Non-Profit-Organisationen (8. Aufl.). Bern: Haupt.

Lienhard, Andreas (2003). Staatsrechtliche Rahmenbedingungen für eine Umsetzung von NPM in den Gerichten. In: Kettiger, Daniel (Hrsg.). Wirkungsorientierte Verwaltungsführung in der Justiz – ein Balanceakt zwischen Effizienz und Rechtsstaatlichkeit. Bern: SGVW.

Lienhard, Andreas (2004). Staatsrechtliche Rahmenbedingungen für modernes Justizmanagement. In: Institut für öffentliches Recht der Universität Bern (Hrsg.). Der Staat vor den Herausforderungen des 21. Jahrhunderts. Bern, S. 97 ff.

Lienhard, Andreas (2005). Staats- und verwaltungsrechtliche Grundlagen für das New Public Management in der Schweiz – Analyse, Anforderungen, Impulse, Habilitationsschrift, Universität Bern. Bern: Stämpfli.

Lienhard, Andreas (2007). Controllingverfahren des Bundesgerichts. Justice – Justiz – Giustizia, 2007/2.

Lienhard, Andreas (2008). The Swiss Federal Supreme Court: A Constitutional Assessment of Control and Management Mechanisms. International Journal for Court Administration (IJCA), 1(2), S. 43-55.

Lienhard, Andreas (2009a). Oberaufsicht und Justizmanagement. Justice – Justiz – Giustizia, 2009/1.

Lienhard, Andreas (2009b). Supervisory Control and Court Management. International Journal for Court Administration (IJCA), 2(1), S. 30-44.

Lienhard, Andreas (2010). Die bernische Gerichtsbarkeit auf dem Weg zur Selbstverwaltung. In: Herzog, Ruth/Feller, Reto (Hrsg.). Bernische Verwaltungsgerichtsbarkeit in Geschichte und Gegenwart: 100 Jahre Verwaltungsgericht des Kantons Bern. Bern: Geiger AG.

Lienhard, Andreas (2014a). 7. Konferenz der International Association for Court Administration (IACA) Sydney. Justice – Justiz – Giustizia, 2014/4.

Lienhard, Andreas (2014b). Performance Assessment In Courts – The Swiss Case – Constitutional Appraisal And Thoughts As To Its Organization. International Journal for Court Administration (IJCA), 6(2), S. 26-42.

Lienhard, Andreas (2015). Leistungsbeurteilung in der Justiz – Verfassungsrechtliche Auslegeordnung und Gedanken zur Ausgestaltung. In: Stadelmann, Thomas/Gass, Stephan/McCombe, Richard (Hrsg.). Richterliche Unabhängigkeit und Leistungsbeurteilung: Die Beurteilung richterlicher Tätigkeit im Spannungsverhältnis zur richterlichen Unabhängigkeit im europäischen Vergleich. Zürich/St. Gallen: Dike, S. 15-44.

Lienhard, Andreas/Bolz, Urs (2001). Staatsrechtliche Kernfragen der wirkungsorientierten Steuerung in den Kantonen. Schweizerisches Zentralblatt für Staats- und Verwaltungsrecht (ZBl), 1/2001 S. 1-30.

Lienhard, Andreas/Kettiger, Daniel (2008). Die organisatorische Einordnung der Staatsanwaltschaft in die kantonale Behördenstruktur. Justice – Justiz – Giustizia, 2008/2.

Lienhard, Andreas/Kettiger, Daniel (2009). Geschäftslastbewirtschaftung bei Gerichten: Methodik, Erfahrungen und Ergebnisse einer Studie bei den kantonalen Verwaltungs- und Sozialversicherungsgerichten. Schweizerisches Zentralblatt für Staats- und Verwaltungsrecht (ZBl) 8/2009, S. 413-441.

Lienhard, Andreas/Kettiger, Daniel (2010). Caseload Management in the Law Courts: Methodology, Experiences and Results of the first Swiss Study of Administrative and Social Insurance Courts. International Journal for Court Administration (IJCA), 3(1), S. 30-48.

Lienhard, Andreas/Kettiger, Daniel (2011a). Keine Absage an ein zeitgemässes Justizmanagement. Justice – Justiz – Giustizia, 2011/2.

Lienhard, Andreas/Kettiger, Daniel (2011b). Research on the caseload management of courts: methodological questions. Utrecht Law Review, 7(1), S. 66-73.

Lienhard, Andreas/Kettiger, Daniel (2013). Selbstverwaltung der Gerichte: Erkenntnisse Auslegung von § 112 Abs. 2 der Verfassung des Kantons Basel-Stadt. Justice – Justiz – Giustizia, 2013/3.

Lienhard, Andreas/Kettiger, Daniel/Uster, Hanspeter/Winkler, Daniela (2015). Geschäftslast sowie Aufbau- und Ablauforganisation der Gerichte und der Staatsanwaltschaft im Kanton Basel-Stadt, Schlussbericht.

Lienhard, Andreas/Kettiger, Daniel/Winkler, Daniela (2012). Status of Court Management in Switzerland. International Journal For Court Administration (IJCA), Special Issue, S. 41-67.

Lienhard, Andreas/Kettiger, Daniel/Winkler, Daniela (2013). Stand des Justizmanagements in der Schweiz. Schriftenreihe zur Justizforschung, Band I. Bern: Stämpfli.

Lin, Hsiu-Fen (2007). Effects of extrinsic and intrinsic motivation on employee knowledge sharing intentions. Journal of Information Science, 33(2), S. 135-149.

Livschitz, Mark M. (2002). Die Richterwahl im Kanton Zürich: Ihre Faktizität am Obergericht und an den Bezirksgerichten als verfassungsrechtliches Problem, Dissertation, Zürich.

Lu, Luo (1999). Work motivation, job stress and employees' well-being. Journal of Applied Management Studies, 8(1), S. 61-72.

Ludewig-Kedmi, Revital/Wieslehner, Kathleen/Angehrn, Evelyne (Hrsg.) (2007). Zwischen Recht und Gerechtigkeit: Richterinnen im Spiegel der Zeit. Bern: Stämpfli.

Machura, Stefan (2003). Ehrenamtliche Richter in Südrussland: Eine empirische Untersuchung zu Fairness und Legitimität. Gesellschaft und Recht, Band 1. Berlin: Lit Verlag.

Machura, Stefan (2006). Ehrenamtliche Verwaltungsrichter. Gesellschaft und Recht, Band 3. Berlin: Lit Verlag.

Mackor, Anne R. (2012). The Autonomy of Criminal Judges in Determining the Disorder and the Risk of Recidivism – Some Reflections on the Hoogerheide Case. In: Oei, T.I./Groenhuijsen, Marc S. (Hrsg.). Progression in forensic psychiatry. Deventer: Kluwer, S. 617-628.

Magalhães, Pedro C. (2012). Confidence in parliaments: Performance, representation, and accountability. In: Torcal, Mariano/Montero, José R. (Hrsg.). Political disaffection in contemporary democracies: social capital, institutions and politics. London: Routledge, S. 190-214.

Mahon, Pascal/Schaller, Roxane (2013a). L'élection des juges entre tradition démocratique et exigences de l'Etat de droit. In: Parlament, Parlement, Parlamento 2/13, S. 3 ff.

Mahon, Pascal/Schaller, Roxane (2013b). Le système de réélection des juges: évidence démocratique ou épée de Damoclès? Justice – Justiz – Giustizia, 2013/1.

Maier, Patrick (1999). New Public Management in der Justiz. Bern/Stuttgart/Wien: Haupt.

Marien, Sofie/Hooghe, Marc (2011). Does political trust matter? An empirical investigation into the relation between political trust and support for law compliance. European Journal of Political Research, 50(2), S. 267-291.

Martineau, Stéphane (2005). L'observation en situation: enjeux, possibilités et limites. Recherches qualitatives, Hors-Série (2), S. 5-17.

Mastronardi, Philippe (1988). Strukturprinzipien der Bundesverfassung? Fragen zum Verhältnis von Recht und Macht anhand des Wirtschaftsstaatsprinzips. Beihefte zur ZSR, Heft 7. Basel/Frankfurt a.M.: Helbling Lichtenhahn.

Matter, Felix (1978). Der Richter und seine Auswahl, Dissertation, Zürich.

McDermott, Richard (1999). Why information technology inspired but cannot deliver knowledge management. California Management Review, 41(4), S. 103-117.

Meier, Philippe (2011). Protection des données: Fondements, principes généraux et droit privé. Bern: Stämpfli.

Mennicken, Andrea/Vollmer, Hendrik (2007). Zahlenwerk: Kalkulation, Organisation und Gesellschaft. Wiesbaden: Verlag für Sozialwissenschaften.

Miles, Robert H./Perreault, William D. (1976). Organizational role conflict: Its antecedents and consequences. Organizational Behavior and Human Performance, 17(1), S. 19-44.

Mishler, William/Rose, Richard (2001). What are the origins of political trust? Testing institutional and cultural theories in post-communist societies. Comparative political studies, 34(1), S. 30-62.

Mohr, Richard/Contini, Francesco (2007). Judicial Evaluation in Context: Principles, Practices and Promise in Nine European Countries. European Journal of Legal Studies, 1(2), S. 1-40.

Moritz, Jean (2009). Le Conseil de surveillance de la magistrature dans le canton du Jura. Justice – Justiz – Giustizia, 2009/2.

Mosimann, Hans-Jakob (2009). Geschäftslastbewirtschaftung am Sozialversicherungsgericht des Kantons Zürich. Justice – Justiz – Giustizia, 2009/3.

Mosimann, Hans-Jakob (2011). Leistungsbeurteilung von Richterinnen und Richtern: Qualitätsmerkmal oder Angriff auf die richterliche Unabhängigkeit. Justice – Justiz – Giustizia, 2011/1.

Mosimann, Hans-Jakob (2015a). Richterliche Unabhängigkeit und Leistungsbeurteilung: Schweiz. In: Stadelmann, Thomas/Gass, Stephan/McCombe, Richard (Hrsg.). Richterliche Unabhängigkeit und Leistungsbeurteilung. Zürich/St. Gallen: Dike, S. 87 ff.

Mosimann, Hans-Jakob. (2003). Wege zum Qualitätsmanagement an Gerichten: Grundlagen und Konkretisierungen am Beispiel des Sozialversicherungsgerichts des Kantons Zürich. Schweizerisches Zentralblatt für Staats- und Verwaltungsrecht (ZBl), 104/2003, S. 470 ff.

Mosimann, Manuela (2015b). Richter als Gutachter? Die Offenlegung des gerichtseigenen Fachwissens nach Art. 183 Abs. 3 ZPO. Jusletter 19. Januar 2015.

Müller, Jörg P. (2006). Richterliche Unabhängigkeit steht zur Debatte: Vor der Beratung im Nationalrat über Richterzahl und Controlling. Justice – Justiz – Giustizia, 2006/2.

Müller, Markus (2003). Das besondere Rechtsverhältnis: Ein altes Rechtsinstitut neu gedacht. Bern: Stämpfli.

Müller, Patrick M. (2014). Geschäftslastbewirtschaftung mittels Lastenkennziffer: Erfahrungen am Verwaltungsgericht des Kantons Luzern. Justice – Justiz – Giustizia, 2014/2.

Nahapiet, Janine/Ghoshal, Sumantra (1998). Social capital, intellectual capital and the organizational advantage. Academy of Management Review, 23(2), S. 242-266.

Nay, Giusep (2006). Das Bundesgericht in Wandel und Sorge um Unabhängigkeit. Schweizerische Juristen-Zeitung (SJZ), 567/2006, S. 567 ff.

Newman, Janet (2005). Bending bureaucracy: leadership and multi-level governance. In: du Gay, Paul (Hrsg.). The Values of Bureaucracy. Oxford: Oxford University Press.

Nonaka, Ikujiro (1991). The knowledge-creating company. Harvard business review, 69(6), S. 96-104.

Nonaka, Ikujiro (1994). A dynamic theory of organizational knowledge creation. Organization science, 5(1), S. 14-37.

Nonaka, Ikujiro/Takeuchi, Hirotaka (1995). The knowledge creating company: How Japanese companies create the dynamics of innovation. New York: Oxford University Press.

Nonaka, Ikujiro/Von Krogh, Georg (2009). Perspective – tacit knowledge and knowledge conversion: Controversy and advancement in organizational knowledge creation theory. Organization science, 20(3), S. 635-652.

Norris, Pippa (1999). Institutional explanations for political support. In: Norris, Pippa (Hrsg.). Critical citizen: Global support for democratic government. Oxford: Oxford University Press, S. 217-235.

Ogorek, Regina (1995). Gesellschaftliche Erwartungen gegenüber der Richterschaft. In: Greive, Wolfgang (Hrsg.). Die Rolle der Richter und Richterinnen zwischen Rechtsprechung und Politik. Rehburg-Loccum: Evangelische Akademie Loccum, S. 93-109.

Ogorek, Regina (1997). Recht, Moral, Politik: Zum Richterbild in der Mediengesellschaft. In: Kritische Vierteljahresschrift für Gesetzgebung und Rechtswissenschaft 1, S. 5-18.

Osterhammel, Jürgen (2010). Die Verwandlung der Welt: Eine Geschichte des 19. Jahrhunderts (5. durchges. Aufl.). München: C.H. Beck.

Ostrom, Brian J./Hanson, Roger A./Kleiman, Matthew (2005). Examining Court Culture. Caseload Highlights, 11(2).

Ostrom, Brian J./Hanson, Roger A./Ostrom, Charles W./Kleiman, Matthew (2005). Court Cultures and Their Consequences. The Court Manager, 20(1), S. 14-23.

Ostrom, Brian J./Kauder, Neal B. (1998). Examining the Work of State Courts, 1997: A National Perspective from the Court Statistics Project. National Center for State Courts.

Ostrom, Brian J./Kleiman, Matthew/Lee, Cynthia G./Roth, Shannon (2013). Virginia Judicial Workload Assessment Report. National Center for State Courts.

Ostrom, Brian J./Ostrom, Charles W. Jr./Hanson, Roger A./Kleiman, Matthew (2007). Trial Courts as Organizations. Philadelphia, PA: Temple University Press.

Ostrom, Brian J./Ostrom, Charles W./Hanson, Roger A./Kleiman, Matthew (2005). The Mosaic of Institutional Culture and Performance: Trial Courts as Organizations. Philadelphia: Temple University Press.

Palumbo, Giuliana/Giupponi, Giulia/Nunziata, Luca/Mora-Sanguinetti, Juan S. (2013). The Economics of Civil Justice: New Cross-country Data and Empirics, OECD Economics Department Working Papers, No. 1060. OECD Publishing. dx.doi.org/10.1787/5k41w04ds6kf-en (Stand: 30.11.2015).

Paychère, François (2009). La promotion de la qualité, un enjeu pour les tribunaux helvétiques? Justice – Justiz – Giustizia, 2009/3.

Peila, Louis (2009). Conseil supérieur de la magistrature à Genève. Justice – Justiz – Giustizia, 2009/2.

Peters, Thomas J./Watermann, Robert H. (2006). In Search of Excellence. New York: HarperCollins.

Peterson, Robert A. (1994). A Meta-Analysis of Cronbach's Coefficient Alpha. Journal of Consumer Research, 21(2), S. 381-391.

Petrò, Lorenzo (2015). Volk entscheidet über Abschaffung der Laienrichter. Tagesanzeiger vom 17. August 2015. www.tages-anzeiger.ch/zuerich/region/Volk-entscheidet-ueber-Abschaffung-der-Laienrichter/story/25552547 (Stand: 30.11.2015).

Pichault, François (2007). HRM-based reforms in public organisations: problems and perspectives. Human Resource Management Journal, 17(3), S. 265-282.

Pichault, François/Nizet, Jean (2013). Les pratiques de gestion des ressources humaines: conventions, contextes et jeux d'acteurs. Paris: Points.

Pollitt, Christopher/Bouckaert, Geert (2011). Public Management Reform: a comparative analysis. Oxford: Oxford University Press.

Poltier, Etienne (2011). L'organisation et le fonctionnement interne de l'ordre judiciaire et des tribunaux. AJP 2011, S. 1018 ff.

Poltier, Etienne (2012). Le pouvoir judiciaire «s'administre lui-même». Justice – Justiz – Giustizia, 2012/3.

Porter, Theodore M. (1986). The rise of statistical thinking: 1820–1900. Princeton NJ: Princeton University Press.

Porter, Theodore M. (1995). Trust in numbers: The pursuit of objectivity in science and public life. Princeton NJ: Princeton University Press.

PricewaterhouseCoopers (2015). Gutachten PEBB§Y-Fortschreibung 2014: Fortschreibung der Basiszahlen zur Personalbedarfsbemessung für die Ordentliche Gerichtsbarkeit und die Staatsanwaltschaften.

Prigioni, Mina-Claire (2014). Le management de juridiction: Analyse comparative de l'organisation et du fonctionnement managérial de cinq juridictions du pouvoir judiciaire genevois, Mémoire de Mastère en administration publique (MPA). Lausanne: Institut des hautes études en administration publique (IDHEAP).

Pryor Golden, Mildred/White, J. Chris/Toombs, Leslie A. (1998). Strategic quality management: A Strategic, System Approach to Continous Improvement. Thomson Learning.

Raselli, Niccolò (2011). Richterliche Unabhängigkeit. Justice – Justiz – Giustizia, 2011/3.

Raykov, Tenko (2007). Reliability if deleted, not 'alpha if deleted': Evaluation of scale reliability following component deletion. British

Journal of Mathematical and Statistical Psychology, 60(2), S. 201-216.

Raykov, Tenko (2008). Alpha if item deleted: A note on loss of criterion validity in scale development if maximizing coefficient alpha. British Journal of Mathematical and Statistical Psychology, 61(2), S. 275-285.

Rehbinder, Manfred (2009). Rechtssoziologie (7. Aufl.). München: C.H.Beck.

Richards, Lyn/Morse, Janice M. (2013). Readme First For A User's Guide To Qualitative Methods (3. Aufl.). Los Angeles: SAGE.

Riedel, Johannes (2013). Caseload and Weight of Cases in Special Types of Cases: First Instance Criminal Cases in Regional Courts in Germany. Paper präsentiert an der EGPA Annual Conference, Edinburgh, September 2013.

Riege, Andreas (2005). Three-dozen knowledge-sharing barriers managers must consider. Journal of Knowledge Management, 9(3), S. 18-35.

Röhl, Klaus F. (2002). Fehler in Gerichtsentscheidungen. In: Schulze-Fielitz, Helmut/Schütz, Carsten (Hrsg.). Justiz und Justizverwaltung zwischen Ökonomisierungsdruck und Unabhängigkeit. Berlin: Duncker und Humblot, S. 67 ff.

Rondeaux, Giseline (2011). Identification organisationnelle et changement: le New Public Management à l'épreuve des logiques identitaires, Thèse de Doctorat. Liège: Université de Liège.

Rothmayr Allison, Christine/Varone, Frédéric (2014). Justiz. In: Knoepfel, Peter/Papadopoulos, Yannis/Sciarini, Pascal/Vatter, Adrian/Häusermann, Silja (Hrsg.). Handbuch der Schweizer Politik (5. Aufl.). Zürich: Verlag Neue Zürcher Zeitung, S. 219-241.

Rudin, Beat (1998). Kollektives Gedächtnis und informationelle Integrität: Zum Datenschutz im öffentlichen Archivwesen. AJP 1998, S. 247 ff.

Rüegg-Stürm, Johannes (2002). Das neue St. Galler Management-Modell: Grundkategorien einer integrierten Managementlehre, der HSG-Ansatz. Bern: Haupt.

Rutten-van Deurzen, Wilhelmina M. C. J. (2010). Kwaliteit van rechtspleging: Kwaliteitsbevordering en de rol van de Raad, Dissertation. Tilburg: Wolf Legal Publishers.

Sarasin, Philipp (2003). Geschichtswissenschaft und Diskursanalyse. In: Ders. Geschichtswissenschaft und Diskursanalyse. Frankfurt am Main: Suhrkamp, S. 10-60.

Sarasin, Philipp (2011). Was ist Wissensgeschichte? In: Internationales Archiv für Sozialgeschichte der Deutschen Literatur 1, S. 159-172.

Schaal, Gary S. (2004). Vertrauen, Verfassung und Demokratie: Über den Einfluss konstitutioneller Prozesse und Prozeduren auf die Genese von Vertrauensbeziehungen in modernen Demokratien. Wiesbaden: VS Verlag für Sozialwissenschaften.

Schedler, Kuno/Proeller, Isabella (2007). Public Management as a Cultural Phenomenon: Revitilizing Societal Culture in International Public Management Research. International Public Management Review, 8(1).

Schedler, Kuno/Proeller, Isabella (2011). New Public Management (5. Aufl.). Bern: Haupt.

Schedler, Kuno/Rüegg-Stürm, Johannes (2013). Rationalität – Begriff, Bildung und Wirkung. In: Schedler, Kuno/Rüegg-Stürm, Johannes (Hrsg.). Multirationales Management: Der erfolgreiche Umgang mit widersprüchlichen Anforderungen an die Organisation. Bern: Haupt, S. 33 ff.

Schein, Edgar H. (1992). Organizational Culture and Leadership. San Francisco: Jossey-Bass.

Schmid, Hans (2010). Zuteilungskriterien – Regeln und Ausnahmen. Schweizerische Juristen-Zeitung (SJZ), 544/2010, S. 544 ff.

Schmidt, Daniel (2007). Buchführung für Oikos und Etat. In: Mennicken, Andrea/Vollmer, Hendrik (Hrsg.). Zahlenwerk: Kalkulation, Organisation und Gesellschaft. Wiesbaden: Verlag für Sozialwissenschaften, S. 229-245.

Schmitt, Neal (1996). Uses and abuses of coefficient alpha. Psychological assessment, 8(4), S. 350-353.

Schwander, Daniel (2009). Das Zürcher Handelsgericht und die branchenspezifische Zusammensetzung seines Spruchkörpers: Herkunft, Praxis, Kritik. Berlin: Wissenschaftlicher Verlag.

Schwarz, Peter (1984). Erfolgsorientiertes Verbands-Management. St. Augustin: Asgard Verlag.

Schweizer, Rainer J./Rechsteiner, David (2015). § 2 Grund- und menschenrechtlicher Datenschutz. In: Passadelis, Nicolas/Rosenthal, David/Thür, Hanspeter (Hrsg.). Datenschutzrecht. Basel: Helbing Lichtenhahn, S. 41 ff.

Schwenkel, Christof/Rieder, Stefan (2014). Die Wahrnehmung der Justiz durch die Bevölkerung: Resultate einer Bevölkerungsbefragung in 26 Kantonen. Justice – Justiz – Giustizia, 2014/1.

Seba, Ibrahim/Rowley, Jennifer/Lambert, Sian (2012). Factors affecting attitudes and intentions towards knowledge sharing in the Dubai Police Force. International Journal of Information Management, 32, S. 372-380.

Seddon, John (2008). Systems Thinking in the Public Sector. Axminster: Triarchy Press.

Shetreet, Shimon (1976). Judges on trial: A study to the appointment and accountability of the English Judiciary. Amsterdam, New York, Oxford: Noth Holland Publishing Company.

Siemsen, Enno/Roth, Aleda V./Balasubramanian, Sridhar (2008). How motivation, opportunity, and ability drive knowledge sharing: The constraining-factor model. Journal of Operations Management, 26(3), S. 426-445.

Simon, Dieter (1983). Erwartungen der Gesellschaft an die Justiz. In: Schmidt-Hieber, Werner/Wassermann, Rudolf (Hrsg.). Justiz und Recht: Festschrift aus Anlass des 10jährigen Bestehens der Deutschen Richterakademie in Trier. Heidelberg: C.F. Müller, S. 3–17.

Stadelmann, Thomas (2005). Einführung des Modells «Leistungsorientierte Gerichte» im Kanton Luzern. In: Justice – Justiz – Giustizia, 2005/1.

Stadelmann, Thomas (2009). «Das System des Handelsgerichts überzeugt nicht»: Streitgespräch zwischen Thomas Stadelmann und

Peter A. Sträuli, Gesprächsführung durch Sabine L'Eplattenier-Burri. plädoyer 4/2009, S. 10 ff.

Steinmann, Georg (2015). Denk-würdige Wiederwahl der Bundesrichterinnen und Bundesrichter. Schweizerisches Zentralblatt für Staats- und Verwaltungsrecht (ZBl), 1/2015, S. 1 f.

Strauss, Anselm/Corbin, Juliet (1994). Grounded Theory Methodology – an Overview. In: N.K. Denzin/Y.S. Lincoln (Hrsg.). Handbook of Qualitative Research. Los Angeles: SAGE, S. 273 ff.

Strauss, Anselm/Corbin, Juliet (2004). Les fondements de la recherche qualitative: techniques et procédures de développement de la théorie enracinée. Fribourg: Academic Press Fribourg.

Taal, Sandra/Langbroek, Philip M./van der Velde, Mandy E.G. (2014). Reducing Unwarranted Disparities: The Challenge Of Managing Knowledge Sharing Between Judges. International Journal of Court Administration (IJCA), 6(2), S. 73-83.

Taminiau, Yvette/Smit, Wouter/de Lange, Annick (2009). Innovation in management consulting firms. Journal of Knowledge Management, 13(1), S. 42-55.

Tangaraja, Gangeswari/Rasdi, Roziah M./Ismail, Maimunah/ Samah Bahaman A. (2015). Fostering knowledge through informal knowledge sharing. Journal of Knowledge Management, 19(1), S. 42-55.

Tanquerel, Thierry/Varone, Frédéric/Bolkensteyn, Arun/Byland, Karin (2011). Le contentieux administratif judiciaire en Suisse: une analyse empirique. Genf/Zürich/Basel: Schulthess.

Tavakol, Mohsen/Dennick, Reg (2011). Making sense of Cronbach's alpha. International Journal of Medical Education, 2, S. 53-55.

Thom, Norbert/Ritz, Adrian (2008). Public Management: Innovative Konzepte zur Führung im öffentlichen Sektor (4. Aufl.). Wiesbaden: Gabler.

Thornton, Patricia H./Ocasio, William (1999). Institutional logics and the historical contingency of power in organizations: Executive succession in the higher education publishing industry, 1958-1990. The American Journal of Sociology, 105, S. 801-843.

Tiebel, Christoph (2006). Management in Non-Profit-Organisationen. München: Vahlen.

Tophinke, Esther (2013). Tribunaux et jurisprudence. In: Ladner, Andreas/Chappelet, Jean-Loup/Emery, Yves/Knoepfel, Peter/Mader, Luzius/Soguel, Nils/Varone, Frédéric (Hrsg.). Manuel d'administration publique suisse. Lausanne: Presses polytechniques et universitaires romandes.

Tribunal Fédéral (2014). Rapport de gestion 2014. Tribunal fédéral de la Confédération.

Tschannen, Pierre (2011). Staatsrecht der Schweizerischen Eidgenossenschaft (3. Aufl.). Bern: Stämpfli.

Tschentscher, Axel/Lienhard, Andreas (2011). Öffentliches Recht: Ein Grundriss. Zürich/St. Gallen: Dike Verlag AG.

Tschümperlin, Paul (2003). Gerichtsmanagement am Bundesgericht: Stand und Entwicklungstendenzen. In: Kettiger, Daniel (Hrsg.). Wirkungsorientierte Verwaltungsführung in der Justiz – ein Balanceakt zwischen Effizienz und Rechtsstaatlichkeit. Bern: SGVW, S. 75 ff.

Tuoni, Valentina (2009). Il Consiglio della magistratura del Canton Ticino. Justice – Justiz – Giustizia, 2009/2.

Tyler, Tom R. (2006). Why people obey the law. New Jersey: Princeton University Press.

Tyler, Tom R. (2007). Procedural justice and the courts. Court Review, 44(1/2), S. 26-31.

Uebersax, Peter (2007). Die Stellung der Gerichtsschreiberinnen und Gerichtsschreiber in der Gerichtsverfassung. In: Schindler, Benjamin/Sutter, Patrick (Hrsg.). Akteure der Gerichtsbarkeit. Zürich: Dike Verlag AG, S. 77 ff.

Uit Beijerse, Roelof P. (1999). Questions in knowledge management: defining and conceptualising a phenomenon. Journal of Knowledge Management, 3(2), S. 94-110.

Ulrich, Hans/Krieg, Walter (1972). Das St. Galler Management-Modell. Bern. Neu aufgelegt in: Ulrich, Hans (2001). Gesammelte Schriften, Band 2. Bern: Stämpfli.

Unternährer, Walther (1988). 75 Jahre Amtsgericht Entlebuch 1913-1988. Entlebuch: Amstgericht.

van den Brink, Gabriël (2009). Justice And Credibility: About Bridges Built By Judges. International Journal for Court Administration (IJCA), 2(1), S. 2-17.

van den Hooff, Bart/de Ridder, Jan A. (2004). Knowledge sharing in context: the influence of organizational commitment, communication climate and CMC use on knowledge sharing. Journal of Knowledge Management, 8(6), S. 117-130.

van den Hooff, Bart/Huysman, Marleen (2009). Managing knowledge sharing: Emergent and engineering approaches. Information & Management, 46, S. 1-8.

van Dooren, Wouter/Bouckaert, Geert /Halligan, John (2010). Performance Management in the Public Sector. London and New York: Routledge.

van Erp, Judith/Langbroek Philip M./Verberk, Suzan/Widdershoven, Rob J.G.M. (2001). Eenheid van rechtspraak: een onderzoek naar de coordinatiemechanismen in het bestuursrecht. Den Haag/ Utrecht: B&A Groep en Universiteit Utrecht.

van Woerkom, M./Sanders, K. (2010). The romance of learning from disagreement: The effect of cohesiveness and disagreement on knowledge sharing behavior and individual performance within teams. Journal of Business and Psychology, 25(1), S. 139-149.

Vatter, Adrian (2014). Das Politische System der Schweiz. Baden-Baden: Nomos.

Vauchez, Antoine (2008). Le chiffre dans le «gouvernement» de la justice. Revue française d'administration publique, 125(1), S. 111-120.

Vauchez, Antoine/Willemez, Laurent (2007). La justice face à ses réformateurs (1980-2006): Entreprises de modernisation et logiques de résistances. Paris: Presses Universitaires de France.

Verwaltungskommission (2009). Konzept Controlling des Bundesgericht zuhanden der GPK. Fassung vom 27.01.2009.

Vigoda-Gadot, Eran/Meiri, Sagie (2008). New Public Management Values and Person-Organization Fit: A socio-psychological Approach and Empirical Examination among Public Sector Personnel. Public Administration, 86(1), S. 111-131.

Vigour, Cécile (2006). Justice: l'introduction d'une rationalité managériale comme euphémisation des enjeux politiques. Droit et Société, 63(2), S. 425-455.

Vigour, Cécile (2008). Ethos et légitimité professionnels à l'épreuve d'une approche managériale: le cas de la justice belge. Sociologie du travail, 50(1), S. 71-90.

Volker, Mathias (2007). Qualitätsmanagement in der ordentlichen Gerichtsbarkeit der niedersächsischen Justiz – Projekte AGiL (Amtsgerichte im Leistungsvergleich), LiVe (Landgerichte im Vergleich), Ausblick zum Qualitätsmanagement der Oberlandesgerichte. Niedersachsen: Oberlandesgericht Celle.

Waldmann, Bernhard/Bickel, Jürg (2011). § 12 Datenbearbeitung durch Bundesorgane. In: Belser, Eva M./Epiney, Astrid/Waldmann, Bernhard (Hrsg.). Datenschutzrecht: Grundlagen und öffentliches Recht. Bern: Stämpfli, S. 639 ff.

Waldmann, Bernhard/Oeschger, Magnus (2011). § 13 Datenbearbeitung durch kantonale Organe. In: Belser, Eva M./Epiney, Astrid/Waldmann, Bernhard (Hrsg.). Datenschutzrecht: Grundlagen und öffentliches Recht. Bern: Stämpfli, S. 765 ff.

Walter, Hanspeter (2005). Interne richterliche Unabhängigkeit. Justice – Justiz – Giustizia, 2005/1.

Wang, Sheng/Noe, Raymond A. (2010). Knowledge sharing: A review and directions for future research. Human Resource Management Review, 20(2), S. 115-131.

Weber, Rolf H. (2010). Datenschutz v. Öffentlichkeitsprinzip. Zürich/Basel/Genf: Schulthess.

Wildhaber, Bruno (1993). Informationssicherheit: Rechtliche Grundlagen und Anforderungen an die Praxis. Zürich: Schulthess.

Wipfli, Hans (2006). Justizmanagement am Beispiel eines Steuergerichts: Struktur, Organisation und Führung. Bern: KPM-Verlag.

Wipfli, Hans (2007). Justizielle Selbstverwaltung. In: Schindler, Benjamin/Sutter, Patrick (Hrsg.). Akteure der Gerichtsbarkeit. Zürich/St. Gallen: Dike, S. 115 ff.

Wirthlin, Martin (2006). Vom massgeblichen (Bundes-)Richterbild. Jusletter 19. Juni 2006.

Wittreck, Fabian (2006). Die Verwaltung der Dritten Gewalt. Tübingen: Mohr Siebeck.

Yin, Robert K. (2009). Case Study Research: Design and Methods. (4. Aufl.). Los Angeles: SAGE.

Zapelli, Pierre (2009). Le Conseil Supérieure de la Magistrature: instrument pour l'independence des magistrats. Justice – Justiz – Giustizia, 2009/2.

Zimmerli, Ulrich (2009). Wenn Politik Druck macht – Richtertätigkeit unter Beeinflussungsversuchen. Justice – Justiz – Giustizia, 2009/4.

Dokumentenverzeichnis

Eidgenössisches Justiz- und Polizeidepartement [EJPD] (2001). Botschaft zur Totalrevision der Bundesrechtspflege, 01.023. Bern.

Eindrapport visitatie gerechten, 2010.

Eindrapport visitatie gerechten, 2014.

Evaluatierapport Kwaliteitsnormen, Voorjaar, 2011.

Geschäftsbericht des Bundesverwaltungsgerichts 2011.

Gesetze, Dekrete und Verordnungen für den Kanton Luzern, 1848 ff. (zitiert G.)

Kwaliteit kost tijd, Raad voor de Rechtspraak, 2006.

Protokoll des Zürcher Kantonsrates, 10. Sitzung, Montag, 17. August 2015, S. 559 ff. www.kantonsrat.zh.ch/Protokolle/P1872/010_2015-2019.pdf#View=Fit (Stand: 30.11.2015);

Rapport de gestion 2014 de la commission administrative et du Conseil de la magistrature de la République et du canton de Neuchâtel.

Rapport du Tribunal cantonal de Fribourg pendant les années 1853 et 1854.

Rapport fra Kvalitetsprosjektet, Domstoladministrasjonen, 25.08.2013.

Rechenschaftsberichte des Obergerichts des Kantons Luzern, 1849–2003. (zitiert RB)

Rendiconto del Consiglio della magistratura e del settore giudiziario, 2013.

Tribunal Fédéral (2014). Rapport de gestion 2014. Tribunal fédéral de la Confédération.

Verhandlungen des Grossen Rates des Kantons Luzern, Januar und Märzsession 2005. www.lu.ch/kantonsrat/protokolle/verhandlungsprotokolle/verhandlungsprotokolle_frueher (Stand: 30.11.2015).

Anhang

Anhang 1: Verzeichnis der Dissertationen und Studien

Aerschmann, Stephan. Von der Macht der Zahlen: Justizielle Wissensproduktion und Gerichtsorganisation im Kanton Luzern (19.-21. Jahrhundert).

Bieri, Peter. Bearbeitung von Daten über Richterinnen und Richter: Bedarf und Schranken.

De Santis, Lorenzo. La réceptivité culturelle des organisations du pouvoir judiciaire au management public: Perceptions et attentes des parties prenantes d'une «bonne justice» de première et seconde instance en Suisse, et implications managériales.

Egloff, Lorenzo. Le management du pouvoir judiciaire, à l'exemple du Tribunal fédéral suisse: Perceptions et attentes d'une bonne justice de dernière instance, et implications managériales.

Eicher, Angela. How do Court Managers handle multiple rationalities within courts?

Frey Haesler, Mirjam. Aufsicht über die Justiz.

Küng, Nadine. Auswahl und Qualifikation von Richterinnen und Richtern.

Müller, Andreas. Rechtlicher Rahmen für die Geschäftslastbewirtschaftung in der schweizerischen Justiz: Stand – Vergleich – Folgerungen.

Reiter, Catherine. Gerichtsinterne Organisation: Best Practices.

Rüefli, Anna. Fachrichterbeteiligung im Spannungsfeld verfassungsrechtlicher Zielkonflikte.

Schwenkel, Christof. Der Einfluss kantonaler Justizsysteme auf das Vertrauen der Bevölkerung in die Gerichte.

Taal, Sandra. Managing professional knowledge: How to foster knowledge sharing among judges?

Westenberg, Mirjam. Quality indicators and their operation in courts in a comparative (empirical) perspective.

Winkler, Daniela. Methodik von gewichteten Geschäftslaststudien für schweizerische Gerichte.

Anhang 2: Verzeichnis der Publikationen aus dem Projekt

Aerschmann, Stephan (2014). Der ideale Richter: Schweizer Bundesrichter in der medialen Öffentlichkeit (1875-2010). Zürich: Chronos.

Bieri, Peter (2014). Die Gerichte der Schweiz – eine Übersicht. Justice – Justiz – Giustizia, 2014/2.

Bieri, Peter/De Santis, Lorenzo (2014). Bericht über die EGPA Jahreskonferenz 2014: Study Group «Justice and Court Administration». Justice – Justiz – Giustizia, 2014/4.

Bieri, Peter/De Santis, Lorenzo (2014). Rapport de la Conférence annuelle EGPA 2014: Groupe d'étude permanent XVIII « Administration de la justice et des tribunaux». Justice – Justiz – Giustizia, 2014/4.

Bieri, Peter/De Santis, Lorenzo (2014). Resconto della Conferenza EGPA 2014: Gruppo di lavoro permanente XVIII «Amministrazione della Giustizia, e dei tribunali». Justice – Justiz – Giustizia, 2014/4.

De Santis, Lorenzo Gennaro (2015). Une justice plus commerciale qu'industrielle? Comparaison des attentes d'une «bonne justice» en Suisse. Canadian Journal of Law and Society / Revue Canadienne Droit et Société, 30(3), S. 421-443.

Eicher, Angela/Schwenkel, Christof (2015), Bericht über die EGPA Jahreskonferenz 2015 in Toulouse: Permanent Study Group «Justice and Court Administration». Justice – Justiz – Giustizia, 2015/4.

Eicher, Angela/Schedler, Kuno (2012). Multiple Rationalitäten in Gerichten – eine neue Managementherausforderung. IMPacts Ausgabe.

Eicher, Angela/Schedler, Kuno (2012). Management Responses To Multiple Rationalities In Courts – A Review. International Journal for Court Administration (IJCA), Special Issue.

Emery, Yves/De Santis, Lorenzo Gennaro (2014). What Kind of Justice Today? Expectations of 'Good Justice', Convergences And Divergences Between Managerial And Judicial Actors And How They

Fit Within Management-Oriented Values. International Journal for Court Administration (IJCA), 6(1).

Kettiger, Daniel (2014). Die Schlichtungsbehörde im Kanton Bern als Erfolgsmodell? Justice – Justiz – Giustizia, 2014/3.

Kettiger, Daniel (2014). Braucht es Pikettgerichte? Justice – Justiz – Giustizia, 2014/3.

Kettiger, Daniel/Lienhard, Andreas (2016). The Position of the Public Prosecution Service in the New Swiss Criminal Justice Chain. In: Hondeghem, Annie/Rousseaux, Xavier/Schoenaers, Frédéric (Hrsg.). Modernization of the Criminal Justice Chain and the Judicial System. Cham: Springer.

Langbroek, Philip/Zimmer, Markus/Lienhard, Andreas/Fabri, Marco/ Palma, Luis M./Kettiger, Daniel (2012). The EGPA Studygroup on Justice and Court Administration: European Cooperation in Court Administration Studies. International Journal for Court Administration (IJCA), Special Issue, Editorial.

Lienhard, Andreas (2013). Stand des Justizmanagements in der Schweiz. In: Lienhard, Andreas/Ritz, Adrian/Sager, Fritz/Steiner, Reto (Hrsg.). Public Governance – Entwicklungen und Herausforderungen, Jubiläumsschrift zum 10-jährigen Bestehen des KPM, KPM-Schriftenreihe Nr. 50. Bern: KPM, S. 60 - 77.

Lienhard, Andreas (2014). Leistungsbeurteilung in der Justiz. In: Stadelmann, Thomas/Gass, Stephan/McCombe, Richard (Hrsg.). Richterliche Unabhängigkeit und Leistungsbeurteilung: Die Beurteilung richterlicher Tätigkeit im Spannungsverhältnis zur richterlichen Unabhängigkeit im europäischen Vergleich. Zürich/St. Gallen: Dike, S. 15 -44.

Lienhard, Andreas (2014). Performance Assessment in Courts – The Swiss Case: Constitutional Appraisal and Thoughts as to its Organisation. International Journal for Court Administration (IJCA), 6(2), S. 26-42.

Lienhard, Andreas (2014). 7. Konferenz der International Association for Court Administration (IACA) Sydney. Justice – Justiz – Giustizia, 2014/4.

Lienhard, Andreas/Kettiger, Daniel (2012). Forschungsprojekt «Grundlagen guten Justizmanagements in der Schweiz» gestartet. Justice – Justiz – Giustizia, 2012/2.

Lienhard, Andreas/Kettiger, Daniel (2015). Justizforschung – Nationalfondsprojekt auf der Zielgerade. Justice – Justiz – Giustizia, 2015/3.

Lienhard, Andreas/Palma, Luis M. (2013). Court Administration in a Time of Changes: IACA´s First Conference in Latin, America: The Importance of Research. International Journal for Court Administration (IJCA), 5(1), Editorial.

Lienhard, Andreas/Kettiger, Daniel/Winkler, Daniela (2012). Status of Court Management in Switzerland. International Journal for Court Administration (IJCA), Special Issue.

Lienhard, Andreas/Kettiger, Daniel/Winkler, Daniela (2013). Stand des Justizmanagements in der Schweiz, Schriftenreihe zur Justizforschung, Band 1. Bern: Stämpfli Verlag AG.

Lienhard, Andreas/Kettiger, Daniel/Winkler, Daniela (2013). Stand des Justizmanagements in der Schweiz. Justice – Justiz – Giustizia, 2013/1.

Lienhard, Andreas/Kettiger, Daniel/Winkler, Daniela (2014). Ein Justizforschungsprojekt liefert erste Erkenntnisse zum Stand in der Schweiz. Bern: Schweizerische Gesellschaft für Verwaltungswissenschaften (SGVW).

Lienhard, Andreas/Kettiger, Daniel/Winkler, Daniela/Uster, Hanspeter (2015). Combining A Weighted Caseload Study With An Organizational Analysis In Courts: First Experiences With A New Methodological Approach In Switzerland. International Journal for Court Administration (IJCA), 7(1).

Lienhard, Andreas/Kettiger, Daniel/Bühler, Jacques/Mérillat, Loranne/Winkler, Daniela (im Erscheinen). The Federal Supreme Court of Switzerland: Judicial Balancing of Federalism without Judicial Review. In: Aroney, Nicholas/Kincaid, John (Hrsg.). Courts and Judicial Systems in Federal Countries. Toronto: University of Toronto Press.

Müller, Andreas/Schwenkel, Christof (2013). Bericht über die EGPA Jahrestagung 2013: Study Group «Justice and Court Administration». Justice – Justiz – Giustizia, 2013/4.

Müller, Patrick M. (2014). Geschäftslastbewirtschaftung mittels Lastenkennziffer: Erfahrungen am Verwaltungsgericht des Kantons Luzern. Justice – Justiz – Giustizia, 2014/2.

Müller, Patrick M. (2016). Geschäftslastbewirtschaftung quo vadis? Justice – Justiz – Giustizia, 2016/1.

Reiter, Catherine (2015). Gerichtsinterne Organisation: Best Practices, Dissertation, Zürich. Zürich: Schulthess Verlag.

Rüefli, Anna (2013). Spezialisierung an Gerichten. Justice – Justiz – Giustizia, 2013/2.

Schwenkel, Christof/Rieder, Stefan (2014). Die Wahrnehmung der Justiz durch die Bevölkerung: Resultate einer Bevölkerungsbefragung in 26 Kantonen. Justice – Justiz – Giustizia, 2014/1.

Schwenkel, Christof (2014). Confidence in Alternative Dispute Resolution: Experience from Switzerland. International Journal for Court Administration (IJCA), 6(1).

Taal, Sandra/van der Velde, Mandy/Langbroek, Philip (2014). Reducing Unwarranted Disparities: The Challenge Of Managing Knowledge Sharing Between Judges. International Journal for Court Administration (IJCA), 6(2).

Winkler, Daniela/Eicher, Angela (2012). Bericht über die EGPA Jahrestagung 2012: Study Group «Justice and Court Administration». Justice – Justiz – Giustizia, 2012/4.

Winkler, Daniela/Lienhard, Andreas/Kettiger, Daniel (2013). Neue Schriftenreihe zur Justizforschung. Justice – Justiz – Giustizia, 2013/4.

Anhang 3: Verzeichnis der Beteiligten

Gesamtprojektleitung

Prof. Dr. Andreas Lienhard, Universität Bern

Daniel Kettiger, Universität Bern

Teilprojektleitende

Prof. Dr. Giovanni Biaggini, Universität Zürich (QP1)

Dr. Jacques Bühler, Schweizerisches Bundesgericht (K2)

Prof. Dr. Yves Emery, Université de Lausanne (TP5)

Dr. Marco Fabri, National Research Council (K2)

Prof. Dr. John Flood, Griffith University (K2)

Prof. Dr. Lorenz Droese, Universität Luzern (K3)

Daniel Kettiger, Universität Bern (TP2, K2)

Prof. Dr. Regina Kiener, Universität Zürich (QP1)

Prof. Dr. Philip Langbroek, Universität Utrecht (TP3, K2)

Prof. Dr. Andreas Lienhard, Universität Bern (TP2, K2)

Prof. Dr. Michele Luminati, Universität Luzern (TP1)

Dr. Stefan Rieder, Interface (TP1)

Prof. Dr. Kuno Schedler, Universität St. Gallen (TP4)

Prof. Dr. Benjamin Schindler, Universität St. Gallen (TP4)

Prof. Dr. Mandy van der Velde, Universität Utrecht (TP3)

Doktorierende/Forschende

Dr. Stephan Aerschmann, Universität Luzern (TP1)

Peter Bieri, Universität Bern (QP1)

Lorenzo De Santis, Université de Lausanne (TP5)

Lorenzo Egloff, Université de Lausanne (TP5)

Angela Eicher, Universität St. Gallen (TP4)

Mirjam Frey Haesler, Universität Bern (QP1)

Nadine Küng, Universität Zürich (QP1)

Dr. Andreas Müller, Universität Bern (TP2)

Dr. Catherine Reiter, Universität Zürich (QP1)

Anna Rüefli, Universität St. Gallen (TP4)

Christof Schwenkel, Universität Luzern (TP1)

Sandra Taal, Universität Utrecht (TP3)

Dr. Mirjam Westenberg, Universität Utrecht (TP3)

Daniela Winkler, Universität Bern (TP2)

Wissenschaftlicher Beirat

Prof. Dr. Arnold Marti, Vizepräsident des Obergerichts Kanton Schaffhausen, Titularprofessor an der Universität Zürich, Vorsitzender des Beirats

Dr. Arthur Aeschlimann, a.Präsident des Schweizerischen Bundesgerichts

Josef Hayoz, Kantonsrichter des Kantonsgerichts Freiburg

Prof. Dr. Heinrich Koller, a.Direktor des Bundesamts für Justiz

Prof. Dr. Luzius Mader, Stellvertretender Direktor des Bundesamts für Justiz, Assoziierter Professor an der Universität Lausanne

Dr. Dick Marty, a.Ständerat, Abgeordneter des Europarats, Mitglied der OSZE-Kommission für Menschenrechte

Dr. Hans-Jakob Mosimann, Richter des Sozialversicherungsgerichts Kanton Zürich, Dozent an der ZHAW Zürcher Hochschule für Angewandte Wissenschaften

Dr. Patrick Müller, Richter und Mitglied der Geschäftsleitung des Kantonsgerichts Luzern

Dr. François Paychère, Präsident der Working Group on quality of justice der CEPEJ, Mitglied des Cour des comptes de Genève

Prof. Dr. Daniela Piana, Università di Bologna

Johannes Riedel, Präsident und Richter am Oberlandesgericht Köln a.D.

Georg Stawa, Präsident der Commission européenne pour l'efficacité de la justice (CEPEJ) des Europarats, Leiter der Abteilung Pr 8 des Bundesministeriums für Justiz, Wien

Iris Studer, a.Präsidentin des Obergerichts Kanton Zug

Christian Trenkel, Oberrichter, a.Vorsitzender der Justizleitung und a.Präsident des Obergerichts Kanton Bern

Dr. Paul Tschümperlin, Generalsekretär des Schweizerischen Bundesgerichts

Dr. Frans van Dijk, Direktor des Netherlands Council for the Judiciary

Prof. Dr. Ulrich Zimmerli, a.Ständeratspräsident, a.Präsident des Verwaltungsgerichts Kanton Bern

Anhang 4 zu TP5: Erwartungen verschiedener Justizakteure an eine gute Justiz in der Schweiz

	Wichtigste Erwartungen an eine «gute Justiz»	Interne Gerichtsakteure, N=39				Externe Gerichtsakteure, N=17		
		Richterschaft (alle)	Richterschaft (mit Managementerfahrung)	Richterschaft (ohne Managementerfahrung)	Gerichtsverwalter/innen	Politiker/innen	Rechtsanwälte/innen	Journalisten/innen
1	schnell	++++	++++	++++	++++	++++	++++	++++
2	kommunikativ	++++	++++	+++	++++	++++	++++	++++
3	unabhängig	+++	+++	++	+	++++	++++	++
4	zugänglich (finanziell und örtlich)	++	++	+++	+++	+++	+++	+++
5	einfach, pragmatisch, nicht zu formalistisch	++	+++	++	+	++	++++	++
6	transparent	++	++	++	+	+++	+++	++++
7	menschlich, volksnah	++	++	++	+	+++	+++	+++
8	Kundenorientierung	++	++	++	+++	++	++	++
9	aufmerksam	++	++	++	+	+	+	+
10	gerecht	++	+	++	+	+	++	/

	Wichtigste Erwartungen an eine «gute Justiz»	Interne Gerichtsakteure, N=39				Externe Gerichtsakteure, N=17		
		Richterschaft (alle)	Richterschaft (mit Managementerfahrung)	Richterschaft (ohne Managementerfahrung)	Gerichtsverwalter/innen	Politiker/innen	Rechtsanwälte/innen	Journalisten/innen
11	Dienst an der Öffentlichkeit	+	++	+	/	++	/	++
12	wirtschaftlich und effizient	+	+	+	+	+	++	++
13	auf Schlichtung ausgerichtet	+	+	+	/	++	++	/
14	muss Rechenschaft ablegen	+	+	+	+	/	+	+
15	legitim, glaubhaft	+	+	+	/	/	+	++
16	auch Nicht-Juristen sollen teilnehmen	+	+	+	+	++	+	+++
17	personalisiert	+	/	+	+	++	/	+
18	hält die Verfahren ein	+	+	+	+	+	/	/
19	streng	+	+	/	/	++	/	++++
20	gleiche Behandlung	+	+	/	+	+	+	/

	Wich-tigste Erwar-tungen an eine «gute Justiz»	Interne Gerichtsakteure, N=39				Externe Gerichtsakteure, N=17		
		Richterschaft (alle)	Richterschaft (mit Management-erfahrung)	Richterschaft (ohne Management-erfahrung)	Gerichtsver-walter/innen	Politiker/innen	Rechtsan-wälte/innen	Journalis-ten/innen
21	un-partei-isch	+	/	+	/	/	+	/
22	löst alle Fälle/ Konflik-te	+	+	+	+	++	++	+
23	Ver-trauen einflös-send	+	+	/	+	/	++	+
24	erlaubt den Partei-en, ihre Sicht-weise zu vertei-digen	+	/	+	+	+	+	+
25	nicht bestech-lich	+	/	+	+	+	/	/
26	vorher-sehbar	+	/	+	/	++	++	/

++++: Extrem oft angesprochenes Thema (von mindestens zwei Drittel der Befragten)
+++: Oft angesprochenes Thema (von mindestens der Hälfte der Befragten)
++: Zuweilen angesprochenes Thema (von mindestens der Hälfte der Befragten)
+: Mindestens einmal angesprochenes Thema
/: Von dieser Akteurengruppe nicht angesprochenes Thema

Anhang 5 zu TP5: Deskriptive Statistiken, nach bei-
gemessener Bedeutung geordnet (B)

	Duchschnitt Bedeutung (B)	Duchschnitt Realität (R)	Duchschnitt (B-R)	zugeordnete Welt
nicht bestechlich	4.95 (271)	4.38 (.803)	.57 (.829)	Gemeinwesen
unparteiisch	4.89 (.349)	3.97 (.881)	.93 (.891)	Gemeinwesen
ausgewogen	4.78 (.524)	3.82 (.830)	.96 (.945)	Gemeinwesen
unabhängig	4.74 (.600)	3.98 (.933)	.77 (1.005)	Gemeinwesen
vertrauenswürdig	4.73 (.514)	3.90 (.807)	.85 (.908)	Häusliche
nicht willkürlich	4.71 (.593)	4.01 (.850)	.72 (.911)	Häusliche
verfügt über kompetentes Personal	4.69 (.490)	3.61 (.910)	1.09 (1.027)	Industrie
wahrt die gleiche Behandlung aller Rechtsuchender und Beklagter	4.68 (.517)	3.86 (.886)	.83 (.949)	Gemeinwesen
glaubwürdig	4.66 (.556)	3.80 (.792)	.87 (.904)	Gemeinwesen
wahrt das Amtsgeheimnis	4.62 (.634)	4.10 (.837)	.54 (.975)	Gemeinwesen

	Duchschnitt Bedeutung (B)	Duchschnitt Realität (R)	Duchschnitt (B-R)	zugeordnete Welt
verständlich (Urteilsbegründung)	4.50 (.590)	3.50 (.903)	1.00 (1.054)	Gemeinwesen
wirtschaftlich, gut organisiert	4.50 (.597)	3.23 (.927)	1.28 (1.084)	Industrie
verfügt über genug Personal	4.49 (.581)	2.73 (1.153)	1.77 (1.410)	Industrie
höflich, respektiert Rechtsuchende und Beklagte	4.37 (.658)	3.81 (.813)	.57 (1.005)	Gemeinwesen
nimmt Rechtsuchende und Beklagte ernst	4.35 (.649)	3.82 (.807)	.53 (.955)	Gemeinwesen
konstant (Rechtssicherheit)	4.34 (.659)	3.67 (.827)	.68 (1.005)	Häusliche
wirkungsvolle Vermeidung von Wiederholungstaten (Strafrecht)	4.28 (.750)	2.64 (.965)	1.65 (1.277)	Industrie
wirkungsvolle Wiedergutmachung des Schadens	4.20 (.716)	3.07 (.914)	1.13 (1.106)	Industrie
Rechtsuchende/ Beklagte können ihre Ansichten verteidigen	4.15 (.731)	3.79 (.762)	.36 (.921)	Markt
transparent, offen für die Gesellschaft	4.13 (.783)	3.29 (.944)	.84 (1.151)	Gemeinwesen
schnell	4.12 (.678)	2.72 (1.031)	1.41 (1.286)	Industrie

	Duchschnitt Bedeutung (B)	Duchschnitt Realität (R)	Duchschnitt (B-R)	zugeordnete Welt
selbstkritisch/fähig sich selbst infrage zu stellen	4.10 (.764)	2.69 (.990)	1.42 (1.258)	Markt
einfach, pragmatisch	4.08 (.760)	3.00 (.990)	1.09 (1.239)	Markt
kann alle Fälle/Konflikte lösen	4.05 (.809)	3.38 (.930)	.67 (.983)	Markt
finanziell zugänglich	4.04 (.790)	3.29 (1.024)	.76 (1.368)	Markt
gut ausgerüstet (Infrastruktur)	4.00 (.773)	3.06 (1.080)	.95 (1.394)	Industrie
menschlich, volksnah	3.98 (.874)	3.14 (.911)	.83 (1.176)	Häusliche
aufmerksam	3.95 (.856)	3.31 (.884)	.65 (1.101)	Markt
Dienst an der Öffentlichkeit	3.89 (.947)	3.51 (.905)	.39 (1.059)	Gemeinwesen
auf Schlichtung ausgerichtet	3.89 (.777)	3.57 (.849)	.32 (1.017)	Häusliche
formalistisch, respektiert die Verfahrensvorschriften	3.88 (.865)	3.94 (.650)	-.06 (.963)	Gemeinwesen
vorhersehbar (Verfahrensablauf)	3.81 (.798)	3.56 (.829)	.26 (1.028)	Häusliche
legt Rechenschaft über eigene Funktionsweise ab	3.76 (.873)	3.37 (.950)	.39 (1.277)	Gemeinwesen

	Duchschnitt Bedeutung (B)	Duchschnitt Realität (R)	Duchschnitt (B-R)	zugeordnete Welt
individuell (massge-schneidert, je nach Fall)	3.71 (.944)	3.40 (.891)	.31 (1.047)	Markt
streng (Strafen)	3.42 (.972)	2.78 (.874)	.66 (1.425)	Häusliche
nah (örtlich)	3.34 (.927)	3.92 (.821)	-.58 (1.221)	Markt
kostengünstig für den Steuerzahler (% des Staats-budgets)	3.11 (1.074)	3.23 (1.026)	-.11 (1.666)	Markt
kommunikativ (Medien, Publikum)	3.02 (1.024)	3.06 (.877)	-.01 (1.216)	Gemeinwesen
einschüchternd	2.71 (1.134)	2.68 (.974)	.05 (1.394)	Häusliche
auch Nicht-Juristen sprechen Recht	2.50 (1.262)	3.02 (1.231)	-.54 (1.416)	Gemeinwesen

Anmerkung: Standardabweichung in Klammern

Anhang 6 zu TP5: Erklärte totale Varianz

Dimensionen (Faktoren)	Auszug Summe der Quadrate der berücksichtigten Faktoren			Summe der Quadrate der berücksichtigten Faktoren für die Rotation		
	Total	% der Varianz	% kumuliert	Total	% der Varianz	% kumuliert
1 *partnerschaftlich, verlässlich*	9.34	23.34	23.34	3.59	8.98	8.98
2 *in die Gesellschaft integriert* *im Dienst der Bürgerinnen und Bürger*	2.40	6.00	29.34	3.38	8.46	17.44
3 *zugänglich und leistungsstark*	1.94	4.85	34.18	2.88	7.21	24.65
4 *ergebnisorientiert*	1.64	4.11	38.29	2.35	5.87	30.53
5 *kompetent, gut ausgerüstet*	1.36	3.41	41.70	2.27	5.67	36.19
6 *frei von jedem Druck, gerecht*	1.31	3.28	44.97	2.11	5.28	41.47
7	1.17	2.92	47.89	2.06	5.16	46.63
8	1.09	2.72	50.61	1.59	3.98	50.61

Extraktionsmethode: Hauptkomponentenanalyse